国家自然科学基金项目（71403259）资助

中国经济转型、消费结构升级与发展绿色消费研究

孙皓 著

中国财经出版传媒集团
中国财政经济出版社

图书在版编目（CIP）数据

中国经济转型、消费结构升级与发展绿色消费研究 / 孙皓著. ——北京：中国财政经济出版社，2021.8
国家自然科学基金项目（71403259）资助
ISBN 978 - 7 - 5223 - 0748 - 0

Ⅰ.①中… Ⅱ.①孙… Ⅲ.①中国经济 - 经济发展 - 研究 Ⅳ.①F124

中国版本图书馆 CIP 数据核字（2021）第 170482 号

责任编辑：蔡　宾　　　　　　　责任校对：胡永立
封面设计：陈宇琰

中国经济转型、消费结构升级与发展绿色消费研究
ZHONGGUO JINGJI ZHUANXING、XIAOFEI JIEGOU SHENGJI YU FAZHAN
LUSE XIAOFEI YANJIU

中国财政经济出版社 出版
URL：http://www.cfeph.cn
E - mail：cfeph@cfeph.cn
（版权所有　翻印必究）
社址：北京市海淀区阜成路甲 28 号　邮政编码：100142
营销中心电话：010 - 88191522　编辑中心电话：010 - 88190666
天猫网店：中国财政经济出版社旗舰店
网址：https://zgczjjcbs.tmall.com
北京财经印刷厂印刷　各地新华书店经销
成品尺寸：170mm×240mm　16 开　16 印张　221 000 字
2021 年 8 月第 1 版　2021 年 8 月北京第 1 次印刷
定价：80.00 元
ISBN 978 - 7 - 5223 - 0748 - 0
（图书出现印装问题，本社负责调换，电话：010 - 88190548）
本社质量投诉电话：010 - 88190744
打击盗版举报热线：010 - 88191661　QQ：2242791300

前　言

中国传统投资主导型、工业主导型经济增长方式已经不能适应新时代、新文明的需要，资源人口承载能力有限，能源需求巨大，造成生态赤字有所扩大。中国能源消费、电力消费、石油进口、有机污水排放、二氧化碳、二氧化硫排放等指标仍然处于高位。

扩大内需特别是消费需求是我国经济长期平稳较快发展的根本立足点，对我国转变经济发展方式、保持经济平稳可持续增长具有重要作用。中国将迎来消费的黄金时期，消费增长将持续加速，消费结构全面升级，成为世界最大的消费市场。中国的消费需求导向型经济不仅为经济转型发展、经济持续增长提供动力，也将为推动世界经济增长，为世界消费发展做出贡献。同时，绿色工业革命成为世界潮流，全球进入第四次工业革命——绿色工业革命的黎明期、发动期。中国面临着经济转型与绿色发展的历史性契机，将成为世界绿色发展创新国、引领国、最大贡献国。为了迎接绿色文明新时代的到来，中国需要超越自己，把一切积极因素和和谐因素调动起来，化消极因素为积极因素，化不和谐因素为和谐因素，创新和实践以消费为驱动的、符合绿色发展要求的经济增长方式——绿色消费驱动的经济增长方式。

本书研究以"经济转型""消费结构升级"与"绿色消费"的内在关联逻辑作为主线，以世情、国情和区域情况作为多维度切入视角，强调理论创新的导向性，强调理论逻辑的严谨性，深入、全面阐释中国发展绿色消费对经济转型发展的作用机制与特征。研究中的"消费结构非线性趋同演化模型""非线性库兹涅茨曲线模型""产业结构环境效应模型"等研究成果注重实现理论逻辑、定量方法与现实案例的深入融合。实证研究时，分析维度兼顾横向截面维度和纵向时间维度相结合。研究成果力图为分析消费需求与经济发展问题提供新的理论思路、定量方法与经验证据。同时，研究选题着眼于解决中国经济发展与绿色发展矛盾的现实需求，将探索学术前沿与服务于相关发展战略与政策制定相结合。本书的研究成果，可以为中国更好发展绿色消费以促进经济增长，提供新的分析方法、直接数据资料与对策建议。

  本书的研究工作得到了国家自然科学基金项目（71403259）的资助。本书的顺利完成得到了清华大学胡鞍钢的指导，以及北京邮电大学老师和同学的支持，在此一并致谢！

孙　皓

2021 年 5 月

目 录

导论：经济发展与绿色时代 …………………………………………（ 1 ）

第一部分 中国经济转型：构建消费驱动的经济增长方式

第 1 章 经济增长趋势与稳定增长路径 ……………………………（ 11 ）
1.1 经济发展前景评述 ………………………………………（ 11 ）
1.2 经济增长的理论基础 ……………………………………（ 15 ）
1.3 经济增长的变化趋势 ……………………………………（ 19 ）
1.4 经济增长：进入持续稳定增长阶段 ……………………（ 25 ）

第 2 章 潜在产出的变化轨迹与趋势 ………………………………（ 27 ）
2.1 潜在产出的理论内涵 ……………………………………（ 27 ）
2.2 潜在产出的估计方法 ……………………………………（ 28 ）
2.3 状态空间模型的基本结构 ………………………………（ 32 ）
2.4 基于自然失业率视角的潜在产出估计 …………………（ 33 ）
2.5 基于自然利率视角的潜在产出估计 ……………………（ 37 ）
2.6 潜在产出：经济增长潜力"指示器" ……………………（ 42 ）

第 3 章 战略性新兴产业与产业结构演进趋势 ……………………（ 46 ）
3.1 产业革命与战略性新兴产业 ……………………………（ 46 ）
3.2 战略性新兴产业与国家经济崛起 ………………………（ 49 ）

3.3 战略性新兴产业发展的战略布局 ……………………………（ 55 ）
3.4 产业结构演进：加快优化升级 …………………………（ 57 ）

第 4 章 需求结构优化与消费驱动的经济增长 ………………（ 65 ）
4.1 内需结构的优化空间 ……………………………………（ 65 ）
4.2 消费结构的升级潜力 ……………………………………（ 67 ）
4.3 消费发展的趋势与特征 …………………………………（ 71 ）
4.4 构建消费驱动的经济增长方式 …………………………（ 73 ）

第二部分 中国消费结构升级引领经济转型发展

第 5 章 消费结构的动态演化路径与机制 ……………………（ 79 ）
5.1 研究背景与文献回顾 ……………………………………（ 79 ）
5.2 TVP-ELES 模型构建与估计 ……………………………（ 82 ）
5.3 消费结构的演化路径 ……………………………………（ 85 ）
5.4 消费结构演化的动态机制 ………………………………（ 88 ）
5.5 收入水平：消费结构升级的基本动力 …………………（ 99 ）

第 6 章 城乡居民消费结构的趋同特征及阶段转变 …………（101）
6.1 研究背景及文献回顾 ……………………………………（101）
6.2 非线性 MS(M)-AR(p)模型的构建 ………………………（105）
6.3 城乡居民消费结构的演进路径比较 ……………………（107）
6.4 城乡居民消费结构的 β 趋同性及其变化 …………………（109）
6.5 城乡居民消费结构的 σ 趋同性及其变化 …………………（117）
6.6 城乡居民消费结构趋同性变化的成因 …………………（127）
6.7 城乡居民消费结构：进入稳定升级趋同阶段 …………（129）

第 7 章 恩格尔系数与区域居民生活质量均衡发展 …………（132）
7.1 恩格尔系数的理论内涵 …………………………………（132）
7.2 省际居民恩格尔系数的差异变化 ………………………（133）
7.3 四大地区居民恩格尔系数的差异及变化 ………………（138）
7.4 不同恩格尔系数组的人口变化 …………………………（139）

7.5 恩格尔系数：区域发展政策制定的必要依据 …………… (142)

第8章 "需求创造"与消费结构升级的经济效应 ……………… (143)
8.1 研究背景与文献回顾 ………………………………………… (143)
8.2 "需求创造"经济增长理论框架 …………………………… (145)
8.3 消费结构升级强度的量化测度 …………………………… (148)
8.4 消费结构升级对消费增长的影响 ………………………… (153)
8.5 消费结构升级对产业结构和经济增长的影响 …………… (156)
8.6 消费结构升级：引领经济转型发展 ……………………… (165)

第三部分 中国发展绿色消费：经济转型的必然之路

第9章 经济发展的生态环境效应：基于产业结构视角 ……… (171)
9.1 研究背景与文献回顾 ………………………………………… (171)
9.2 核心概念及理论基础 ………………………………………… (175)
9.3 产业结构演化的生态环境效应 …………………………… (179)
9.4 产业结构与生态环境的耦合协调度 ……………………… (185)
9.5 绿色发展：产业结构调整的核心方向 …………………… (190)

第10章 绿色消费的理论逻辑 …………………………………… (197)
10.1 绿色消费的思想来源 ……………………………………… (197)
10.2 绿色消费的一般含义 ……………………………………… (200)
10.3 绿色消费的本质内涵 ……………………………………… (202)
10.4 绿色消费的基本特征 ……………………………………… (203)
10.5 绿色消费的重要作用 ……………………………………… (204)
10.6 绿色消费：经济绿色发展的根本动力 …………………… (206)

第11章 发展绿色消费的意义与前景 …………………………… (208)
11.1 中国发展绿色消费的意义 ………………………………… (208)
11.2 中国发展绿色消费的有利条件 …………………………… (211)
11.3 中国发展绿色消费的主要挑战 …………………………… (220)
11.4 把握发展绿色消费的历史机遇 …………………………… (221)

第 12 章　发展绿色消费的路径选择 …………………………………（223）

参考文献 ……………………………………………………………………（229）

经济发展与绿色时代

一、国际背景：南方国家崛起与绿色工业革命

1. 全球经济仍处于持续增长期，南方国家迅速崛起

人类历史进入19世纪以后，世界经济大致经过了三个大的发展周期。① 第一个大发展周期大约从1820年持续到1913年前后，其经济增长的动力是兴起于19世纪中叶的工业革命。第二个大发展周期的时间跨度大致是1913年到1973年，并以第二次世界大战后的全球重建作为经济增长的动力。第三个大发展周期则是从1973年到2030年，其经济增长的驱动力量主要来自不断深入发展的全球化进程和绿色工业信息革命。

尽管受到全球金融危机的影响，但全球经济已开始在"后金融危机时代"中逐步复苏，因此整个"波峰"阶段的平均经济增长率仍有望达到3.5%。由于全球化的深入发展，第三个全球经济大发展周期将给世界经济面貌带来前所未有的深刻变革，而其标志就是新兴经济体的崛起和世界新秩序的重建。

南方国家充分享受了世界和平环境的红利，经济全球化或一体化的红利，发展知识的传播和分享使发展中国家的发展治理能力大幅提升；科学技术的创新、扩散和分享，以及交通基础设施，特别是信息基础设施的改善都

---

① 胡鞍钢等：《2030中国：迈向共同富裕》，北京，中国人民大学出版社，2011。

促进了南方国家的集体崛起。南方国家经济实力和综合国力迅速上升，从而彻底打破北方国家长期主导世界经济格局的局面。以中国为代表的南方国家已经逐步成为世界经济增长的新动力和创新主体。特别是随着经济实力、综合国力的不断增强，中国在全球治理体系的角色发生了重大变化：从全球规则的被动者变为主动者，从全球公共产品的"搭车者"变为"提供者"，从全球事务的"跟随者"变为"领导者"。

2. 全球迎来绿色工业革命，绿色发展成为世界潮流

在第三个全球经济的大发展周期，绿色革命与绿色创新是新兴经济体崛起以及建立更加平等和均衡世界新秩序的必由之路。在经历了1765年至1840年的第一次工业革命、1870年至20世纪初的第二次工业革命、20世纪50年代至70年代的第三次工业革命之后，世界又将开始第四次工业革命，即"绿色革命"；人类社会继先后迈进"蒸汽时代""电气时代"和"信息时代"之后，又将迎来一个新的时代，即"绿色时代"。

20世纪70年代，联合国在斯德哥尔摩举办了"人类环境会议"，通过《联合国人类环境会议宣言》，号召各国政府和人民为了维护和改善环境，造福全人类和后代共同努力。20世纪90年代，在巴西里约热内卢举行的联合国环境与发展大会，成功推动各国政府把宽泛的政策目标转化为具体的行动。21世纪初期，哥本哈根世界气候大会就各国减少二氧化碳排放量，应对未来气候变化的问题进行深入讨论。然而，全球环境危机在延续，人们将继续行动……

"世界潮流，浩浩荡荡"，绿色工业革命成为世界潮流，全球进入第四次工业革命——绿色工业革命的黎明期、发动期。绿色工业革命中，绿色经济部门将崛起为世界主要经济体的主导产业，绿色技术将成为世界主要经济体技术研究与应用的主流，以煤、石油和天然气等化石能源为主的传统能源使用比重将大幅下降，以水电、风能、太阳能等非化石能源为主的绿色能源使用比重将大幅提升，而碳排放将与经济增长脱钩甚至随着经济的增长逐渐下降，传统跨国公司和中小企业追求绿色发展、网络企业和虚拟公司等低消耗低排放的新型企业规模和数量快速增长将成为全球主要经济体中经济组织的主要特点。

未来一段时期，全球将开始能源消费转型的关键时期，全球液态碳氢化合物产量（如石油、液化天然气等）可能开始进入下降区间。[①] 气候变化问题成为南北方国家面临的共同挑战。如果各国积极合作，推动能源和环境革命，全球碳排放峰值有可能在2020至2030年的某个时间点达到，而后碳排放水平将大幅下降，有望实现全球经济发展与碳排放之间的脱钩。[②]

二、国内背景：中国经济转型与绿色发展

1. 经济平稳较快发展，产业结构持续优化

改革开放以来，中国发生了人类历史上规模最大、速度最快的"五化"（工业化、城镇化、信息化、国际化、基础设施现代化），这是中国经济保持高增长的"五大引擎"，未来一段时期，中国经济增长的这"五大发动机"还将为中国经济增长提供新的源源不断的动力。中国经济增长潜力巨大，将持续保持平稳较快增长。未来一段时期，中国的经济仍将保持较高速度增长。从发展趋势来看，中国经济总量将超过美国，居世界首位，占世界经济比重将在五分之一至四分之一；中国进出口总量的优势更加明显，占世界贸易总量的比重大体为四分之一，成为真正意义上的世界经济强国。在经济实力大幅度提升的同时，中国科技实力和综合国力也大幅度提高。

未来中国经济的现代服务业主导，是中国走向高收入、走向中等收入水平的准发达国家的重要标志。金融保险、研发设计、现代物流、电子商务、文化创意、工业设计、新兴网络增值服务、信息安全服务等生产性服务业将成为重点发展产业，这类产业将向中心城市、产业带和产业园聚集，专业化、规模化发展。节能环保、新能源、信息产业、生物产业、高端装备制

---

① National Intelligence Council, Global Trends 2025: A Transformed World, 2008, pp. 41.
② 如果全球大气中温室气体浓度稳定在450ppm二氧化碳当量的话（即所谓的"450情景方案"），全球二氧化碳排放量到2020年必须达到最高峰，为307亿吨（碳当量），2030年降到240－260亿吨（碳当量），到2050年则降至100亿吨（碳当量）左右，相当于1990年（209亿吨碳当量）的一半。International Energy Agency, *World Energy Outlook* 2009, 2011, pp. 172.

造、新能源、新材料等战略性新兴产业将成为重点发展产业，这类产业的核心在于凸显新能源和节能环保。

2. 消费对于经济增长贡献率大幅度提升

国家"十三五"规划将扩大内需，特别是消费作为关键词与灵魂。扩大内需特别是消费需求是中国经济长期平稳较快发展的根本立足点，扩大内需对中国转变经济发展方式、保持经济平稳可持续增长具有重要作用。消费环境将不断优化，消费需求将持续扩大，消费的经济拉动作用将持续增强，推动中国由"世界工厂"转向"世界市场"，将由"中国出口"转向"中国购买"。

居民收入快速增长，实际消费能力明显增强。收入是决定消费水平最直接、最主要的因素，"十二五"以来，随着收入分配制度改革和民生待遇改善，我国城乡居民收入增长呈现加快趋势，并在多年来首次超过经济增速，为扩大消费提供了重要的收入基础。迈入21世纪至今，中国正在经历以汽车、住房、通信为主导的享受型消费结构升级，汽车、住房、投资等过万元的消费成为主体，随着中国向高收入过渡，居民消费还会经历第四次升级，更多地转向享受型的服务消费，教育、医疗、保健、体育、文化、娱乐、环保等将成为新兴的消费需求。

未来一段时期，中国将可能取代美国成为世界上最大的消费市场。我国国内消费市场的巨大潜力不仅会大力推动我国经济的快速增长，也将为世界有效需求的扩大做出贡献，中国将成为名副其实的"世界市场"。中国的国内需求将带动进口大幅增长，它会为世界带来更大的发展空间，创造更大的发展机遇。同时，中国的消费需求导向型经济不仅继续推动世界经济增长，扩大进出口贸易总额、吸引国际投资，更将领导绿色消费革命，为世界消费发展作出贡献。

3. 成为绿色发展创新国，为世界作出绿色贡献

习近平总书记指出："我们既要绿水青山，也要金山银山。宁要绿水青山，不要金山银山，而且绿水青山就是金山银山"。党的十九大报告中提出：坚持人与自然和谐共生。必须树立和践行绿水青山就是金山银山的理念，坚持节约资源和保护环境的基本国策。

"绿色革命"环境下的全球竞争，本质上是不同经济体之间发展模式的竞争。发展低碳经济，应对气候变化，既是中国实现经济发展模式转型的国际压力和重要契机，也是基本方向和重要动力。中国需要加快经济增长方式从过去的"高污染、高消耗、低效率"向"低污染、低消耗、高效率"的转变，尽快实现全面绿色发展，以第四次工业革命为契机，通过先进的发展模式来实现高质量、高效益的经济增长，为中国在21世纪中叶实现全面崛起、进入中等发达国家行列奠定坚实基础。绿色发展将是21世纪中国创新发展模式，既符合中国基本国情，更符合中国国家利益。

未来一段时期，中国的生产和消费活动与自然生态系统进一步协调绿色发展。主要污染物排放总量将显著减少，形成低污染排放的生产体系，生态环境质量明显改善，主要环境质量指标进一步接近发达国家水平。中国绿色能源快速发展，中国将成为世界最大的绿色能源投资国，绿色能源生产国，绿色能源消费国，绿色能源出口国，以及新能源技术和装备的最大生产国甚至最大出口国。中国的低碳绿色发展取得突破，主要碳排放指标将显著下降。中国的发展模式将更加绿色，对地球的负外部性将进一步减小，绿色正外部性将大幅度增大。

同时，从发展趋势来看，中国将成为世界森林盈余和碳汇大国，还将是世界森林资源增长最快的国家，与各森林大国的差距加速缩小，林业建设将使我国森林将成为陆地上最大的人工森林储碳库。中国的水利建设加快发展，水资源将高效集约利用，经济增长和水资源消耗基本脱钩，水生态环境将得到显著改善，民生水利将得到充分的、高质量的保障，水旱灾害对经济社会发展的冲击也将进一步下降。中国的生态环境质量明显改善。

三、破题探究：绿色消费驱动的经济增长

人类来源于大自然，人类的生存与发展离不开大自然，人类文明始终面临的最根本的问题之一就是如何处理人和自然的关系。在农业文明时代，人类的垦殖活动已经一定程度上破坏了大自然，中国的先哲提出了"天人合一"的理念，追求人与自然和谐共处。到了工业文明时代，人类以农业文明

时期百、千、万倍的速度和大规模破坏大自然。人类置身于前所未有的全球生态危机、气候变化危机之中，也标志着人类也迎来了前所未有的转型契机，这就是根本改变黑色发展的传统路径彻底转向绿色发展的新道路。人类正处于历史上新的十字路口上，人类正处于绿色工业革命的前夜，人类正迎来绿色文明的黎明。

中国的发展也迎来了新的挑战与机遇。随着我国经济总量扩大，深层次的发展矛盾需要很长时间才能解决。经济活动向全球快速扩展，国内消费和进口需求会有所减弱；我国的资源人口承载能力有限，能源需求巨大，促使生态赤字仍有所扩大，对外部资源依存度不可避免地上升；中国成为世界能源消费、电力消费、石油进口、有机污水排放、二氧化碳、二氧化硫排放第一大国，中国在未来一段时期成为世界的"众矢之的"。同时，中国面临着经济转型与绿色发展的历史性契机。传统的投资主导型、工业主导型经济增长方式已经不能适应新时代、新文明的需要。中国如何化危为机，化挑战为机遇，根本是转变发展模式，即：扩大国内需求，特别是国内消费需求；收入分配更注重公平；经济增长更注重资源节约和环境友好；国际竞争力更注重全面创新。为了迎接绿色文明新时代的到来，在新的绿色工业革命时代的黎明时期或发动时期，中国需要超越自己，把一切积极因素和和谐因素调动起来，化消极因素为积极因素，化不和谐因素为和谐因素，创新和实践以消费为驱动的、符合绿色发展要求的经济增长方式——绿色消费驱动的经济增长方式。

本研究的逻辑起点是在绿色工业革命时期，如何更好发挥消费需求对中国经济发展的驱动作用。重点要回答以下几个问题：中国经济转型发展的主要趋势是什么？消费需求对经济发展的驱动作用的前景如何？消费结构升级的趋势和特征如何？消费结构升级对产业结构和经济增长的影响效应如何？经济发展的对环境具有什么影响？绿色消费的思想来源是什么？绿色消费具有哪些重要特征？绿色消费会发挥什么样的重要作用？中国发展绿色消费的意义和前景如何？中国发展绿色消费的路径选择是什么？

美国哥伦比亚大学 Jeffery Sachs 教授提出发展战略的临床经济学，认为要制定合理的发展战略，需要像临床医生一样对经济发展进行诊断。经济体就像人体一样，也是一个复杂的系统，为了使整个经济正常运行，必须保证系统要素和系统整体正常运行并发挥作用。经济学家要像临床医生一样需要学习区别诊断的艺术，既需要科学检验，又需要理解系统内部以及系统与更大系统的关系。① 科学分析中国经济发展特征与趋势正是一种发展诊断，可以为中国经济转型、走向绿色发展，提供认识基础和参考依据。本研究注重以下几个维度的协调兼顾：

一是世情维度。未来一段时期是中国与世界联系更为紧密的时期，中国经济发展既面临着更大的发展空间、更多的发展资源、更有利的发展机遇，同时将面临更为严峻复杂的国际环境，受到的外部更大冲击，承受更大的国际压力，承担更多的国际责任。只有更全面地了解世界，才能准确地了解中国。只有具有国际视角，才能深入地认识中国。在经济全球化和区域一体化趋势下，世界影响中国，世界改变中国；与此同时，中国影响世界，中国将改变世界。所以我们对中国经济的研究离不开国际视角。

二是国情维度。中国消费需求变化趋势的研究是前瞻性研究，但是要从历史维度来认识消费的发展定位。第一是40年尺度分析，关注改革开放40年的消费总量、消费结构的变化情况，评价消费需求对经济增长的作用效果；第二是现状分析，关注目前消费需求的阶段性特征，识别消费需求中所存在的问题，提出相应的对策建议；第三是趋势判断，对消费模式的发展方向进行分析，提出绿色消费驱动是经济增长的新方式；第四是城乡比较，从中国城乡二元结构角度揭示消费需求变化的规律与特征。

三是区域维度。地区发展不平衡性是中国国情的基本特征之一。中国创造了人类发展历史上的最大奇迹，从地区层面看，这个奇迹就是中国的地区发展差距从20世纪90年代的加速趋异转向过去几年的趋同，未来中国的地区差距将会进一步缩小，消费需求也会进一步趋同。这既是对人力资本、自然资源优化发展和利用趋同的结果，又是政府措施推动下的产业布局调整、人口经济地理变革。因此，区域层面的分析对研究中国经济发展十分必要。

---

① 杰弗里-萨克斯：《贫国的终结：我们时代的经济可能》（中文版），上海，世纪出版集团、上海人民出版社，2007。

总体上，本研究以"经济转型""消费结构升级"与"绿色消费"的内在关联逻辑作为主线，以世情、国情和区域情况作为多维度切入视角，强调理论创新的导向性，强调理论逻辑的严谨性，深入、全面阐释中国发展绿色消费对经济转型发展的作用机制与特征。研究中的"消费结构非线性趋同演化模型""非线性库兹涅茨曲线模型""产业结构环境效应模型"等研究成果注重实现理论逻辑、定量方法与现实案例的深入融合。实证研究时，分析维度兼顾横向截面维度和纵向时间维度相结合的方式。研究成果力图为分析消费需求与经济发展问题提供新的理论思路、定量方法与经验证据。同时，研究选题着眼于解决中国经济发展与绿色发展矛盾的现实需求，将探索学术前沿与服务于流动人口发展战略与政策制定相结合。课题研究在理论与实证分析的基础上，结合绿色工业革命时代的"新特征与新问题"，根据理论与实证研究结论提出对策建议，强调研究的前瞻性与有效性，力图充分体现研究成果的决策参考价值。

第一部分

中国经济转型：构建消费驱动的经济增长方式

第1章 经济增长趋势与稳定增长路径

1.1 经济发展前景评述

中国经济的发展速度令世界惊奇,中国经济的发展前景更令世界关注。中国已经取得了举世瞩目的经济增长奇迹,从"一穷二白"的大国成长为世界经济强国。根据麦迪森按购买力平价方法(1990年国际美元价格)计算,美国与中国 GDP 的相对差距由 1950 年 5.57 倍,到 1978 年缩小为 4.34 倍,到 2006 年又进一步缩小为 1.17 倍,到 2008 年又进一步缩小为 1.06 倍,大体相当。按照汇率法计算,2010 年,中国经济总量超过日本,成为世界第二大经济体。国际金融危机之后,在世界经济"后危机时代"中,中国经济进入"新常态",依然保持相对较高的平稳持续增长。

世界上一些著名的研究机构、专家、学者持续对中国经济的发展前景进行研究,为研究未来中国经济发展愿景、发展路径、可能遇到的机遇与挑战和必要发展战略提供了价值的分析框架、定量方法和研究结论。北京大学国家发展研究院名誉院长、前世行高级副行长兼经济学家林毅夫林毅夫教授认为,根据后发国家的历史经验来看,低收入国家只有发展到人均收入为美国的 50% 左右时才会步入低增长阶段,而在 2008 年时,中国的人均收入(按购买力平价计算）只是美国的21%，据估计，将在2030年左右中国的人均收入达到美国的50%。汇丰集团首席经济学家简世勋（斯蒂芬·金）认为，世界正从一个由美国（或者欧洲）引领的世界走向一个由中国引领的世界。日本《外交学者》杂志网站指出，投资者可以依据"两个不同说法"来思考全球经济。一个是由欧美构成的"旧世界"，它继续经历着减少财经杠杆的过程。另一个是"新世界"，构成它的是"体制充满活力"的新兴市场，尤其是中国。世界银行的《2030年的中国：建设现代、和谐、有创造力的高收入社会》报告认为，中国的经济增长率到2026~2030年将下降为5.0%，劳动力增长率将到2026~2030年将下降为-0.4%。中国经济增长率的下降主要是因为人口老龄化、资本－劳动力比率提高、技术进口下降等因素引起的劳动力增长率、资本增长率和全要素增长率下降，造成的经济增长潜力下降。中国发展研究基金会副理事长刘世锦认为，中国经济如果进入中速增长阶段，增长率为6%~7%，经济增长潜力将继续保持，并且中国将会成功的跨入各种类型的中等收入的陷阱。同时，还有一些国内外研究机构或学者也对中国的中长期经济增长潜力进行研究（见表1－1）。

表1－1　　　　国内外学者关于中国经济发展趋势的研究

研究者或机构	发展趋势判断
北京大学中国国民经济核算与经济增长研究中心	中国的长期经济增长率可能会出现放缓的现象，但仍然处于经济高速增长阶段。外向型经济的发展虽仍对中国经济增长作出积极贡献，但内需必须对经济增长产生更大的拉动。中国经济发展的区域差异，将会转变为经济增长的新动力
李稻葵（清华大学）	在坚持调整经济结构和转变发展方式的条件下，中国将进入一个相对非常快的新的发展时期。中国将经历一场内需不断上升、对外依赖度相对下降、经济结构和发展方式逐步改善的发展过程，城市化、消费升级以及绿色产能革命将支撑中国经济未来的经济增长
李善同（国务院发展研究中心）	城市化率2030年达到65%；外贸顺差缩小，2030年左右外贸进出口基本平衡。2026~2030年的GDP增长率5.9%，劳动力增长率-0.3%，资本增长率6.7%，TFP增长率2.0%；2030年的第三产业比重50.9%，就业比重48.4%（基准情形）（递推动态可计算一般均衡模型（GGE）模型）

续表

研究者或机构	发展趋势判断
李京文 （北京工业大学）	不发生世界大战、国内基本保持社会安定等。2030年的人口数为15.72亿人，劳动力为7.73亿人；第三产业劳动力比重为44.0%；2021~2030年的GDP增长率为5.4%。（系统动力学、投入产出、经济计量结合模型）
潘文卿和李子奈 （清华大学）	经济增长受到供给因素和需求因素推动。2016~2020年的GDP增长率5.51%（供给角度，哈罗德-多马模型、古典增长模型）；2016~2020年的GDP增长率5.85%。（需求角度，新凯恩斯理模型）
贺菊煌 （中国社会科学院）	经济体制改革带来的生产率增长逐渐降低；外资流入占GDP的比重逐渐下降；后发优势逐渐减弱；环保要求逐渐提高。2020年的人口总数为1448.1万人；劳动力占总人口的比重为54.8%；第一产业劳动力的比重为23.8%；城市人口比重为48.6%；2015~2020年的GDP增长率4.3%；投资率32.4%；储蓄率23.0%。（联立方程模型）
Roland Berger 报告	世界人口增长将会减慢，并且不同区域的差异性较大。世界经济将会显著增长，增长点向东方、服务业转移。企业将更加全球化、网络化和更具有学习性，并且将更加关注于企业责任。人口、自然资源、资本和知识流动的流量和方向将会发生变化。技术创新将进一步发展。2030年中国人口达到14.85亿人；中国经济总量世界第一，超过美国50%
HSBC 报告	新兴经济体大量出现；新兴经济体规模大体为发达经济体的5倍；新兴经济体是世界经济增长的主要推动力。2050年，中国GDP总量为24617美元（2000年价格），居世界第一位；2020~2030年GDP增长率为5.5%；人均收入为17372美元；人口数为14.17亿人；2020~2030年，劳动力人口增长率为-0.1%
Louis Kuijs （World Bank）	供给方面：劳动力人口下降趋势，TFP下降趋势，资本推动作用明显。需求方面：个人消费总体上和实际家庭收入同步增长；出口取决于世界市场的进口；加工贸易的进出口情况类似；非加工贸易与内需基本一致。2016~2020年，潜在经济增长率为7.0%；劳动力增长率为-0.5%；投资率39.1%

续表

研究者或机构	发展趋势判断
劳伦·勃兰特和托马斯·罗斯基（加拿大多伦多大学、美国匹兹堡大学）	储蓄率与投资率保持较高水平，储蓄不足不能限制经济增长；劳动力数目下降并不影响经济增长。TFP需要保持高速增长。2016~2025年的GDP增长率为5%~7%
Morgan Stanley 报告	到2030年，中国仍然会得益于较低的人口抚养比率，从而具有充足的劳动力供给；消费迎来黄金时代，消费将成为驱动中国经济增长的主要动力
NIC 报告	到2020年，全球化趋势不可逆转；全球化的最大收益者将逐渐集中到能够接触或者采用新技术的国家和集团；采用新技术政策的国家（如中国和印度）将通过跳跃式发展超过技术领先者（美国和欧洲）；总体能源的供给满足全球化的要求
NIC 报告	到2025年，全球多极化体系初步形成；经济和财富的相对实力从东方向西方转移；美国仍然是唯一最强大的国家，但是主宰地位下降能源、粮食和水资源等的需求压力进一步加大；技术进步不足以取代原有的能源结构；青年人数庞大的国家（阿富汗、尼日利亚等）陷入持续的不稳定和国家失败；恐怖主义具有危险

如何分析中国未来发展前景？我们认为中国发展前景研究的评价标准不是越完善的经济学模型越好，而是越可能接近于事后的发展实际越好。国内外机构（或学者）的研究实践表明，根据经济理论和模型很难对中国发展前景进行准确预测，大多数情况是大大低估了中国的发展潜力。以世界银行为例，1985年，世界银行对1981~2000年中国GDP增长的长期预测，三种方案年平均增长率为5.4%~6.6%；[1] 1997年，世界银行对1995~2020年中国GDP增长的长期预测，年平均增长率为6.6%。[2] 毛泽东、邓小平等中国伟人的当代中国智慧为我们的预测研究提供了重要的战略思维和知识来源。中国的发展不是盲目的，而是自觉的，不是自发的而是有目的的，不是无序

---

[1] 世界银行报告《中国：长期发展的问题和方案》，中文版，北京：中国财政经济出版社，1985年，第52页。

[2] World Bank, 1997, China 2020: Development Challenges in the New Century.

的而是有规划的。例如,《2030 中国:迈向共同富裕》报告认为中国的发展趋势是三种趋势的结合,一是自然趋势,二是有规划指导下的市场驱动,三是规划战略引导。因此,对中国中长期发展趋势的研究除利用数量模型来测算一般趋势外,还需要考虑战略规划、制度优势等必要条件。

1.2 经济增长的理论基础

1.2.1 经济增长理论基本脉络

经济增长是经济学永恒的主题。自经济学产生开始,经济学家就不断探索经济增长的原因、经济增长的内在机制及经济增长的途径。取得持续的经济增长已变成大多数国家经济政策的主要目标之一,经济增长也已被视为解决其他经济问题的方法。如人们常说,减轻或消灭贫穷的唯一希望在于经济增长而不是收入或财富的再分配。在第二次世界大战后 20 多年的对经济增长的兴趣气氛下,经济学家们着手研究关于经济增长过程的种种理论和模型。

经济增长是现代经济学中一个非常重要的概念。通常情况下,经济增长是指一个总经济体的增长,主要是指一个国家或地区的 GDP 等指标的增长。在现代经济学中,经济增长不再仅仅被看作是经济总量的扩张,而被看作是一种综合性的社会现象。它反映在经济总量的增长外,还包括产业结构的优化,经济效益的提高,资源的合理使用以及环境和污染的治理等综合问题,即是一种综合的社会现象。

经济增长理论的研究可以追溯到久远的时代,例如古希腊的色诺芬(Xenophon)曾论述过增加财富的方法,柏拉图(Plato)评价了分工对经济增长的作用。现代西方经济增长理论起自哈罗德(R. F. Harrod)和多马(E. Domar)。他们在凯恩斯(John Maynard Keynes)发展的宏观经济学基础上,建立了增长理论的现代形式，将其进行动态化，将经济增长理论引入现代时期。现代经济增长理论是在对各种不断变化的基本生产要素进行"长期"分析的基础上，研究国民生产总值增长的决定因素、理想增长速度及其实现途径，是应用经济模型从数量上对经济增长进行分析的理论。

对现代经济增长理论的重新思考，源自所谓外生经济增长和内生经济增长之间的差别。外生经济增长理论认为经济增长是由经济理论不能预见的所谓外生的技术进步推动。而内生经济增长理论是指不依赖经济外部的力量（如外生的技术进步、外资等）的推动，主要由经济的内在力量（如内生的技术变化、资本积累等）推动的长期经济增长。因此，现代经济增长理论的研究大体上可以作这样一个划分：一类是将技术当成是外生变量的经济增长理论，以罗伯特·索洛（R. M. Solow）为代表；另一类是将技术当成是内生变量的经济增长理论，主要是80年代以来，保罗·罗默（P. Romer）等的新经济增长理论为代表。

古典经济增长理论主要内容就是物质积累决定论，认为技术进步和财富积累会促进经济增长，从而推动经济发展。哈罗德-多马模型为经济增长理论向动态化、长期化、定量化、实用化方向发展作出了开创性贡献。索洛的技术进步条件下的经济增长模型突破了哈罗德模型中"锋刃"型增长模式，突出强调技术进步对现代经济增长的决定性作用，基本反映了现代经济增长中技术进步和由之决定的生产率水平不断提高对增长的贡献份额日趋增加的现实，并将其动态化、模型化，从而将"技术进步决定论"的经济增长理论向计量化、实证化方向推进了决定性的一大步。从20世纪80年代末到90年代，对经济增长、货币政策、财政政策等宏观经济问题作过大量的经验研究，推动了新古典经济学的发展，并形成了新古典经济增长理论和真实商业周期理论。杰夫·马德里克（Jeffrey Madrick）研究美国20世纪90年代后期快速经济增长的那些特殊原因后认为，市场与信息紧密相连。市场和信息作为经济增长的首要源头，快速增长本身也是一个增长源泉。罗默等人的新增长理论着重探讨了知识社会中最重要的要素：知识，并着重分析了技术创新、人力资本积累、知识溢出对经济增长的影响。诺斯的经济增长理论则揭示了制度对经济增长的作用。把制度因素纳入经济学分析框架内使之内生化是当今经济学的一个新兴领域。

还有一些学者也为经济增长理论发展做出了贡献。以哈伯勒（G. Haberler）代表的经济学家认为国际贸易是"经济增长的动力"。沃尔特·惠特曼·罗斯托（Walt Whitman Rostow）等认为在不同的发展阶段，经济增长具有不同的特征，经济增长的快慢、产业结构的变化等，受到发展阶段的影响和制约。霍利斯·钱纳里（Hollis. Chenery）等用多国模型得出的结论认为，产业结构变动与经济增长及其效率有着紧密联系；美国经济学家麦迪逊（Angns Maddison）在探究各国经济增长绩效不同的原因时，把增长的原因从两个不同的层次上进行分析，即直接原因（Proximate Causality）和最终原因（Ultimate Causality）。

经济增长理论经历了一个不断深化的过程，从单要素的经济增长模型（如哈罗德-多马模型）到多要素增长模型（如索洛增长模型）；从外生的经济增长理论（如新古典经济增长理论）到内生的经济增长（如当代的新经济增长理论），从注重要素投入到注重全要素生产率的增长；从注重有形资本到注重无形资本。从古典经济增长理论到新增长理论，都是经济增长理论的深化发展。现阶段，在注重自然、经济和社会三者的协调可持续发展及人文含义方面，经济增长的理论又有了新的发展趋势。

1.2.2 内生经济增长模型

经济学家观察和总结的各种典型化经济增长事实中，最引人注意的事实是：第一，人均产出表现出持续增长；第二，各国人均收入水平和经济增长率存在广泛差异。新古典经济增长理论对上述事实的解释是远远不够的，外生技术进步远远不能揭示经济增长的内在机制。

罗默1986年的"基础模型"考察了不一定为常数的规模经济收益，但规模经济存在于企业的外部。此模型保留了完全竞争理论的框架，但它得出了"竞争均衡非最优化"的结论。罗默在1990年陈述了一个多部门模型，这个模型的特殊性在于，资本没有作为同质的产品来对待，而是不同生产投入的集合。这些新的生产投入的使用，可以提高最终产品生产部门的劳动生产率，这里实际上是亚当·斯密关于劳动的社会分工思想的再现。与之相反，阿格里翁（Aghion）和霍维特（P. Howitt）在1990年提出的模型中"创新"代替了原有投入的位置。同罗默的模型一样，这个模型得到了"竞争非最优化"的结论。不同点是，其增长率可能高于或低于社会最佳均衡的增长率，因为"创新"的外部经济效果可能是负向的，而在罗默的模型中，外部经济效果被认为是正向的。卢卡斯（R. Lucas）在其1998年的模型中，引入了人力资本积累这一经济增长源泉。这个模型的结论指出，人力资本的平均水平越高，则每个人在最终产品生产中的效率也就越高。公共物品以能够提高个别要素的生产率为特征，且能同时被很多人甚至无数人使用。因此，国家提供公共产品和服务的政策对增长具有非常重要的作用。

总体上看，内生经济增长模型大致分为三类：一是通过假定产出是资本存量的线性函数而放弃了资本收益递减假定的AK模型；二是假定知识积累（或技术进步）是其他经济活动（如投资）"副产品"的外部性或溢出模型；三是明确地将技术进步视为企业有意识的研究开发结果的R&D模型。

AK模型。新古典增长模型之所以不能产生内生增长，最重要的原因是资本收益递减规律的存在。一种不存在资本收益递减的最简单的生产函数是：$Y = AK$，其中$A > 0$是反映技术水平的常数，AK模型揭示了放弃资本收益递减规律如何能够导致内生增长，该模型存在明显的缺陷：其一，该模型似乎过于简单，直接放弃资本收益递减规律似乎不符合人们的常识；其二，该模型不能预测绝对收敛或条件收敛，而条件收敛显然是一条经验规律。

外部性模型。既不放弃资本收益递减规律假定和完全竞争，又能产生内生增长的经济增长模型，是以外部性和知识溢出为基础的增长模型。它的基本特征是：一是技术进步、知识积累或人力资本积累是其他经济活动的副产品，因而不需要补偿并可维持完全竞争的分析框架；二是个别厂商的生产函数表现为不变规模收益，但就整个经济而言表现为规模收益递增；三是上述两个特征决定了这类模型具有不同于新古典增长理论的政策含义，即政府政策不仅具有水平效应，而且具有增长效应。根据外部性来源的不同，这类模型有多种构造方式，如罗默的知识溢出模型、卢卡斯的人力资本模型和巴罗的公共品模型等，阿罗及其后继者提出的"干中学"模型则是这类模型的重要先驱。

R&D 模型。迪克西特·斯蒂格利茨（D-S）模型对 R&D 模型产生了决定性的影响。把创新作为产品种类的增加或者固定种类产品质量的改进。它的核心特征是：技术进步或创新是企业有意识进行 R&D 投资的结果；来自创新的垄断利润则为企业从事 R&D 活动提供了市场激励；分权经济增长率一般不等于社会最优水平，政府政策具有增长效应等。这些增长模型的主要区别是：在产品种类增加模型中，由于 R&D 活动的正外部性和市场结构的不完全竞争特征，分权经济增长率总是低于社会最优水平；在产品质量改进模型中，由于新产品具有淘汰原有产品的"创造性破坏效应"（个别企业不考虑这种负外部性），因此分权经济下的增长率既可能低于也可能高于社会最优增长率。

为了克服内生增长模型存在的问题，从 20 世纪 90 年代开始，增长理论家开始在垄断竞争假设下研究经济增长问题，提出了一些新的内生增长模型。这些模型可以根据经济学者对技术进步的不同理解，分为三种类型：产品种类增加内生增长模型、产品质量升级型内生增长模型、专业化加深内生增长模型。这三种模型的提出，表明内生增长理论进入了一个新的发展阶段。

1.3 经济增长的变化趋势

1.3.1 模型框架

通过梳理经济增长理论和模型可以看出，生产函数是指投入和产出之间的技术关系是一定技术条件下投入与产出之间的关系。在处理实际的经济问题时，生产函数不仅是表示投入与产出之间关系的对应，也是一种生产技术的制约。生产函数有微观和宏观之分，在经济增长研究方面，生产函数为宏观生产函数，又称总量生产函数，是指整个国民经济的生产函数，它表示总量投入和总产出之间的关系。我们以柯布-道格拉斯生产函数模型为主要框架,构建定量模型作为分析中国经济增长来源变化及经济增长趋势的基础。模型的基本形式为:

$$Y = f(K, L, H) \tag{1.1}$$

其中,Y 为总产出,K 为资本存量,L 为劳动,H 为人力资本。索洛模型用道格拉斯生产函数可以表示为:

$$Y = AL^{\alpha} H^{\beta} K^{\gamma} \tag{1.2}$$

其中,α、β 和 γ 分别是产出的劳动、人力资本和资本存量弹性。它们是由现有技术所决定的常数。A 成为全要素生产率(TFP),包含了资本 K 和劳动力 L 未能解释的经济增长部分。劳动生产率指单位劳动的产出(Q/L),资本生产率指单位资本存量的产出(Q/K)。在上述模型框架下,可以得到:

$$\text{GDP 增长率} = \alpha \times \text{资本存量增长率} + \beta \times \text{人力资本增长率} + \gamma \times \text{劳动力增长率} + \text{TFP 增长率} \tag{1.3}$$

同时,资本存量、人力资本、劳动力的权重,满足:

$$\alpha + \beta + \gamma = 1 \tag{1.4}$$

对于资本存量 K 的估算,目前已被普遍采用的测算资本存量的方法是戈登史密斯(Goldsmith)在 1951 年开创的永续盘存法。由于中国没有过大规模的资产普查,所以在本文中所采用的是在估计一个基准年后运用永续盘存法按不变价格计算各省区市的资本存量。采用相对效率几何递减模型,资本存量的计算公式为:

$$K_t = I_t + (1 - \delta) K_{t-1} \tag{1.5}$$

其中,K_t 是当期的实际资本存量,I_t 是当期的实际投资,d 是折旧率。实际投资是指全社会固定资产投资,包括建筑安装工程,设备、工具、器具购置,其他费用三个部分,在我国各年的统计年鉴上给出了直接的数据。估计模型涉及当年投资 I 的选取、投资品价格指数的构造、经济折旧率的确定、基年资本存量的确定等问题。

基年资本存量 K_0 的确定。已有研究对基年的选择一般分为 1952 年或 1978 年两类。由于在永续盘存法的意义下,如果基年的选择越早,那么基年资本存量估计的误差对后续年份的影响就会越小,所以考虑到数据的可得性及与同类研究的可比性,在本文中采用的基年是1978年。

当年投资 I 的确定。已有研究对当年投资的选取主要分为三种,第一种是采用所谓"积累"(accumulation)的概念及其相应的统计口径。第二种是采用全社会固定资本投资。第三种是大部分近期研究采用的资本形成总额或固定资本形成总额。在本文中采用的当年投资指标是固定资本形成总额,并且认为它是衡量当年投资 I 的合理指标。

对折旧 δ 的处理方法。官方对固定资产折旧(depreciation)的定义是"一定时期内为弥补固定资产损耗,按照核定的固定资产折旧率提取的固定资产折旧,或按国民经济核算统一规定的折旧率虚拟计算的固定资产折旧。它反映了固定资产在当期生产中转移的价值。"本文参照张军等学者的研究,确定经济折旧率为9.6%。

对于劳动力与人力资本的确定,Barro 和 Lee(2001),Wang 和 Yao(2003)都对这个领域进行了研究,提出了劳动质量指数的概念。根据 Wang 和 Yao(2003)的模型,我们使用教育的年限获得一个教育年限的人力资本存量的加权平均序列。方程(1.6)给出了教育扩大的劳动序列形式上的结构。

$$L_t^H = L_t \sum_{j=1}^{n} P_t^j H_t^j \tag{1.6}$$

其中,P_t^j 是获得不同教育水平的就业人数,H_t^j 是其相应扩大的劳动质量指数系数值,以教育程度最为衡量的标准。估计模型时,我们分别在不考虑人力资本(情形1)和考虑人力资本(情形2)两种情形下估计模型。基于上述数据,可以得到模型的估计结果为:

情形1:$y_t = 3.45 + 0.64k_t + 0.36l_t$ (1.7)

情形2:$y_t = 2.76 + 0.59k_t + 0.41l_t$ (1.8)

1.3.2 经济增趋势分析

1. 资本因素

资本因素对中国经济的持续增长起主导性的推动作用。改革开放以来,资本形成率持续处于较高水平，并且呈现明显上升趋势。在这段时期，资本因素中国经济持续高速增长的最主要支撑。资本积累之所以加速，一个重要的原因是国内较高的储蓄率和投资率。1978年以来，中国投资率一直维持在32%以上的高水平，高于世界平均水平（20%左右）。维持中国投资率长期在高水平的重要原因是中国国内的高储蓄率。根据东亚一些国家和地区高速增长时期的经验看，储蓄率一般保持在30%或高于30%，但超过40%的情况并不多见（邱晓华等，2006）。快速的资本形成主要是高储蓄-高投资的结果，外资也起了一定的作用。但是，这种忽视消费、依赖投资的经济增长模式终将是难以为继的。

随着我国经济增长模式的转变，资本增长率会出现下降趋势，但由于人口老龄化等因素的影响，高储蓄率的情况很难在短期内改变，资本增长率仍然可能相对较高。未来资本投入仍然保持较高水平，可能达到10%左右，这是因为国内储蓄率可能仍然在40%以上，国内投资率也可能保持在40%以上，资本因素对经济增长的驱动作用仍然较大，包括产业资本投资驱动，私人住宅投资驱动，政府公共投资，特别是基础设施投资驱动。但是，未来资本要素的增长率将明显减低，资本的增长率和对经济增长的贡献率将继续呈下降趋势。

2. 劳动力因素

劳动力因素对中国经济的快速增长也做出了重要贡献。合理的人口结构使得中国经济增长享受了30-40年左右的"人口红利"。经济改革期间，农村劳动力大量向城市工业、服务业转移，构成了中国经济增长的一个主要推动因素。同时，劳动力的整体质量也不断提高。劳动力资源为中国经济腾飞提供了重要优势和基本保障。

随着劳动年龄人口进入零增长（一般指小于0.2），劳动力因素对经济增长的贡献开始减弱。2003年，我国65岁及以上人口占总人口的比重达到7.5%，按国际标准已进入老龄化社会。未来我国人口老龄化将进一步加剧，人口红利逐步减少。近年来劳动力数量增长趋缓、平均教育程度上升、工资和社保成本上升，而产业部门对非熟练劳动力需求下降、对专业技术工人需求则上升。这些改变意味着，低素质劳动力在经济中的重要性下降，而人力资本的重要性上升。尽管劳动力的教育程度在显著提高，但由于劳动力数量增长趋缓，人力资本存量的增长率也因此在下降。因此，劳动力资源数量的相对减少和劳动力成本的显著上升势必会对我国多年来依靠丰富廉价的劳动力资源发展经济的模式构成挑战。

未来一段时期，劳动力的供给将十分有限，对经济增长的贡献相对较小。从发展趋势来看，中国劳动人口可能于2020年左右到达顶点，而劳动人口增长率已经开始以快速度下降，并且将一直下行。另外，伴随着居民生活成本的增加、劳动力整体素质的提高和劳动力市场供求关系的转变，劳动力成本上升可能成为一种长期趋势。尽管如此，中国仍然会得益于较低的人口抚养比率，从而具有充足的劳动力供给。适龄劳动人口增长率的下降不会影响中国经济的全面扩张。

3. 全要素生产率因素（TFP）

随着劳动力和资本增长对中国经济增长的作用的逐步减弱，影响经济增长的关键因素是全要素生产率。未来影响全要素生产率的因素主要有城市化进程、基础设施建设、科技进步等几个方面。

城市化进程继续推进，向新型城市群化转型。1978年城市化率（城镇人口占总人口的比例）仅为18%，此后农村人口已经通过流动或就地城市化的途径转变为城市人口，这成为城市迅速增长的工业和服务业所需劳动力的主要来源。同时，劳动力从低生产率的农业向较高生产率的城市非农产业转移，改善了资源配置效率，成为中国生产率提高的重要来源。中国城镇化的重要趋势是形成特大、大城市群。未来我国的城市化进程，将继续有序推进，由于资源环境、国际金融危机等因素的影响，城镇化的速度将有所减缓。

基础设施不断改善，成为现代化基础设施大国。中国的铁路运输、海洋运输、航空运输、智能电网、石油管道等基础设施建设在数量和质量上都取得了长足的发展。从基础设施建设的未来发展看，根据铁道部调整后的中国《中长期铁路规划（2008）年》，到2012年全国铁路经营里程将达到11万公里，超过俄罗斯上升为世界第二位，并且高速铁路将达到1.3万公里，居世界第一；根据《国家高速公路网规划》目标，到2020年，连接所有城镇人口超过20万的中等及以上城市，形成总规模8.5万公里的高效运输网络；

中国已经成为世界港口货物吞吐量和集装箱吞吐量第一大国；2020年中国发电装机容量将达到16亿千瓦，成为世界发电第一大国，因此未来中国的基础设施建设情况将显著改善，达到世界领先的现代化水平。

科技实力不断增强，成为世界科技实力第一大国。经济全球化的最大收益者将逐渐集中到能够接触或者采用新技术的国家和集团，采用新技术政策的国家（如中国和印度）将发生跨越式发展（NIC，2004）。近年来，我国科技投入明显增长，科技创新能力大幅提升。预计未来5-10年，中国的主要科技指标将进入世界前列，中国也将超过美国和日本，成为世界科技实力第一大国。

4. 经济增长趋势

根据生产函数模型估计结果，以及对各经济增长要素变化趋势分析与预测，可以模拟未来经济增长的趋势情况。未来经济发展的基本趋势为：中国经济内需市场加速发展，中国成为全球最大消费国；人力资本加速增长，新"人口红利"加快形成；产业转型升级加快，向创新型国家迈进；研发投入加大逐年加大，成为世界科技实力第二大国；城市化进程继续推进，向新型城市群化转型；体制改革继续深化，机制创新加快；比较优势的区域转移，资源利用效率进一步提高。总体上，中国经济增长的来源及其贡献将发生显著性转变，全要素生产率的贡献将逐步加大，经济结构调整、科技创新将通过促进全要素生产率提升而成为经济增长的重要驱动，中国仍处于经济持续增长阶段，经济增长质量和效益明显提高，如表1-2所示。

表1-2　　　　　中国经济增长的变化趋势（%）

	2011~2015年	2016~2020年	2021~2025年	2026~2030年
经济增长率	8.92	7.74	6.46	5.18
劳动力增长率	0.6	0.2	0.1	0
资本增长率	9.2	8.0	7.5	6.0
TFP增长率	2.2	2.3	2.0	2.2
劳动力增长来源	0.3	0.2	0.1	0
资本增长来源	5.1	5.0	4.2	4.1
TFP增长来源	2.4	2.4	2.0	2.2

1.4 经济增长：进入持续稳定增长阶段

根据 Eichengreen 等（2011）的研究，可以通过考察三个条件是否满足，来识别一个国家的经济在某一年份是否处于稳定增长状态。这三个条件是：过去 7 年的平均经济增长率高于 3.5%；之后 7 年比之前 7 年的平均经济增长率低 2 个百分点；人均 GDP 达到 10000 美元之上（2005 年国际美元价格）。

虽然中国经济增长率长期处于较高水平，但人均 GDP 仍然相对较低，因此首先需要对人均 GDP 水平的变化趋势进行判断。Eichengreen 等（2011）的文章中给出按照 2005 年国际美元计算的 2007 年中国人均 GDP 为 8511 美元，我们按照三种方法（汇率、PPP - 现价、PPP - 1990）计算的中国人均 GDP 与其大致比例关系，可以推断出三种方法所对应的标准值大致分别为 3820 美元、6704 美元、7609 美元。与标准值对照，三种方法计算下的中国人均 GDP 均大致在 2009 年超过标准值，达到所对应 10000 美元之上（2005 年国际美元价格）的水平。同时，2002~2009 年（时间跨度按参考文献设定）平均经济增长率为 10.8%，按照 Eichengreen 等（2011）给定的条件，如果 2009~2016 年平均经济增长率不能达到 8.8% 以上，中国经济则于 2009 年开始进入稳定增长状态。

如果经济稳定增长的出现概率取决于人均 GDP 水平，在汇率、PPP - 现价、PPP - 1990 三种计算方法下，中国经济稳定增长出现概率最高的年份依次为 2013 年、2016 年、2018 年。按照 Eichengreen 等（2011）的研究，如果经济稳定增长的出现概率取决于人均 GDP 水平，那么人均 GDP 为 16740 美元（2005 年国际美元价格）时所对应的经济稳定增长出现概率应该最大。同样，按照三种方法（汇率、PPP - 现价、PPP - 1990）计算的中国人均 GDP 与其大致比例关系，可以推断出三种方法所对应的标准值大致分别为 6396 美元、11223 美元、12737 美元。与标准值对照，三种方法计算下的中国人均 GDP 分别大致在 2013 年、2016 年、2018 年左右超过标准值，经济稳定增长的出现概率达到最大。

如果经济稳定增长的出现概率取决于中国与美国人均GDP的追赶系数，在汇率、PPP-现价、PPP-1990三种计算方法下，中国经济稳定增长出现概率最高的年份均大致为2031年左右。按照Eichengreen等（2011）的研究，如果经济稳定增长的出现概率取决于中国与美国人均GDP的追赶系数，那么追赶数为58%时所对应的经济稳定增长出现概率应该最大。按照三种方法（汇率、PPP-现价、PPP-1990）计算的中国与美国人均GDP追赶系数的变动趋势，三种方法计算下的追赶系数均大致在2031年左右超过标准值，经济稳定增长的出现概率达到最大。

第 2 章 潜在产出的变化轨迹与趋势

2.1 潜在产出的理论内涵

美国经济学家阿瑟·奥肯（Okun, A, M, 1962）首先提出了潜在产出（Potential Output）这一概念。奥肯认为，潜在产出不是由无限需求决定的最大可能产出，而是在价格稳定和自由市场经济的目标下，总需求水平达到失业率为4%的水平时的最大可能产出。这里的失业率被称为自然失业率，也称为非加速通货膨胀失业率（NAIRU）。因此，潜在产出可以称为充分就业的产出，是指在合理稳定的物价水平下，使用最佳可利用的技术、最低成本的投入组合，并且资本和劳动力的利用率达到充分就业要求所能生产出来的物品和服务。各机构和学者在自然失业率的数值大小上存在一定的分歧。20世纪80年代中期之前，4%的失业率一直被广泛认可。80年代末90年代初，NAIRU 的数值一直被界定在 5.5%～6.5%。美国国会预算办公室（Congressional Budget Office）考虑了其他因素的影响，不再限定4%的失业率，界定 NAIRU 的数值为6%。对 NAIRU 的数值的大小界定的不同将导致对潜在产出大小判断的不同。

在新古典宏观经济学理论中，潜在产出被定义为实际的产出的趋势值。

与此类似的定义为，资源正常使用时的产出（Normal Output），即经济体在没有任何非预期的财政和货币政策冲击下的产出水平。也有一些机构和学者出于便利，将潜在产出定义为趋势产出（trend output），即实际产出的趋势水平。与凯恩斯主义传统的理解相比，新古典理论的潜在产出定义建立在不同的理论基础上，由此会得到不同的潜在产出结果，新古典理论分析框架中的实际产出在潜在产出很小的偏离范围内波动，且产出缺口可正可负，而凯恩斯理论所描述的潜在产出的波动并不一定服从围绕实际产出波动的规律。欧洲银行在执行货币政策战略时，将潜在产出理解为整个欧洲地区的趋势增长。

实际产出并不总是等于潜在产出，而是围绕产出上下波动。实际产出与潜在产出的差为产出缺口，它反映了总需求和总供给之间的差异。产出缺口和产出缺口率的计算公式为：

$$\text{产出缺口} = \text{实际产出} - \text{潜在产出} \tag{2.1}$$

$$\begin{aligned}\text{产出缺口率} &= （\text{实际产出} - \text{潜在产出}）/\text{实际产出} \\ &\approx \ln（\text{实际产出对数}） - \ln（\text{潜在产出对数}）\end{aligned} \tag{2.2}$$

在中长期，估算潜在产出和产出缺口，有助于决策者确认可持续实际经济增长的空间；在短期，估算产出缺口可以对经济周期波动状态进行识别，评估通货膨胀压力。潜在产出的计算和政策制定密切相关，若实际产出大于潜在产出，则意味着总需求大于总供给，使得通货膨胀压力增加，政策制定者会采取紧缩的财政、货币政策，以防止发生经济过热。反之，如果实际产出小于潜在产出，则意味着总需求小于总供给，这时通胀压力减轻，通常政策制定者会采取宽松的财政、货币政策，以拉动需求，防止有效需求的不足带来的通货紧缩。

2.2 潜在产出的估计方法

基于潜在产出视角对经济系统的研究符合理论与实证的双重要求，研究

第 2 章
潜在产出的变化轨迹与趋势

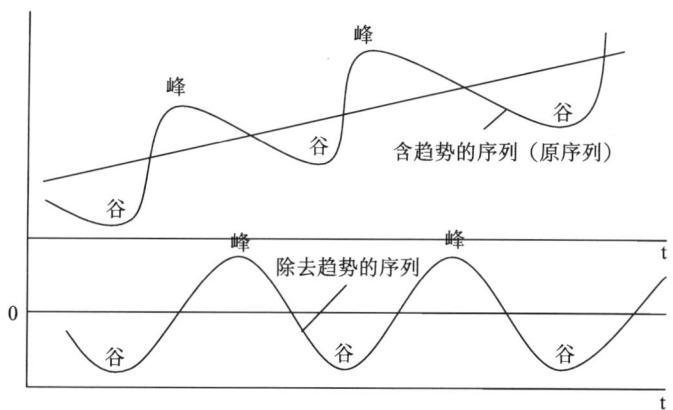

图 2-1　潜在产出与经济周期

结论对识别经济系统运行状态提供定量"基准"。潜在产出是统计部门不可观测的经济变量，一些国家的研究机构与政策部门对潜在产出进行定量估计，并且定期公布潜在产出的估计值。随着对潜在产出研究的日益深入，对潜在产出的测算方法不断发展，多样化的测算方法可以促进不同方法之间的比较，不断强化估计结果的精确性。总的来说，可以将潜在产出的方法分为两类：一是经济结构估计法；二是统计趋势估计法。

2.2.1　经济结构估计法

关于潜在产出的宏观经济模型是建立在通过大量微观经济模型详细推导之上的，是建立在完整理论框架之下的、具有微观基础的高度精炼、含义深刻的经济模型。经济结构方法是以经济理论模型为基础，在一定的约束条件下，建立要素投入与产出间的关系，从而对潜在产出做出估算。该类方法的优点是，与经济理论相联系，经济含义强，从而保证了测算结果的科学性。缺点是对数据的真实性和有效性要求较高，有些数据不容易获得。该类方法具体包括以下几种：

1. 奥肯定律法。该方法是奥肯最先提出并使用的一种得到广泛使用的方法，通过经验分析，将产出缺口与失业率缺口建立比例关系：

$$U_t - U_t^* = -\alpha(Y_t - Y_t^*) \tag{2.3}$$

其中，U_t 为失业率，U_t^* 为自然失业率，Y_t 为实际产出，Y_t^* 为潜在产出，从而估算潜在产出。这一方法运用时的难点在于自然失业率数值和两缺口比例值的确定。

2. 产出－资本比率法。通过假定产出－资本的稳定比例关系，建立如下关系：

$$Q_t/K_t = \alpha_0 + \alpha_1 T \tag{2.4}$$

进而，通过观测产出－资本比例的变化来确定实际产出对潜在产出的偏离。此种方法的难点在于稳定比例值的确定和资本存量数据的测算。

3. 要素需求函数倒推法。通过建立资本（或劳动力）的需求函数：

$$\log K_t^* = \alpha_0 + \alpha_1 \log Q_t^* + \alpha_2 \log P_t^* + \alpha_3 T \tag{2.5}$$

其中，K_t 为资本，Q_t^* 为持久收入（即潜在产出），P_t^* 为价格水平，推倒出产出与资本（或劳动力）的关系，进而估算潜在产出。此种方法的难点仍在于数据的可得性较难。

4. 生产函数法。该方法可以看作是以上各种方法的综合，它全面考虑了劳动力、资本等要素的影响。生产函数模型基本形式为：

$$Y = AK_t^{\alpha} L_t^{\beta} \tag{2.6}$$

其中，Y_t 为现实产出，L_t 为劳动投入，K_t 为资本存量，α、β 分别为平均资本的贡献因子与劳动力的贡献因子，计量回归得到的产出与各要素的关系之后，将潜在产出和技术趋势值代入，便可估算一个国家和地区的潜在产出。

2.2.2 趋势统计分析法

这类方法与新古典宏观经济理论相对应，此类方法不考虑变量间的经济关系，采用各种统计和计量技术，剔除实际产出中的暂时性成分，得到实际产出的趋势值，以此来估算潜在产出。此类方法的优点是对数据要求低，一般只需实际产出值即可，数据较易获得且真实性有保证，缺点是缺乏经济含义，不利于对结果的经济分析，此外，随着各种现代化的计量统计手段的运用，使得该方法变得越来越复杂，难以把握，且有对潜在产出测算出现偏误

的可能。主要方法包括:

1. 线性趋势法。该方法认为产出随着时间的变化出现一种十分确定的趋势,从而建立如下产出和时间关系模型:

$$y = a_0 + aT + u_t \tag{2.7}$$

进而,根据模型可以确定产出的趋势,即潜在产出。线性趋势法计算简便,是一种测算潜在产出的粗略方法,由于该方法未考虑时间序列数据的非平稳性的特点,没有考虑一些外在变量的影响,其科学性和真实性是不能保证的,在 20 世纪 70 年代后,便较少被使用。

2. 峰值趋势法。该方法假设实际产出序列中的峰值代表着资源的充分利用,即经济达到潜在产出,由此可利用线性趋势推算非峰值时刻的潜在产出值。这一方法在应用上具有局限性:把峰值假设为资源的充分利用有很强的主观性;线性趋势的推测忽略了潜在产出可能的波动性;潜在产出趋势受最近峰值的影响很大,而可能受偶然性的较大影响。

3. 单变量滤波法。该类方法主要为时间序列的趋势识别技术。主要包括以下几种方法:

(1) BN 分解方法。该方法借助于 ARIMA 模型借助非平稳时间序列分解为趋势成分和周期性成分。在 BN 的分解方法中,暂时性成分被分解为一个随机行走过程和一个平稳自回归过程。这一方法会产生噪音周期,从而使得经济周期与实际产出间产生负相关关系。

(2) BK 滤波法。该方法通频带滤波技术(band pass filter),将经济周期界定为某一确定频率的波动,通过将低频和高频成分剔除而得到中间的经济周期成分,通过双边对称的移动平均方法消除随机趋势,从而间接得到趋势成分。该方法的优点是,可以根据频率的变化而灵活改变滤波结构。缺点是,该方法无法对近期的产出进行测算,同时对经济周期中暂时性周期成分的测算存在一些问题。

(3) UC - 卡尔曼滤波法。该方法的基本思想是把产出序列看作是不可观测的两部分:周期成分(即产出缺口)与趋势成分(即潜在产出)之和,其分解方法与 BN 分解方法是相同的,两者的区别在于,UC 法假定周期成分与趋势成分是独立不相关的两部分,而 BN 分解方法假定两者相关。通过建立状态空间方程，然后使用卡尔曼滤波法和最大似然估计法来测算潜在产出。

（4）HP滤波法。该方法是通过最小化实际产出的波动和整体样本趋势变化率来求得趋势产出值，是一种时间序列在状态空间中的分解方法。设经济时间序列为 $Y = \{y_1, y_2, \cdots, y_n\}$，趋势要素为 $T = \{t_1, t_2, \cdots, t_n\}$，$n$ 为样本长度，HP滤波的问题就是最小化下面的函数：

$$\min\left\{\sum_{i=1}^{n}(y_i - t_i)^2 + \lambda \sum_{i=1}^{n}[(t_{i+1} - t_i) - (t_i - t_{i-1})]^2\right\} \tag{2.8}$$

2.3 状态空间模型的基本结构

本章中，我们通过构建以经济理论为基础的多变量状态空间模型（State Space Model），对我国的潜在产出进行估计。状态空间模型的特点是提出了状态这一概念，因为经济系统中存在的某些状态都是一种不可观测的变量，正是这种观测不到的变量反映了系统所具有的真实状态，所以被称为状态向量。状态空间模型一般应用于多变量的时间序列。设 y_t 是包含 k 个经济变量的 $k \times 1$ 维可观测向量。这些变量与 $m \times 1$ 维向量 α_t 有关，α_t 被称为状态向量。定义量测方程（Measurement Equation）为：

$$y_t = Z_t \alpha_t + d_t + \varepsilon_t, \quad t = 1, \cdots, T \tag{2.9}$$

其中，T 表示样本长度，Z_t 是 $k \times m$ 矩阵，d_t 是 $k \times 1$ 向量，ε_t 是 $k \times 1$ 向量，是均值为0，协方差矩阵为 H_t 的连续的不相关扰动项，即：

$$E(\varepsilon_t) = 0, \quad \mathrm{var}(\varepsilon_t) = H_t \tag{2.10}$$

构建状态空间模型时，通常假定 α_t 的元素是不可观测的，其动态过程可以通过转移方程（Transition Equation）设定为：

$$\alpha_t = T_t \alpha_{t-1} + c_t + R_t \eta_t, \quad t = 1, \cdots, T \tag{2.11}$$

其中，T_t 是 $m \times m$ 矩阵，c_t 是 $m \times 1$ 向量，R_t 是 $m \times g$ 矩阵，η_t 是 $g \times 1$ 向量，是均值为0，协方差矩阵为 Q 的连续的不相关扰动项，即：

$$E(\eta_t) = 0, \text{var}(\eta_t) = Q_t \tag{2.12}$$

当一个模型被表示成状态空间形式就可以对其应用一些重要的算法求解。这些算法的核心是 Kalman 滤波。Kalman 滤波是基于 t 期所有可获取的信息计算不可观测的状态向量的最为理想的递推过程，并且在计算状态向量的同时，Kalman 滤波还可以用来形成似然函数形式，通过数值算法求出使得似然函数极大化的参数值。当扰动项和初始状态向量服从正态分布时，Kalman 滤波能通过预测误差分解计算似然函数，从而对模型中的所有未知参数进行估计，并在得到新的观测值后连续地修正状态向量的估计值。

2.4 基于自然失业率视角的潜在产出估计

根据 Okun（1962）的研究，潜在产出对应充分就业时的产出水平。Friedman（1968）和 Phelps（1968）首先提出了自然失业率（natural rate of unemployment）的概念，他们认为自然失业率是指当宏观经济处于均衡状态时的失业率。Modigliani 和 Papademos（1975）对自然失业率的概念进行了发展，他们认为自然失业率应该是非加速通货膨胀的失业率（NAIRU），是指那些作用于价格和工资膨胀的向上或向下的力量得以平衡时的失业率。Richardson 等（2000）在此理论基础上，根据自然失业率在长期中所包含的供给冲击成分的不同，将自然失业率分为短期自然失业率（short-term NAIRU），自然失业率（NAIRU）以及长期均衡失业率（long-term equilibrium unemployment rate）。Layard 等（1991）认为，可以在如下结构式模型中对 NAIRU 进行识别：

价格方程：

$$p - w = a_0 + a_1 n + a_2 \Delta n - a_3 (p - p^e) - q + ZL_p + ZT_p \quad a_1, a_2, a_3 > 0 \tag{2.13}$$

其中，Δ 为一阶差分算子，p，w，n，p^e，q 为价格水平，工资水平，就业水平，期望价格水平，劳动力效率水平的对数。ZL_p 为影响价格设定的长期冲击因素，如可以影响市场类型的因素；ZT_p 为影响价格设定的短期冲击因素，如进口或石油价格的冲击等。

工资方程：
$$w - p = b_0 - b_1 u - b_2 \Delta u - b_3 (w - w^e) + q + ZL_w + ZT_w \quad b_1, b_2, b_3 > 0 \quad (2.14)$$

其中，u，w^e 为失业水平，期望工资水平的对数。ZL_w 为影响工资设定的长期冲击因素，如税收等；ZT_w 为影响工资设定的短期冲击因素，如进出口交换比率等。

劳动力供给方程：
$$l = c_0 - c_1 u + ZL_l \quad c_1 > 0 \quad (2.15)$$

其中，l 为劳动力供给水平的对数，ZL_l 为影响劳动力供给的长期冲击因素。通过推导，可以将上述结构式模型转化为下面由两个方程组成的方程系统。

$$\pi_t = \alpha(L)\pi_{t-1} + \beta(u_t - u_t^*) + \theta(L)\Delta u_t + v(L)ZT_t + \varepsilon_{1t} \quad (2.16)$$

$$u_t^* = -[K_t + \gamma(L)ZL_t]/\beta \quad (2.17)$$

其中，Δ 为一阶差分算子，π_t 为通货膨胀率，u_t 为实际失业率，u_t^* 为自然失业率，ZL_t，ZT_t 分别为长、短期冲击成分。K_t 为移动参数，表示所有不能预期的并能对 u_t^* 产生影响的因素。α，β，θ 以及 v 为系数向量，L 为滞后算子，ε_{1t} 为一个序列不相关的误差。显然，（2.16）式为附加预期的菲利普斯曲线。

在（2.16）式、（2.17）式的基础上我们可以对自然失业率的种类划分进一步识别。（2.16）式中的 u_t^* 为自然失业率。短期自然失业率为当 $\pi_t = 0$ 时，（2.16）时中 u_t 的值。根据短期自然失业率的定义，可以将（2.16）式改写为下面形式：

$$\pi_t = (\beta + \theta(0))(u_t - us_t^*) + \varepsilon_{1t} \quad (2.18)$$

其中，us_t^* 为短期自然失业率，并且 $us_t^* = g\{u_t^*, \Delta u_{t-i}, a(L)\pi_{t-1}, v(L)ZT_t\}$。长期均衡失业率为（2.17）式中 $\gamma(L) = \gamma(l)$，$ZL_t = zl$（l,zl 为常量）时 u_t^* 的值，则长期均衡失业率可以用下式表示：

$$ul_t^* = f\{K_t + \gamma(l)zl\}/\beta \quad (2.19)$$

其中，ul_t^* 为长期均衡失业率。

同时，根据奥肯定律，可以将潜在产出与自然失业率的关系描述为：

第2章 潜在产出的变化轨迹与趋势

$$U_t - U_t^* = -\alpha(Y_t - Y_t^*) \tag{2.20}$$

其中，U_t 为失业率，U_t^* 为自然失业率，Y_t 为实际产出，Y_t^* 为潜在产出。进而，根据上述描述通货膨胀、自然失业率和潜在产出的菲利普斯曲线和奥肯定律的基本规律，可以构建以潜在产出和失业率缺口为不可观测变量（状态变量）的状态空间模型，对中国的潜在产出进行估计。模型的基本结构如下：

菲利普斯曲线方程：

$$\pi_t = \rho \pi_{t-1} + \sum_{j=0}^{h} \eta_j (u_{t-j} - u_{t-j}^n) + \varepsilon_t^1 \tag{2.21}$$

其中，π_t 表示通货膨胀率；u_t 表示现实失业率水平；u_t^n 表示自然失业率水平（NAIRU）；$(u_t - u_t^n)$ 表示失业率缺口；ε_t^1 为随机误差。ρ 和 η_j 为未知参数。菲利普斯曲线作为不可观测变量系统（unobserved-components system，UC模型）中的一个约束条件，失业率缺口的不可观测特性得以在模型中展现，并随同模型的参数一起得到估计。

奥肯定律方程：

$$y_t - y_t^p = \sum_{l=0}^{k} \phi_l (u_{t-l} - u_{t-l}^n) + \varepsilon_t^2 \tag{2.22}$$

其中，y_t 表示实际产出的对数；y_t^p 表示潜在产出的对数；$(y_t - y_t^p)$ 则表示产出缺口；ε_t^2 为随机误差。ϕ_l 为未知参数。方程（2.22）将潜在产出作为一个内生变量，并确保了对失业率缺口的估计和对潜在产出的估计彼此一致。

潜在产出动态方程：

$$y_t^p = \alpha + y_{t-1}^p + \varepsilon_t^3 \tag{2.23}$$

其中，ε_t^3 为随机误差。α 为未知参数。方程（2.23）刻画了潜在产出的动态特征，潜在产出被假定为遵循一个带有漂移的随机游动过程。

失业率缺口动态方程：

$$u_t - u_t^n = \delta_0 + \delta_1 (u_t - u_t^n) + \varepsilon_t^4 \tag{2.24}$$

其中，ε_t^4 为随机误差。δ_0 和 δ_1 为未知参数。方程（2.24）刻画了失业率缺口的动态特征，失业率缺口被假定为服从一阶自回归过程。

以上（2.21）-（2.24）式构成了本文的状态空间模型，其中（2.21）式和（2.22）式为量测方程（或信号方程），（2.23）-（2.24）式为转移方程（或状态方程）。

估计模型时，我们利用消费价格指数度量 π_t，实际 GDP 度量 y_t。中国的失业率统计数据不能完全反映中国社会的失业情况，我们将 $(u_t - u_t^n)$ 作为一个状态变量进行处理。将 ε_t^1、ε_t^2、ε_t^3 和 ε_t^4 的方差利用自然指数进行非负约束，分别表示为 e^{g_1}，e^{g_2}，e^{g_3} 和 e^{g_4}。表 2-1 是模型参数的估计值。

表 2-1　　　　　　　　模型主要参数的估计结果

参数	ρ	η_0	ϕ_0	α	δ_1	g_1	g_2	g_3	g_4
估计值	0.74	-0.84	-1.47	0.58	0.08	-6.44	-6.97	-7.71	-6.97
p 值	0.00	0.00	0.00	0.00	0.00	0.00	0.00	0.00	0.00

从表 2-1 的参数估计结果可以看出，参数估计值均显著非零，并且产出缺口的系数为正，实际失业率缺口的系数显著为负，这与奥肯定律和菲利普斯曲线所揭示的规律相一致。图 2-2 和图 2-3 分别给出了潜在产出和潜在经济增长率的变化情况。实际失业率缺口变化会引起产出缺口的反向变化，产出缺口的变化会引起通货膨胀率的正向变化。随着时间推移，实际产出和产出增长率的波动性逐步减弱，变化更加稳定，进入稳定变化阶段。实际产出和产出增长率分别围绕潜在产出和潜在产出增长率上下波动，并且对应产出缺口和增长率缺口的波动性逐步减弱。

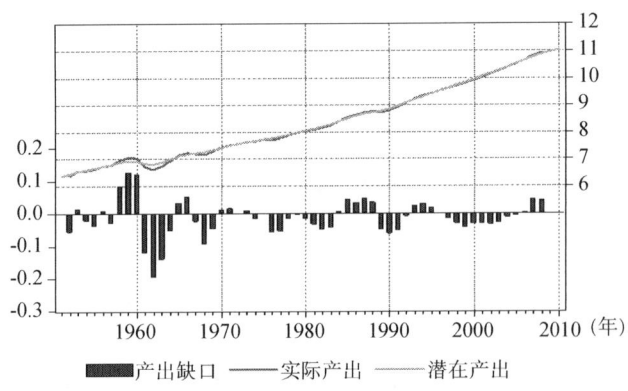

图 2-2　实际产出、潜在产出与产出缺口

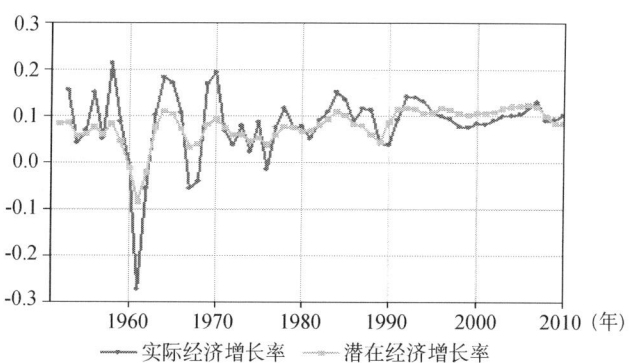

图 2-3 实际经济增长与潜在经济增长率

2.5 基于自然利率视角的潜在产出估计

考虑价格完全弹性的经济环境,假设 t 期的生产函数为一次齐次函数 $F(K_t, A_t L_t)$,其中 K_t、A_t、L_t 分别为资本存量、技术和劳动人口,因此有:

$$F(K_t, A_t L_t) = A_t L_t \cdot F(k_t, 1) = A_t L_t \cdot f(k_t) \tag{2.25}$$

其中,$k_t \equiv K_t / A_t L_t$ 为实效劳动资本。企业的最优投资行为应该满足实际利率 r_t 等于资本的边际生产率,即:

$$r_t = dF(K_t, A_t L_t)/dK_t = f'(k_t) \tag{2.26}$$

同样,家庭的最优消费行为应该满足:在 t 期进行消费的边际效用应等于在 t 期进行投资,并在 $t+1$ 期用增加了的收益来进行消费的边际效用,即:

$$u'(c_t) = u'(c_{t+1})(1 + r_t)/(1 + \rho) \tag{2.27}$$

其中,$u(\cdot)$ 为效用函数,c_t 为 t 期的消费,ρ 为时间偏好率。假设相对风险规避度 $-c_t \cdot u''(c_t)/u'(c_t)$ 为常量 σ^{-1},结合(3)式整理可得:

$$(c_{t+1} - c_t)/c_t = \left(1 + \frac{r_t - \rho}{1 + \rho}\right)^\sigma - 1 \approx \sigma(r_t - \rho) \tag{2.28}$$

(2.28)式表明,若消费保持一定比例增长,则 r_t 应保持不变,从

（2.26）式来看，实效劳动资本 $k_t \equiv K_t/A_tL_t$ 也应该保持不变。因此，若技术与劳动人口分别按 g_A 和 n 的速度增长，则资本存量 K_t 必须以 $g_A + n$ 的速度增长。并且根据（2.25）式可知，产出量以 $g_A + n$ 的速度增加，由于价格是完全弹性的，市场完全出清，因此消费与产出相等，消费的增长率即（2.28）式左边为 $g_A + n$，整理可得：

$$r_t = \sigma^{-1}(g_A + n) + \rho \tag{2.29}$$

根据（2.27）式可知，r_t 等于资本的边际生产率，即长期自然利率。若假定相对风险规避度近似为 1，并且由于时间偏好率明显小于技术进步率，因此可以认为长期自然利率与潜在增长率（$g_A + n$）近似一致，即长期自然利率≈潜在增长率。很显然，技术变迁、劳动人口的增减将直接导致潜在增长率发生变化，因而也是引起长期自然利率变动的主要原因。

由于价格完全弹性的假设在现实经济中并不成立，并且作为政策工具的常常是短期利率，因而在价格粘性的情形下定义一个短期自然利率是必要的。沿用美国学者 Laubach 和 Williams 关于短期自然利率的定义。即短期自然利率是在不存在对供给和需求的暂时性冲击时，与产出缺口为零和稳定通货膨胀相对应的实际短期贷款利率。日本学者小田信之等通过研究，得出短期自然利率的长期均衡状态即为长期自然利率，而短期内受需求冲击的影响，短期自然利率在长期自然利率附近波动，即：短期自然利率≈长期自然利率或潜在增长率＋需求冲击成分。从长期和短期自然利率理论内涵出发，借鉴 Bjørnland 等（2007）、Oda 和 Suzuki（2007）等学者的思路，可以构建新凯恩斯宏观经济模型识别与估计中国的月度潜在产出及其增长率。模型的基本结构由包括产出－利率空间的总需求函数（IS 曲线）、物价－产出空间的总供给函数（AS 曲线）、货币政策反应函数（Taylor 规则）组成，具体形式如下：

总需求函数：

$$x_t = \mu E_t x_{t+1} + (1-\mu)x_{t-1} - \dot{\sigma}(i_t - E_t \pi_{t+1} - \tilde{r}_t^n) + \varepsilon_t^{IS} \tag{2.30}$$

总供给函数：

$$\pi_t = \delta E_t \pi_{t+1} + (1-\delta)\pi_{t-1} + \kappa x_t + \varepsilon_t^{AS} \tag{2.31}$$

货币政策反应函数：

$$i_t = \gamma i_{t-1} + (1-\gamma)[\tilde{r}_t^n + \tilde{\pi}_t^* + \phi_\pi(\pi_t - \tilde{\pi}_t^*) + \phi_x x_t] + \varepsilon_t^{MP} \qquad (2.32)$$

其中，x_t、π_t 和 i_t 分别表示产出缺口、通货膨胀率和短期名义利率；$\tilde{r}_t^n$ 和 $\tilde{\pi}_t^*$ 分别表示自然利率和隐性通货膨胀目标，$\tilde{\pi}^*$ 可以看成是私人部门预期的长期均衡通货膨胀率；ε_t^{IS}、ε_t^{AS} 和 ε_t^{MP} 为随机扰动项，分别服从 $N(0,\sigma^{IS2})$、$N(0,\sigma^{AS2})$ 和 $N(0,\sigma^{MP2})$。

（2.30）式中的总需求函数和（2.31）式中的总供给函数具有"前瞻"和"后顾"的性质，反映的是"混合型"IS 曲线和 AS 曲线，（2.32）式中的货币政策函数反映的是具有利率内生性的 Taylor 规则。

结构参数 $\hat{\sigma}$ 可以表示为：

$$\hat{\sigma} = (2\mu - 1)\sigma \qquad (2.33)$$

其中，σ 表示消费的跨期替代弹性（elasticity of intertemporal substitution）。这样（2.30）式可以变形为：

$$x_t = \mu E_t x_{t+1} + (1-\mu)x_{t-1} - (2\mu-1)\sigma(i_t - E_t\pi_{t+1} - \tilde{r}_t^n) + \varepsilon_t^{IS} \qquad (2.34)$$

产出缺口 x_t 可以表示为：

$$x_t = y_t - y_t^n \qquad (2.35)$$

其中，y_t 和 y_t^n 分别表示实际产出和潜在产出的对数。这里假定 y_t^n 的差分 Δy_t^n 服从如下过程：

$$\Delta y_t^n = \Delta y_{t-1}^n + \varepsilon_t^{PG} \qquad (2.36)$$

其中，ε_t^{PG} 为随机扰动项，服从 $N(0,\sigma^{PG2})$。

同时，假定 $\tilde{r}_t^n$ 和 $\tilde{\pi}_t^*$ 的动态过程为：

$$\tilde{r}_t^n = (1-\nu)\tilde{r}_{t-1}^n + \nu(\sigma^{-1}\Delta y_t^n + \rho) \qquad (2.37)$$

$$\tilde{\pi}_t^* = \tilde{\pi}_{t-1}^* + \theta(\pi_{t-1} - \tilde{\pi}_{t-1}^*) - \xi\{i_t - \gamma i_{t-1} - (1-\gamma)[\tilde{r}_t^n + \tilde{\pi}_{t-1}^* + \phi_\pi(\pi_t - \tilde{\pi}_{t-1}^*) + \phi_x x_t]\} \qquad (2.38)$$

这样，以上的（2.30）式、（2.32）式、（2.34）式、（2.36）式、（2.37）式和（2.38）式就构成了本文的状态空间模型，其中（2.30）式、（2.32）式和（2.34）式为量测方程（或信号方程）；（2.36）式、（2.37）式和（2.38）式为转移方程（或状态方程）；μ、σ、δ、κ、γ、ϕ_π、ϕ_x、ν、ρ、θ、ξ、σ^{IS}、σ^{AS}、σ^{MP} 和 σ^{PG} 为需

要估计的参数。

对模型进行估计时，我们选用实际 GDP 来度量实际产出 y_t，消费价格指数增长率（环比）来度量通货膨胀率 π_t，银行间 7 天同业拆借利率来度量短期名义利率 i_t。由于样本数据为月度数据，因此各变量经 x_{12} 方法进行季节调整，去除了季节和不规则因素的影响。模型中参数 ρ 的经济含义为主观贴现率（subjective discount rate），因此参照 Oda 和 Suzuki（2007）的做法，约束参数 ρ 非负，即 $\rho \geq 0$。

利用极大似然方法和 Kalman 滤波可以对模型中的参数和不可观测变量进行估计。表 2-2 为模型参数的估计结果。

表 2-2　　　　　　　　状态空间模型的参数估计结果

参数		估计值	标准差
总需求方程	μ	0.502	0.000
	σ	1.443	0.002
	$\dot{\sigma}$	0.010	—
总供给方程	δ	0.502	0.002
	κ	0.107	0.000
Taylor 规则方程	γ	0.923	0.003
	ϕ_π	1.786	0.003
	ϕ_x	0.273	0.001
$\bar{r}_t^n$ 的动态方程	ν	0.063	0.000
	$\ln \rho$	-4.296	0.047
$\tilde{\pi}_t^*$ 的动态方程	θ	0.032	0.000
	ξ	0.063	0.000

注：标准差项目中部分数据非零，仅在保留三位小数时写为 "0.000"。

模型估计结果表明，各参数均显著非零，并且所有参数的符号与预期相符合所有参数的符号与预期相符合，这说明模型的整体效果较好，模型的计算结果比较可靠，模型中变量之间的相互关系与新凯恩斯经济理论所表达的规律相一致。图 2-4 至图 2-7 为模型中的潜在变量的估计结果。从图中可以看出，潜在产出、隐性通货膨胀目标和自然利率均具有显著的时变性特征，各实际经济变量均呈现出围绕"自然率"水平波动的状态。从总需求函数的估计结果来看，$\hat{\sigma}$的估计值为 0.0055，这说明我国的实际利率缺口与产出缺口之间呈负相关关系，实际利率缺口增大（减小）会引起产出缺口减小（增大）。从总需求函数的估计结果来看，κ 的估计值为 0.0031，这说明我国的产出缺口与通货膨胀率之间呈正相关关系，产出缺口的增大（减小）将引起通货膨胀率的上升（下降），当产出缺口为零，即实际产出与潜在产出保持一致时，通货膨胀率应该保持稳定。

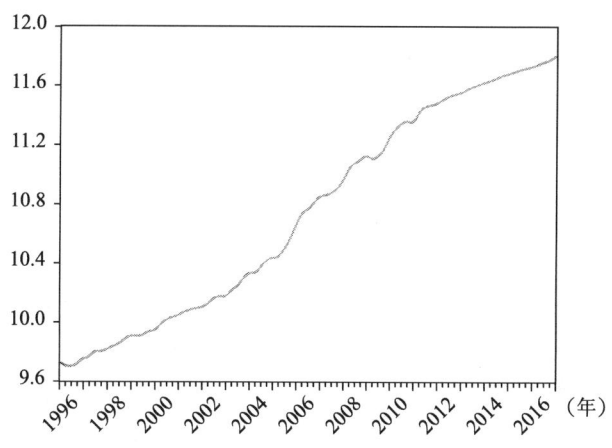

图 2-4 实际产出与潜在产出

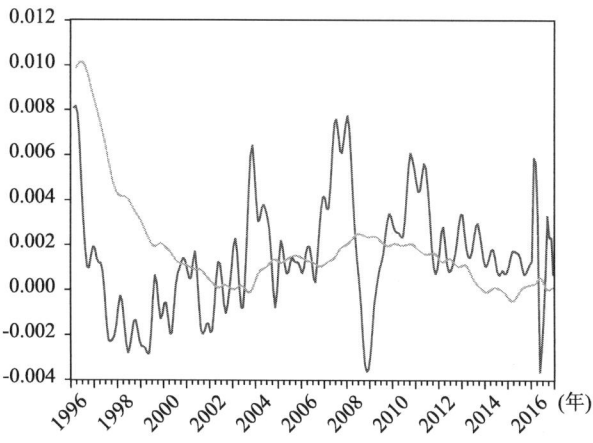

图 2-5 通货膨胀率与隐性通货膨胀目标

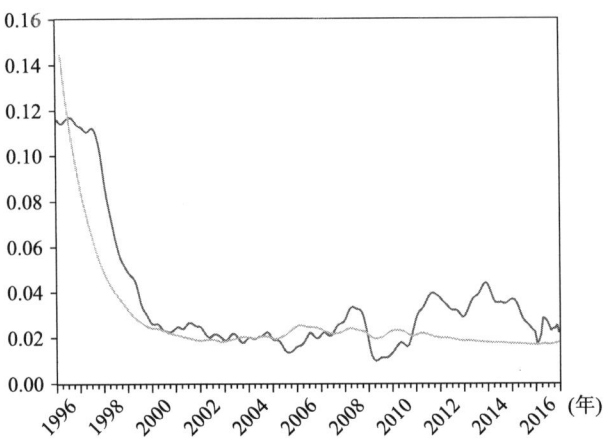

图 2-6　实际利率与自然利率

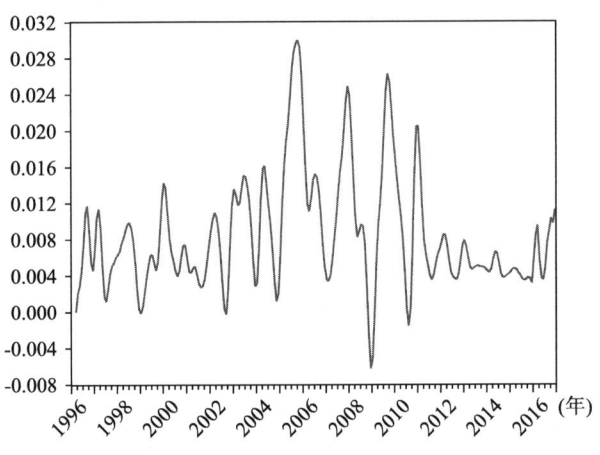

图 2-7　潜在产出增长率

2.6　潜在产出：经济增长潜力"指示器"

根据潜在产出的估计结果，潜在产出与实际产出之间的协动与偏离关系基本能够反映了我国经济增长与经济周期波动过程。潜在产出增长反映了实

第 2 章
潜在产出的变化轨迹与趋势

际产出增长的适度水平和潜力，经济系统的稳定应该促使实际产出与潜在产出水平一致。此时，通货膨胀保持稳定时，实际利率应该处于自然利率水平，因此这时的货币政策既不具有扩张性又不具有紧缩性。实际产出高于潜在产出，经济处于相对较为繁荣的状态，通货膨胀率较高；实际产出低于潜在产出，经济处于相对较为收缩的状态，通货膨胀率较低。由于政策部门的学习行为等因素，长期通货膨胀目标可能会随时间推移而发生变化。现实经济中通货膨胀率的趋势性要素（trend inflation）可以理解为长期通货膨胀目标。通货膨胀率的趋势性要素与通货膨胀缺口是影响通货膨胀持续性的关键决定因素。因此，在本文的研究中，稳定通货膨胀率的政策目标实现，表现为经济运行中的通货膨胀率与隐性通货膨胀目标相一致，即通货膨胀缺口为零。通过潜在产出与实际产出变动路径，结合主要宏观经济变量的变化，可以从宏观层面对我国经济增长的轨迹与趋势进行分析。

1978 年十一届三中全会以后，我国开始实行改革开放政策，全民劳动积极性显著提高。财政支出规模不断加大，在 1978 年和 1979 年的财政支出增长率分别达到 33% 和 14.2%。M2 增长迅速，其增长率在 1979 年和 1980 年分别达到 25.8% 和 26.4%。扩张性经济政策使得我国经济增长迅速，GDP、消费以及进出口增长率均处于较高水平，并且超过潜在产出增长水平。经济快速发展的同时，1980 年的通货膨胀随之而来，CPI 增长率达到 7.5%。1984 年，固定资产投资增长率出现上升趋势，其值为 28.2%，并且于 1985 年出现峰值，此时的增长率值高达 38.8%。固定资产投资规模过大引起了社会总需求过旺，经济出现过热特征，高于潜在产出幅度较大。1984 年的 GDP 增长率达到 15.2%，1985 年 CPI 增长率也达到了 9.3% 的较高水平。1986 年，紧缩性经济政策开始松动，M2 增长率明显升高，这引发了社会需求的进一步膨胀，1987 年的 GDP 增长率达到 11.6%。

国家对经济出现的过热迹象高度重视，党的十三届五中全会通过了《中共中央关于进一步治理整顿和深化改革的决定》，提出用三年或者更长一点时间，基本完成整顿治理任务。这一时期，政府实行了紧缩的财政政策和货币政策。1987 年的财政支出增长率为 2.6%，1989 年的 M2 增长率为 17.6% 都达到谷底。这样，虽然在 1990 年通货膨胀得到全面控制，但是经济增长却出现了幅度较大的下降，GDP 增长率于 1990 年下降到 3.8%，低于潜在产出水平，达到了谷底。

1992 年邓小平南巡讲话后，我国经济迅速回升，出现了新一轮的经济建设热潮。1993 年，固定资产投资、M2 以及财政支出增长率均明显升高，特别是固定资产投资增长率达到了 61.8% 的历史最高水平。与此相应，GDP 增长率升高趋势明显，1992 年、1993 年和 1994 年的 GDP 增长率分别达到 14.2%、14.0% 和 13.1%，这时期的经济增长速度大致高于潜在经济增长速度。

我国以 1993 年 6 月《中共中央、国务院关于当前经济情况和加强宏观调控的意见》提出 16 条措施为起点，进行金融秩序整顿。财政、货币"双紧"宏观经济政策的实行，使我国经济于 1996 年实现"软着陆"，通货膨胀得到全面控制。但是，经济政策"紧缩"的力度过猛、时间过长以及 1997 年的东南亚和韩国金融危机，使我国经济自 1997 年起出现了通货紧缩、有效需求不足，经济增长出现了较为严重的滑坡。GDP 增长率于 1999 年跌至这一阶段的最低水平，低于潜在产出水平，为 7.6%。2000～2006 年，固定资产投资增长率升高明显，从 2000 年的 10.3% 上升至 2006 年的 23.9%。投资的持续增长也推动 GDP 增长率出现上升的趋势。

由于固定资产投资增长过快、国际贸易顺差过大、银行体系流动性过剩以及成本推动等因素的影响，以资产价格（股价和房价）、CPI 和 PPI 的同时上涨为主要标志的经济过热迹象明显。针对这种局面，我国在 2007 年这一年中，连续 6 次上调法定贷款利率，调整范围为：6.39%～7.47%。实际利率接近甚至低于自然利率。2007 年底的中央经济工作会议明确了通过实行"稳健性财政政策和紧缩性货币政策"对通货膨胀进行调控。通货膨胀压力减小的同时，经济增长也随之减缓。2008 年和 2009 年的 GDP 增长率分别为 9.0% 和 9.2%。此后，受到世界金融危机的影响，世界经济总体开始出现下滑趋势，处于后危机的经济恢复时期。大体在 2012 年左右，我国经济进入新常态时期，经济增长的波动性减弱、持续性增强，宏观经济系统趋于稳定，经济增长的质量开始提高。

从发展趋势来看，中国经济增长率将长期保持相对较高水平，并且关键是提高经济增长的质量和效益。结合潜在产出的估计结果，综合利用时间序

第 2 章
潜在产出的变化轨迹与趋势

列模型、增长函数模型等方法，对经济增长模拟结果如表 2-3 所示。

表 2-3　　　　　中国经济增长率的变化趋势（%）

时间	1981~1985 年	1985~1990 年	1991~1995 年	1996~2000 年	2001~2005 年	2006~2010 年
经济增长率	10.78	7.92	12.28	8.62	9.58	10.62
潜在经济增长率	9.09	7.05	11.20	10.89	11.48	10.20
时间	2011~2015 年	2016~2020 年	2021~2025 年	2026~2030 年		
适度经济增长率	8.92	7.74	6.46	5.18		
高速经济增长率	10.13	8.95	7.85	6.39		
低速经济增长率	7.45	6.27	4.99	3.71		

第3章 战略性新兴产业与产业结构演进趋势

3.1 产业革命与战略性新兴产业

3.1.1 产业革命的发展历程

从历史视角来看,三次产业革命的发展推动人类经济社会产业结构的持续演进:

1. 第一次产业革命。18世纪60年代,以蒸汽机为标志的第一次工业革命在英国发生。第一次产业革命标志着人类开始从农业社会向工业社会的迈进。产业结构逐步从农业主导向工业主导转变。产业革命的主要结果是使社会生产力的发展由手工业阶段进入到机器体系阶段,世界经济进入现代经济增长阶段。

2. 第二次产业革命。19世纪末至20世纪中叶以发电机、电动机的发明和使用为技术标志的工业革命是工业社会阶段的第二次产业革命。第二次产业革命是在第一次产业革命发展的基础上进行的,其主要结果是催生大批新兴产业,形成生产和资本集中的大型企业,经济模式由传统轻工业的劳动密

第3章
战略性新兴产业与产业结构演进趋势

集型向资本密集型转化，科学技术的作用日益凸显。制造业成为国民经济的主体，资金密集型的重化工业取代了劳动密集型的轻纺工业成为国民经济的主导产业。

3. 第三次产业革命。20世纪40年代，电子计算机为标志的工业社会的第三次产业革命爆发。随着电子技术的发展以及电子计算机的诞生和应用，产生了以电子计算机为核心的自动控制机，使得机器不仅作为人手的延长，更成为人脑的延伸。工业从机械化大生产时代跃进到自动化大生产时代。科技进步在经济增长中的贡献越来越大，劳动生产率极大提高，技术、知识密集型产业逐步壮大。美国、德国、法国、日本等发达国家先后完成工业化过程，产业结构变迁历了农业比重持续下降、工业比重有所上升而后趋于下降、服务业比重逐步上升的发展过程。

3.1.2 世界战略性新兴产业发展路线图

在世界产业发展的历史中，三次产业革命的出现和更替为人类创造了巨大的物质和精神财富，为推动人类社会的向前发展起到了不可替代的作用。伴随三次产业革命，具有时代特色的战略性新兴产业应运而生。战略性新兴产业对国民经济的带动作用正是由其自身的全球性、创新性和成长性所决定，并且战略性新兴产业的作用是随着其成长的生命周期和经济发展阶段改变而不断变化的。

18世纪70年代，在第一次产业革命的影响下，棉纺织工业成为具有重要影响的战略性新兴产业，并带动冶铁工业、采煤工业、早期制造业和交通运输业等系列战略性新兴产业的产生和发展。

19世纪中叶，由于第一次产业革命成果的延伸应用，钢铁工业逐步成为战略性新兴产业。钢铁技术不断进步，钢铁及其制造业的不断成熟，极大地改善了人们的劳动条件。在钢铁工业发展和铁路网络不断建设的带动下，采煤工业、造船工业、纺织工业、机器制造业、铁路运输业、轮船运输业等系列战略性新兴产业逐步产生和发展。

19世纪60年代，近代第二次产业革命爆发。该次产业革命以电力的发明和应用为标志。一直到 20 世纪上半叶,第二次产业革命继续深化。电力技术全面拓展,有机化学也发生突破性进展。电力工业、化学化工、汽车工业、石油工业、耐用消费品工业、宇航工业、计算机工业、原子能工业、合成材料工业等构成了战略性新兴产业群。石油化工技术推动了能源与材料产业的发展,极大地降低了生产成本,提高了生产效益。

20 世纪 40 年代开始的第三次产业革命时期,各种高加工度、高附加值的产业迅速发展。电子工业、宇航工业、原子能工业、高分子工业、合成材料工业、计算机工业等构成具有现代工业特征的战略性新兴产业群。

20 世纪 90 年代以来,第四次产业革命对世界经济产生广泛影响。世界进入信息化时代。各个国家都把加快以信息技术为核心的高新技术产业的发展作为产业结构调整的主要方向,信息产业是最具发展潜力的战略性新兴产业。一系列高新技术实现大规模产业化,新材料、新能源、生物工程等产业成为符合时代需求的战略性新兴产业,如表 3 – 1 所示。

表 3 – 1　　　　　全球战略性新兴产业发展的历史脉络

历史时期	战略性新兴产业	产生条件	影响
18 世纪 70 年代	冶铁工业、采煤工业、早期制造业、交通运输业	以蒸汽机和纺织机的发明和应用为标志	产业结构逐步从农业主导向工业主导转变,社会生产力的发展由手工业阶段进入机器体系阶段,世界经济进入现代经济增长阶段
19 世纪中叶	钢铁工业、造船工业、纺织工业、机器制造业、铁路运输业、轮船运输业	钢铁工业发展和铁路网络不断建设的带动	
19 世纪末至 20 世纪上半叶	电力工业、化学化工、汽车工业、石油工业、耐用消费品工业、宇航工业、计算机工业、原子能工业、合成材料工业	以电力的发明和应用为标志,电力技术全面拓展,有机化学也发生突破性进展	催生大批新兴产业,形成生产和资本集中的大型企业,经济模式由传统轻工业的劳动密集型向资本密集型转化,科学技术的作用日益凸显

续表

历史时期	战略性新兴产业	产生条件	影响
20世纪40年代至70年代	电子工业、宇航工业、原子能工业、高分子工业、计算机工业	机械、化工等传统生产资料生产部门开始提供以耐用消费品为核心的消费资料。原子能利用、电子计算机、航空和空间技术、高分子化合物等科技领域的重大突破	科技进步在经济增长中的贡献越来越大，劳动生产率极大提高，技术、知识密集型产业逐步壮大
20世纪90年代	信息产业、新材料产业、新能源产业、生物工程	以信息技术的广泛应用为标志	美国、日本等主要发达国家开始向后工业社会过渡，产业结构重心向高技术化、信息化和服务化方向发展

3.2 战略性新兴产业与国家经济崛起

从产业经济学视角来看，国家竞争优势就是指一个国家使其企业或产业在一定的领域创造和保持竞争优势的能力。战略性新兴产业是为了确立我国在后危机时期的国家竞争优势而提出来的，因此战略性新兴产业特指国家层面的战略性新兴产业，具有全球可比性，即在全球范围内都是新兴的具有战略前景的产业。

在对大国崛起、战略性新兴产业与科技革命发展脉络与路线图梳理的基础上，可以对三者之间的耦合关系进行对比分析，如表3-2所示。

表 3-2 大国崛起、战略性新兴产业与科技革命的历史脉络比较

战略性新兴产业路线图		科技革命路线图			大国崛起路线图	
历史时期	战略性新兴产业	历史时期	科技革命	受益国	历史时期	崛起国家
15世纪末 16世纪初	造船业	16世纪至17世纪	第一次科技革命	英国	15世纪至17世纪	葡萄牙、西班牙、荷兰
18世纪70年代	冶铁工业、采煤工业、早期制造业、交通运输业	18世纪中后期	第二次科技革命	英国、德国、美国	18世纪至19世纪	英国
19世纪中叶	钢铁工业、采煤工业、造船工业、纺织工业、机器制造业、铁路运输业、轮船运输业	19世纪中后期	第三次科技革命	英国、德国、美国、俄罗斯、日本		
19世纪60年代	钢铁工业、采煤工业、纺织工业、造船工业、机器制造工业、铁路运输业、轮船运输业				19世纪末至20世纪初	德国
20世纪上半叶	电力工业、化学化工、汽车工业、石油工业、钢铁工业、耐用消费品工业、宇航工业、计算机工业、原子能工业、合成材料工业	20世纪中叶	第四次科技革命	英国、德国、美国、俄罗斯、日本	19世纪70年代起至20世纪初	美国
20世纪40年代至70年代	电子工业、宇航工业、原子能工业、高分子工业、合成材料工业、计算机工业				20世纪20年代起至20世纪70年代	苏联

续表

战略性新兴产业路线图		科技革命路线图			大国崛起路线图	
历史时期	战略性新兴产业	历史时期	科技革命	受益国	历史时期	崛起国家
20世纪90年代	信息产业、新材料产业、新能源产业、生物工程、宇航工业	20世纪中后期至今	第五次科技革命	英国、德国、美国、日本	20世纪60年代	日本

从表3-2可以看出，将大国崛起、战略性新兴产业与科技革命路线的历史脉络与路线图进行对比，可以发现它们之间具有很强的耦合性。基于规范的战略性新兴产业判断标准的回溯分析表明，战略性新兴产业是伴随着近代科技革命和产业革命而出现的，战略性新兴产业与大国崛起有着紧密的耦合关系，同时与科技变革也有着紧密的耦合关系。世界大国崛起、战略性新兴产业更替与科技革命发展的路线图具有耦合性。战略性新兴产业是指全球范围内因突破性技术创新催生的具备构成国家产业竞争优势的成长期产业。英国抓住了蒸汽机产业发展机遇而成就了"日不落帝国"，美国抓住了钢铁产业、汽车产业、电力产业、航空产业、创意产业、核能产业、计算机产业和互联网产业等发展机遇而形成了如今独霸世界的资本，苏联抓住了航天产业发展机遇而跻身全球科技强国行列，日本抓住了汽车产业、电子产业发展机遇而跻身全球经济强国行列。战略性新兴产业在不同历史时期具有不同组合，任何国家都必须保持产业的与时俱进。

我们构建向量自回归模型（VAR模型）对大国崛起、战略性新兴产业与科技革命路之间的耦合性进行计量分析。VAR模型考虑了模型中各个变量之间的相互作用，是处理多个相关经济指标分析与预测的实用工具。假设构建如下二元VAR模型（假定滞后阶数为2）：

$$\begin{cases} x_t = a_1 x_{t-1} + a_2 x_{t-2} + b_1 y_{t-1} + b_2 y_{t-2} + \varepsilon_{1t} \\ y_t = c_1 x_{t-1} + c_2 x_{t-2} + d_1 y_{t-1} + d_2 y_{t-2} + \varepsilon_{2t} \end{cases}, t = 1,2,\cdots,T \quad (3.1)$$

VAR模型的一个重要应用是对经济时间序列变量进行Granger因果关系检验，以分析经济变量之间的因果关系。在上面的模型中，当且仅当系数和全部为0时，则变量不能Granger引起，等价于变量外生于变量。Granger因果关系检验是判断变量之间影响关系的常用方法。

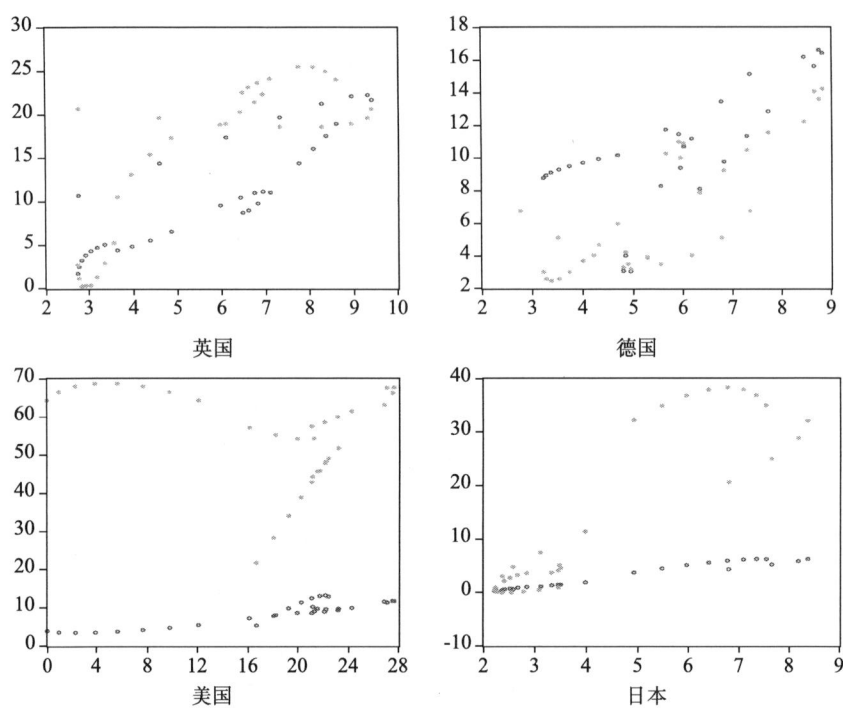

图 3-1　英、美、德、日经济实力、产业竞争力与科技水平的相关性

以英国、美国、德国、日本四个大国作为研究对象，分别建立经济计量模型对大国崛起的战略性新兴产业耦合性进行 Granger 因果关系检验，如图 3-1 所示。主要变量的选取包括：（1）经济实力：经济总量占世界比重。（2）产业竞争力：出口占世界比重变化。按照波特的理论，产业竞争优势是指一国的特定产业在世界市场上均衡地创造出比其他竞争对手更多财富的能力。（3）科技水平：国家知识产权授权量。Jong – Hak Eun（2007）认为，一个国家的科技实力取决于该国科学技术知识存量的多少，以及该国为了军事和经济目的开发这一知识存量的能力。

表 3-3　英国崛起与产业竞争、科技水平的 Granger 因果关系检验结果

被解释变量：产业竞争力			
解释变量	χ^2 统计量	自由度	概率
经济实力	72.28295	5	0.0000

续表

被解释变量：产业竞争力			
解释变量	χ^2统计量	自由度	概率
科技水平	42.01062	5	0.0000
联合效应	122.2786	10	0.0000

被解释变量：经济实力			
解释变量	χ^2统计量	自由度	概率
产业竞争力	45.89529	5	0.0000
科技水平	13.84637	5	0.0166
联合效应	59.40426	10	0.0000

被解释变量：科技水平			
解释变量	χ^2统计量	自由度	概率
产业竞争力	21.05146	5	0.0008
经济实力	28.13920	5	0.0000
联合效应	37.82749	10	0.0000

表3-4　德国崛起与产业竞争、科技水平的 Granger 因果关系检验结果

被解释变量：产业竞争力			
解释变量	χ^2统计量	自由度	概率
经济实力	28.48233	5	0.0000
科技水平	28.37778	5	0.0000
联合效应	32.12654	10	0.0004

被解释变量：经济实力			
解释变量	χ^2统计量	自由度	概率
产业竞争力	21.81835	5	0.0006
科技水平	32.66812	5	0.0000
联合效应	40.77382	10	0.0000

被解释变量：科技水平			
解释变量	χ^2统计量	自由度	概率
产业竞争力	29.69980	5	0.0000
经济实力	36.78858	5	0.0000
联合效应	41.45641	10	0.0000

表3-5　美国崛起与产业竞争、科技水平的 Granger 因果关系检验结果

被解释变量：产业竞争力

解释变量	χ^2统计量	自由度	概率
经济实力	0.965976	1	0.3257
科技水平	3.872181	1	0.0491
联合效应	6.008266	2	0.0496

被解释变量：经济实力

解释变量	χ^2统计量	自由度	概率
产业竞争力	3.472773	1	0.0624
科技水平	2.279298	1	0.1311
联合效应	9.825521	2	0.0074

被解释变量：科技水平

解释变量	χ^2统计量	自由度	概率
产业竞争力	0.000316	1	0.9858
经济实力	0.031668	1	0.8588
联合效应	0.189953	2	0.9094

表3-6　日本崛起与产业竞争、科技水平的 Granger 因果关系检验结果

被解释变量：产业竞争力

解释变量	χ^2统计量	自由度	概率
经济实力	2.335286	2	0.3111
科技水平	5.842190	2	0.0539
联合效应	9.716602	4	0.0455

被解释变量：经济实力

解释变量	χ^2统计量	自由度	概率
产业竞争力	7.873922	2	0.0195
科技水平	6.945074	2	0.0310
联合效应	10.70612	4	0.0301

被解释变量：科技水平

解释变量	χ^2统计量	自由度	概率
产业竞争力	4.327688	2	0.1149
经济实力	2.894706	2	0.2352
联合效应	8.052323	4	0.0897

实证研究结果表明，如表 3-3、表 3-4、表 3-5、表 3-6 所示，从总体上看各国科技进步是产业竞争力提高的 Granger 原因，产业竞争力提高则是国家经济实力提升的 Granger 原因。因此，战略性新兴产业与大国崛起之间的耦合性具有统计意义上的合理性。因此，历史上大国崛起的重要原因就是准确选择战略性新兴产业，并通过提升企业创新效率，将战略性新兴产业逐步培育成国际市场中具有竞争优势的主导产业，从而强化国家竞争优势。战略性新兴产业的发展路径与国家工业化发展模式紧密相关，同时也受到经济政策、要素禀赋以及基础设施环境等因素的影响，国家战略部署的前瞻性、科学性也至关重要。

3.3 战略性新兴产业发展的战略布局

2008 年以来，美国次贷危机引发的国际金融危机对全球经济系统造成巨大冲击，全球经济竞争格局正在发生深刻变革，科技发展正孕育着新的革命性突破，发展战略性新兴产业成为世界主要国家抢占新一轮经济和科技发展制高点的重大战略选择。

大力发展战略性新兴产业是我国的重大战略举措。2010 年 10 月 10 日，国务院发表了《国务院关于加快培育和发展战略性新兴产业的决定》。2012 年 7 月 20 日，国务院正式发布《"十二五"国家战略性新兴产业发展规划》（下文简称《国家规划》）。我国各地区基本上均对战略性新兴产业的进行了部署。在地级行政区层面，根据笔者所在课题组的研究，在全国 333 个地级行政区中，有 292 个地级行政区不同程度地规划了战略性新兴产业，占比达 87.7%。充分体现了中央与地方发展战略性新兴产业系的紧密联系、相互支撑的系统规划和设计。从政策文本来看，战略性新兴产业发展的规划部署主要体现在各地区"经济社会发展'十二五'规划""战略性新兴产业发展'十二五'规划""加快培育和发展战略性新兴产业的实施意见"三种文件中。

《国家规划》提出节能环保、新一代信息技术、生物、高端装备制造、新能源、新材料、新能源汽车产业七大产业的重点发展方向和主要任务。同时，针对高效节能产业等重点发展产业，从时间节点（2015年、2020年）、发展目标、重大行动和重大政策四个方面给出了明确的产业发展路线图。《国家规划》提出的七大战略性新兴产业是各地区发展的主要方向。在所统计的30个地区均涉及五大产业以上。其中，全部涉及七大产业的地区最多，为18个，所占比重为60%；涉及六大产业的地区次之，有10个，所占比重为33%；涉及五大产业的地区最少，为2个，所占比重为7%。新能源汽车产业是各地区所涉及相对最少的产业。在涉及六大产业的10个地区中，有9个地区没有涉及新能源汽车产业，所占比重为90%；在涉及五大产业的2个地区均没有涉及新能源汽车产业，所占比重为100%。

同时，各地区根据各自技术优势、资源优势、产业优势、区位优势等特点，对产业布局和发展重点领域的侧重方面各有不同。

首先，主导产业与先导产业选择体现高技术支撑和节能环保特色。北京市提出，以新一代信息技术为引擎，以生物、节能环保、新材料、新能源汽车为突破，以新能源、航空航天、高端装备制造为先导；山东省则提出以新材料、新医药、新能源和节能环保、海洋开发和高端装备制造产业成长为支柱产业，新一代信息技术、生物产业成长为全省国民经济的先导产业。

其次，相同产业发展的重点领域各具差异、优势互补。以新一代信息技术产业为例，北京、上海等各地区发展的重点领域即在个体层面充分体现了各自的发展优势，更是在整体层面构成了互相补充的我国信息技术发展的战略布局。

最后，地区性产业与技术领域特色鲜明。与国家所提出的七大产业相比，一些地区提出了更具地区特色的重点发展产业和领域。①海洋产业。辽宁、山东、江苏、浙江、福建等地区提出将海洋相关产业作为大力发展的战略性新兴产业。②文化创意产业。湖南、吉林、海南、江西等地区提出将文化创意产业作为大力发展的战略性新兴产业。湖南省提出，将文化创意产业打造成全国文化第一品牌和湖南经济社会发展的支柱和灵魂，重点发展创意设计、数字媒体、数字出版、动漫游戏五大领域。③旅游产业。吉林省将旅游产业作为大力发展的战略性新兴产业，提出发挥长白山品牌优势，突出生态、冰雪、特色文化、边境风情、特色产业等主题，建设独具魅力的品牌旅游景区，打造精品旅游线路，形成布局合理的旅游精品体系。④公共安全产业。安徽省将旅游产业作为大力发展的战略性新兴产业，提出发展通信及信息安全、生产安全、食品安全三大领域。

国家与各地区战略性新兴产业的相继出台，对新时期的战略性新兴产业发展工作给予很高的战略定位，明确了加快战略性新兴产业发展指导思想，科学规划了新时期的发展目标任务和发展重点，展示了一幅我国产业发展布局的宏伟蓝图，全面反映了战略性新兴产业的宏观布局。各地区在发展战略性新兴产业时，必须把握历史机遇，坚持正确的路线方针，既要加快发展，更要科学发展，要在各项工作中强调全面、协调和具有可持续性的科学导向，统筹兼顾，注重中央与地方之间、地方与地方之间、产业与产业之间等的协调发展。可以预见，未来一段时期，随着战略性新兴产业发展高潮的到来，中国经济发展方式将加快转变，产业结构将持续升级，从根本上推动经济社会的全面转型。到 2020 年，中国战略性新兴产业的创新能力将进一步加强，国际影响力大幅度提升，对经济社会的支撑作用更加凸显。

3.4 产业结构演进：加快优化升级

3.4.1 时间序列的趋势预测

在进行经济结构变化趋势分析时，我们主要利用 HP 滤波和时间序列模型识别和预测主要经济变量趋势性成分。HP 滤波法是 Hodrick 和 Prescott (1980，1997) 采用对称的数据移动平均方法原理，设计一种滤波器（即 HP 滤波器）。HP 滤波法认为经济变量既不是永远不变也不是随机变动，其趋势是缓慢变动的，时间序列由趋势成分和周期波动成分构成。HP 滤波方法是目前比较常用的时间序列分解方法,利用 HP 滤波可以将时间序列分解为趋势成分和波动成分,进而对时间序列的整体变动特征进行分析。HP 滤波的基本原理为:假定经济时间序列为 $Y = \{y_1, y_2, \cdots, y_n\}$,其趋势成分为 $T = \{t_1, t_2, \cdots, t_n\}$,$n$ 为样本长度。一般地,时间序列 y_i 中的不可观测部分趋势 t_i 常被定义为下面的最小化问题的解:

$$\min\left\{\sum_{i=1}^{n}(y_i - t_i)^2 + \lambda \sum_{i=1}^{n}[(t_{i+1} - t_i) - (t_i - t_{i-1})]^2\right\} \quad (3.2)$$

其中,正实数 λ 表示在分解中长期趋势和周期波动所占的权重。λ 的最优选取是:$\lambda = \sigma_1^2/\sigma_2^2$,这里 σ_1 和 σ_2 分别是时间序列当中趋势成分和波动成分的标准差。如果经济变量高于其趋势水平,可以认为经济变量处于较高水平的状态;反之,则相反。

利用 HP 滤波获取经济变量的趋势性成分之后,通过构建时间序列自回归(AR)模型,可以对其进行外推和预测。构建的基础模型是具有截距项的线性 p 阶 AR 模型,其基本形式为:

$$y_t = \nu + A_1 y_{t-1} + \cdots + A_p y_{t-p} + u_t \quad (3.3)$$

其中,y_t 为经济变量的趋势性成分,$t = 1, \cdots, T$,ν 为截距项。(3.3)式中,假设时间序列 y_t 具有平稳性特征,并且误差项 u_t 服从正态分布,即 $u_t : NID(0, \varepsilon^2)$。

3.4.2 产业结构演进趋势

改革开放以来,中国经济高速增长,主要是由第二产业高增长、重工业高增长驱动的。我国产业结构较长时期是以工业为支撑的"二三一"的模式。第二产业比重较高,第三产业发展相对滞后,但是第三产业的比重逐步增大,产业结构逐步优化。我国第二产业在产业结构中的比重一直最高,基本达到40%以上,居于主导地位。从三次产业比重的变动情况来看,第一产业比重逐渐下降,第二产业和第三产业比重逐步上升。第一产业变化最快,从"六五"时期的31.2%下降到"十五"时期的13.1%,下降18.1个百分点;第二产业从44.0%上升到46.0%,上升了2.0个百分点;第三产业从

24.8%上升到40.9%，上升了16.1个百分点。"十一五"时期，服务业增加值占国内生产总值比重没有提高，仍然是40.1%。中等收入国家、高收入国家已分别超过50%和70%，我国产业结构优化具有出较大升级空间（马建堂，2011）。

"十二五"和"十三五"时期，中国的战略重心在于"调整经济结构"，实现转型发展。经济转型主要涉及需求结构转型、产业结构转型、城乡结构转型、区域结构转型和要素投入结构转型等多个方面。经济政策导向凸显经济转型发展路径，主要包括：扩大内需，有效扩大国内市场总体规模；优化产业结构，加快发展生产性服务业和战略性新兴产业，提升产业整体素质和竞争力；推进科技创新，培育以科技创新和人力资本为基础的新竞争优势；突出绿色发展，降低能源资源消耗和排放强度，改变粗放型经济发展方式；加速城镇化和推进土地体制改革，提高劳动力和土地要素资源的贡献率；区域"雁形发展"，充分利用中西部地区的广阔资源和市场促进经济发展。

在城市化进程不断推进，资源、能源约束的进一步加大，居民生活水平的进一步提高等因素的影响下，产业结构也将发生较大变化。未来时期，我国产业结构持续升级，第三产业在产业结构中的比重将大幅度提升，超过50%，居于主导地位，产业结构呈现"三二一"模式。第一产业的比重将出现较大幅度下降；第二产业的比重相对比较稳定，出现小幅下降，比重仍然较大；第三产业的比重将持续上升，超过第二产业，所占比重最大，居于主导地位。未来一段时期，随着战略性新兴产业发展高潮的到来，中国经济发展方式将加快转变，产业结构将持续升级，从根本上推动经济社会的全面转型。中国产业结构的升级速度将进一步加快，主导产业的国际影响力大幅度提升，对经济社会的支撑作用更加凸显。届时，中国经济的转型发展将实现新跨越，如图3-2所示。

从就业角度来看，第二、三产业就业人口不断增多，就业吸纳能力显著增强。1978年以来，虽然第一产业的绝对就业人数有所增加，但其就业份额却呈现明显的下降趋势。第二产业在这一期间呈现出绝对就业人数增长较快，相对比重基本趋稳的特点。与第一、二产业相比，第三产业在这一期间呈现出就业人数和就业比例迅猛增长的态势，且增长潜力仍很巨大，如表3-7所示。

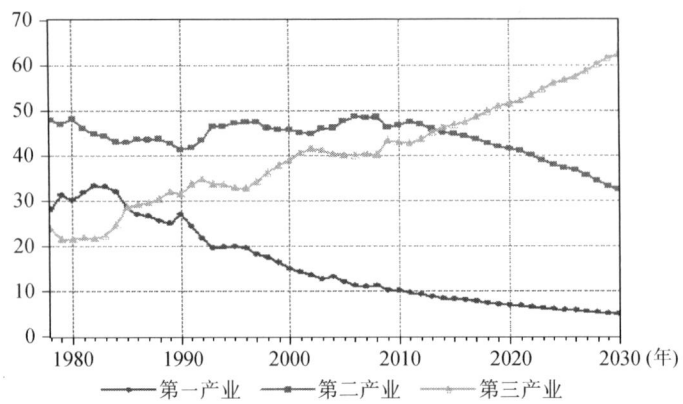

图 3-2 三次产业增加值比重的变化趋势

表 3-7 中国产业结构的演进趋势

	2015 年	2020 年	2025 年	2030 年
第一产业	8.31	6.98	5.93	5.05
第二产业	44.83	41.47	37.37	32.58
第三产业	46.86	51.55	56.7	62.37

从行业细分的角度来看，有些行业的增加值和所吸纳就业人数的比率大幅度增加，如批发零售贸易餐饮业、金融保险业和房地产业等；而一些产业的增加值和所吸纳就业人数的比率则明显减少，如农业、采掘业以及地质勘察和水利管理业等。表 3-8 中的计算结果表明，农业、采掘业等行业就业人数的增长速度显著落后于总就业人数的增长速度。制造业、建筑业和批发零售餐饮业等行业就业人数的增长速度与总就业人数的增长速度基本一致。而金融、保险和房地产等行业就业人数的增长速度则明显地快于总就业人数的增长速度。这也体现出第三产业具有巨大的就业吸纳潜力。

表 3-8 各五年计划时期不同行业就业人数所占比率的变动情况

行业	"六五"时期	"七五"时期	"八五"时期	"九五"时期	"十五"时期	"十一五"时期	"十二五"时期
农业（农、林、牧、渔）	-5.68	-7.56	-4.87	-1.46	-3.76	-4.52	-4.60
采掘业	-0.07	-0.20	-0.01	-0.48	-0.03	-0.04	-0.09

续表

行业	"六五"时期	"七五"时期	"八五"时期	"九五"时期	"十五"时期	"十一五"时期	"十二五"时期
制造业	0.86	-2.14	0.91	-3.00	1.18	-0.20	-0.42
电力、煤气以及水的生产和供应业	0.00	0.00	0.07	0.00	0.01	0.01	0.01
建筑业	1.73	-0.57	1.09	-0.02	1.23	0.90	0.82
地质勘察和水利管理业	-0.04	-0.08	-0.11	-0.03	-0.04	-0.06	-0.09
交通运输仓储和邮电通信业	0.63	-0.23	0.38	-0.10	0.21	0.18	0.23
批发零售和餐饮业	1.21	-0.26	1.73	-0.04	1.29	1.42	1.20
金融、保险业	0.03	0.04	0.05	0.03	0.02	0.08	1.02
房地产业	-0.01	-0.01	0.04	0.09	0.06	0.13	0.23
社会服务业	0.11	0.02	0.11	0.19	0.74	1.42	1.50
卫生体育和社会福利业	0.08	-0.10	-0.19	0.01	0.01	0.04	0.06
教育、文化艺术和广播电影电视业	0.05	-0.30	-0.12	-0.02	-0.04	0.01	0.02
科学研究和综合技术服务业	0.00	-0.03	-0.01	0.00	-0.01	0.02	0.03
国家机关、党政团体和社会团体	0.33	-0.01	-0.20	-0.05	-0.16	-0.14	-0.09
其他（企业管理机构）	0.77	0.20	3.67	1.21	2.27	2.10	1.98

与发达国家相比，第二、三产业就业人口比重仍然相对较低，具有上升空间。可见，随着中国经济增长模式的转化、经济结构的不断优化，第二、三产业的就业人口比重仍然具有较大上升空间。未来在产业结构不断升级的发展需求下，预计未来第一产业就业人口的比重将出现较大幅度下降，第二、三产业就业人口的比重则将进一步升高，特别是第三产业的上升幅度较大，如图3-3所示。

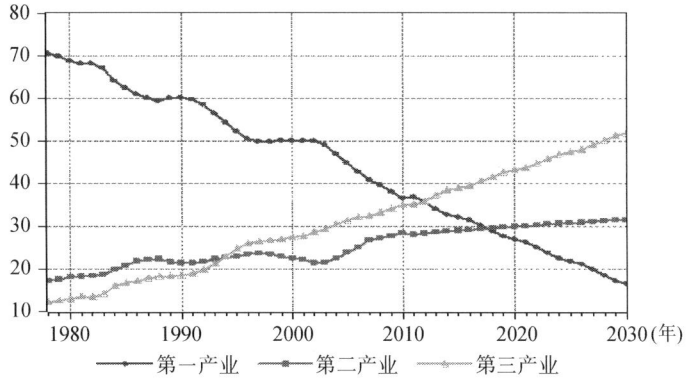

图3-3　三次产业就业比重的变化趋势

中国走向高收入、走向中等收入水平的准发达国家的重要标志是未来中国经济的现代服务业主导。如表3-9所示。一些生产性服务业在向大城市集中、大企业集中、向国际化靠拢的政策导向下将得到重点发展。金融保险、研发设计、现代物流、电子商务、文化创意、工业设计、新兴网络增值服务、信息安全服务等生产性服务业将成为重点发展产业，这类产业将向中心城市、产业带和产业园聚集，专业化、规模化发展。一些战略性新兴产业在着力构建"核心技术-战略产品-工程与规模应用"的创新价值链的政策导向下将得到重点发展。节能环保、新能源、信息产业、生物产业、高端装备制造、新能源、新材料等产业将成为重点发展产业，这类产业的核心在于凸显新能源和节能环保。部分相关行业将呈现良好发展态势：

表3-9 中国就业结构的演进趋势

	2015年	2020年	2025年	2030年
第一产业	32.11	26.99	21.81	16.57
第二产业	29.01	29.94	30.81	31.61
第三产业	38.88	43.07	47.38	51.82

1. 中国向世界第一旅游大国迈进，旅游业迎来黄金发展时期。当前是旅游业发展的黄金时期，也是中国向世界第一旅游大国迈进的关键性过渡时期。我国已经跃居全球第四大入境旅游接待国和亚洲第一大出境旅游客源国。国际旅游联合会主席埃里克·杜吕克表示，根据他们的预测，中国将会超过法国，成为世界第一旅游大国。旅游业将继续快速发展，旅游消费占社会消费的比重将进一步加大，旅游业对经济社会发展的贡献将更加显著。在经济转型、内需扩大的宏观背景下，旅游行业将迎来黄金发展期。

2. 民航业持续快速发展，中国向世界民航强国迈进。根据中国民航强国战略，到2030年，全面建成安全、高效、优质、绿色的现代化民用航空体系，实现从民航大国到民航强国的历史性转变，成为引领世界民航发展的国家。"十三五"时期是中国实现民航强国目标的第二个五年，是中国由民航大国向民航强国转变的历史新起点。① 我国民用航空运输发展迅猛，增长速度位居世界第一，机队规模居世界第二。同时，我国已成为世界航空产业最大的潜在市场之一，私人商务飞机以及相关基础设施的需求正在飞速增长。中国民航业处于全面强化基础阶段，民航业将继续快速发展，客运、货运量将进一步增加，通用、支线航空将进一步发展，特别是通用航空发展将尤其突出。

3. 物流业应对新变化，迎接新机遇。未来一段时期，是中国物流业发展的重要战略机遇期，物流业既需要应对新形势下的变化，更要抓住新的机遇。在国家税收、土地、融资等政策的支持下，中国物流业将抓住新的机遇，继续平稳较快发展。中国的内外贸航运需求快速增长、造船业实力不断增强、港口集装箱吞吐量不断增大，将成为世界航运中心。

4. 船舶制造业成功应对金融危机，实现世界率先复苏。当前是我国船舶工业发展实现复苏、持续发展的关键时期，世界船舶业 2014 年左右呈现复苏态势，中国船舶业所面临的基本面较好，预计我国船舶业将早于世界船舶业率先复苏。如果能够抓住机遇、充分调动各方面积极因素、及时承接国外产业转移、提高市场竞争力，中国将成为世界最主要的造船大国和强国。② 油船市场、集装箱船市场、液化气船市场、海洋工程船市场等具有良好的发展前景，推动船舶制造业的整体发展。

5. 金融业全面发展，为经济发展提供大力支撑。夯实金融管理基础为金融强国奠定基石是我国金融业发展的主线。预计银行业稳步前行，二三板市场和直接融资有望大力发展，保险市场正待腾飞，租赁业将走向国际。

6. 商品零售业发展迅猛，"实体+虚拟"商城模式成为主流。随着消费需求的不断扩大，商品零售业将发展迅猛，并且中西部地区增速明显快于东部地区。网络购物将继续保持高速增长，对实体超市和商场的影响将进一步加大，"水泥+鼠标"的"实体+虚拟"商城模式将是零售业主要发展潮流。

---

① 2010 年全国民航工作会议指出。
② 《2010~2015 年中国船舶制造业投资分析及前景预测报告》，中国投资咨询网。

7. 房地产业稳步发展，房价基本保持稳定。中国房地产业年新增住房面积、投资总额将稳步增长。保障性住房占比上升，中西部地区地产投资将加速，商业地产成为靓丽风景线。在国家宏观调控的作用下，房价将基本保持稳定。预计全国平均房价将在波动和调整中呈小幅上涨的态势，但一线城市的房价将有所回落。

8. 酒店业上升态势明显，经济型酒店加速发展。境内酒店业整体规模仍将保持上升态势，经济型酒店的发展速度将大幅度提高。境内酒店业已进入了买方市场，步入微利时代。供求关系比例失调造成酒店市场竞争的加剧。提升酒店品牌价值，实行集团化连锁经营，特别是发展经济型酒店是酒店业未来发展的大趋势。

第4章 需求结构优化与消费驱动的经济增长

4.1 内需结构的优化空间

由于世界各国经济发展水平、经济总量与结构、发展环境等方面的差异,最终消费率水平高低不一。但各个国家在最终消费总量、消费结构以及最终消费率的变动上又有一些共同特征。世界各国最终消费率总体上水平较高。据世界银行《世界发展指标数据库》的统计数据显示,可以得到如表4-1所示的中国与世界消费率变化情况。20世纪70年代以来,世界平均及不同收入国家的最终消费率大都保持在75%~80%的水平。特别是,低收入国家最终消费率更是基本维持在80%左右。通过比较可以发现,我国最终消费率仍居于世界较低水平,具有升级空间。1977~2017年之间,世界平均最终消费率保持了较高且稳定的上升态势,而我国明显偏低。

表4-1　　　　中国与世界消费率的变化情况(%)

年份 国别	1977~1983年	1984~1990年	1991~1997年	1998~2007年	2008~2017年
世界	75.9	76.3	76.9	78.2	78.4
高收入国家	76.0	76.7	77.6	78.6	79.0

续表

年份 国别	1977~1983年	1984~1990年	1991~1997年	1998~2007年	2008~2017年
中收入国家	74.1	73.3	73.7	74.9	75.8
中低收入国家	75.1	74.4	74.5	74.9	75.4
低收入国家	80.5	80.1	79.0	79.9	80.0
中国	65.4	63.5	57.9	56.9	52.2

表4-1中数据显示，我国最终消费率低于世界平均水平。在1977~1983年、1984~1990年、1991~1997年、1998~2007年和2008~2017年几个阶段中，世界年均最终消费率分别为75.9%、76.3%、76.9%、78.2%和78.4%。我国同期的年均最终消费率分别仅为65.4%、63.5%、57.9%、56.9%和58.2%，分别低于世界年均水平。我国最终消费率分别低于不同收入组别的国家。首先，从高收入国家来看，高收入国家几个阶段的年均最终消费率分别为76.0%、76.7%、77.6%、78.6%和78.9%，均高于我国同期水平。其次，从低收入国家来看，低收入国家几个阶段的年均最终消费率分别为80.5%、80.1%、79.0%、79.9%和80.0%，均高于我国同期水平，且高于幅度大于高收入国家与我国消费率的差距。最后，从中等收入国家和中低收入国家来看，我国消费率与中等收入国家也存在一定差距。

大规模消费也是美国经济的最主要特征之一，美国经济也成为典型的"消费拉动型"经济。美国的消费率长期处于80%以上的高水平。美国的高消费率得益于居民收入水平高、消费方式灵活、消费层次多样化等因素。美国消费率大致呈现"V"形的变动趋势。1997年之前，美国消费率持续下降，此后开始持续上升。特别是进入21世纪以来，美国的消费率开始加速上升，在2002年以后基本稳定在86%左右。这一时期，随着消费率的不断提高，美国居民消费结构的发展型、享受型特征更加明显。2008年国际金融危机的爆发，消费者的收入水平、消费预期受到较强负面影响，美国的消费受到了沉重打击。因此，在"后金融危机"时代，美国的内需会有所减小，消费率也有所降低。

我国投资率偏高，消费率偏低，需求结构具有较大上升空间。我国的消费率大幅度低于其他国家，但原因不在于政府消费而在于居民消费。改革开放以来，政府消费率基本上均保持在14%左右。随着城乡居民收入水平的迅速提高，消费水平随之有了大幅度提高。但是，自20世纪90年代以来，居民消费增长出现了明显的下降趋势。发展经济学家钱纳里曾对101个国家的经济发展进行了验证分析，得出具有普遍意义的"标准结构"，即人均国民生产总值在1000美元以下时，居民消费率不能低于61.7%。我国居民消费率不仅与发达国家相比较有很大的差距，而且达不到世界平均水平，甚至低于发展中国家，我国是世界上居民消费率较低的国家之一。因此，我国消费率偏低的原因主要是居民消费需求不足，扩大居民消费需求是提高消费率、促进经济增长的有效途径。最终消费增长同步或略高于GDP增长。据世界银行世界发展指标数据显示，无论是美国、英国、日本等发达国家，还是印度尼西亚等发展中国家，年均居民消费增长率都明显高于同期的年均GDP增长率。

4.2 消费结构的升级潜力

当一个国家和地区的人均GDP达到1000美元的时候，是该地区和国家经济结构、居民收入和消费水平和结构发生重大变化的阶段。因此，首先选择这个阶段进行对比，具体结果见表4-2。

表4-2　　　　　人均收入1000美元时的消费结构比较

项目	中国	美国	日本
食品（含饮料、烟草）	37.94	34.7	37.3
衣着	10.05	14.8	12
房租（含燃料、水电）	10.32	12.4	13.5
家具及家庭设备用品	8.27	14.4	8.4
交通通信	8.61	6.2	28.8

续表

项目	中国	美国	日本
医疗卫生	6.47	5.7	—
文化、娱乐、教育	13.00	5.3	—
其他	5.35	6.5	—
人均GDP突破1000美元时间	2003年	1942年	1967年

表4-2中的数据显示，在人均GDP达到1000美元的时候，我国城镇居民的恩格尔系数为37.1%，略大于当年美国的水平，与日本当年水平大体相当；衣着消费支出的比重低于美国、日本；住房支出的比重小于美国、日本；家具及家庭设备用品的消费支出比重为8.27%，与日本当年的水平大体相当，低于美国；交通通信的支出比重为8.61%，小于日本，但大于美国；医疗卫生的消费支出比重为6.47%，高于美国、日本；文化、娱乐及教育的消费支出比重为13%，远高于美国和日本。我国城镇居民在人均GDP达到1000美元的时候的消费结构与当年发达国家的水平基本一致。

表4-3为人均GDP在3000美元时的消费结构比较情况。当人均GDP为3000美元时，我国城镇居民的消费结构与美国和日本的主要差异在于：食品消费的比重过高；由于医疗保障体制不健全，医疗保健的消费支出比重比较高；第三产业的快速发展以及教育的产业化，文化、娱乐及教育比重比较高；由于房地产市场还有待进一步完善，住房支出比重比较低。

表4-3　　　　　人均收入3000美元时的消费结构比较

项目	中国	美国	日本
食品（含饮料、烟草）	36.3	24.8	28.4
衣着	10.4	10.0	8.1
房租（含燃料、水电）	13.6	14.7	15.6
家具及家庭设备用品	6.0	14.3	6.3
交通通信	13.6	13.4	9.6
医疗卫生	7.0	6.5	9.0

第4章
需求结构优化与消费驱动的经济增长

续表

项目	中国	美国	日本
文化、娱乐、教育	13.3	6.1	8.8
其他	3.6	3.5	14.2
人均GDP突破3000美元时间	2007年	1965年	1975年

根据经济学家钱纳里的研究，发展中国家人均GDP处于6000~12000美元之间时，金融、信息、房地产等新兴服务业将快速发展，居民消费快速增长；人均GDP高于12000美元时，居民消费会呈现出多样化特征。我国人均GDP逐年攀升，2019年中国人均GDP超过1万美元。同时，与GDP相比，我国居民收入增长相对更快。因此，随着收入水平的增加，我国城乡居民的购买能力将会增强，消费水平和生活质量将不断提高，发展型、享受型消费支出比重增大，消费结构也将持续升级。居民消费从对"量"的需求逐步转向对"质"的需求。城乡居民消费层次由"吃饱穿暖"为代表的传统消费模式向"医疗保健+教育文化娱乐"为代表的新兴消费模式逐渐转变。

从恩格尔系数的变化情况来看，中国恩格尔系数的变化速度远远快于美国，并且这一变化趋势将继续保持。国际金融危机之前，美国消费结构升级的速度相对较快，食品、交通支出的比重分别从2000年的13.56%和19.50%下降至2009年的12.99%和15.61%；房屋、娱乐支出的比重分别从2000年的32.38%和4.89%上升至2009年的34.43%和5.49%。[1] 国际金融危机的爆发，消费者的收入水平、消费预期受到较强负面影响，美国的消费受到了沉重打击，消费结构升级也有所放缓。按照基于恩格尔系数的生活水平判别标准，我国城镇居民从2000年开始就进入了富裕阶段，而美国恩格尔系数则低于30%的更加富裕标准，居民生活水平属于更加富裕阶段。[2] 按照目前的发展趋势，预计到2030年我国的生活水平将达到更加富裕的水平，与美国居民处于同一生活水平阶段，如图4-1所示。

---

[1] 消费结构数据来源于根据美国劳动统计局数据库。
[2] 美国消费结构的数据资料来源于"The Statistical Abstract of the United States. U. S Census Bureau"。中、美消费结构的统计略有不同，这里仅作趋势性比较。

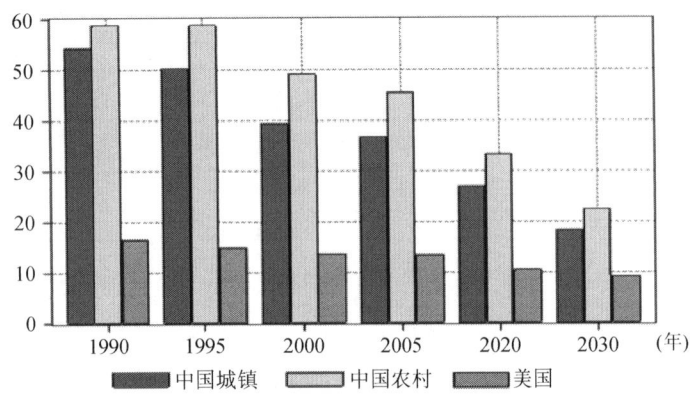

图 4-1　中国与美国的恩格尔系数变动

美国居民消费结构的升级主要得益于四大推动因素。第一，总体消费规模巨大。长期以来，美国经济以大规模生产、大规模消费为主要特征，家庭消费量约占美国 GDP 的 70%，美国经济因此堪称"消费者经济"。第二，技术进步推动作用明显。技术革新和进步极大地推动了新产品和服务的普及，有线电视、电脑、电子玩具和游戏、移动电话服务、音像设备、因特网服务、音像产品出租以及新开发的医疗服务和处方药等成为消费者热衷的新领域。第三，消费信贷发达。美国的消费信贷起步于 1929 年，自第二次世界大战后在美国得到普遍推广以来，分期付款、借贷消费目前已经成为美国居民消费开支的重要方式。第四，消费模式多样化。美国地域广大、移民人口众多，亚文化和生活方式的多样性，造成消费模式的多样性显著。年龄、种族、收入、地理区域等因素的差异，使美国消费市场具有多层次性、多元性的特征。

美国的消费结构特征表明我国消费结构的升级潜力巨大。首先，恩格尔系数具有下降空间。食品支出在我国城镇居民消费总额中的比重为 35% 左右，美国居民该项比例仅为 13% 左右。因此，随着居民收入水平的提高，恩格尔系数还有较大下降空间。其次，教育消费支出比重能够进一步降低。我国城镇居民在教育上的支出占消费支出总额的 13%～14%，而美国居民在教育支出的比重则相对较低。如果国家进一步加大教育投入，提高教育财政支出水平，居民的教育支出比重可以较大幅度缩减。再次，交通通信支出比重能够进一步降低。交通通信项目占据了我国城镇居民总消费支出的 13%，而近年来美国居民在该项目上的消费支出大约只占其消费支出总额的4%。随着国家基础设施建设的不断完善，居民在交通通信方面的支出比重会进一步降低。最后，医疗保健支出比重具有较大提高空间。我国居民的医疗保健支出比重虽然上升趋势明显，但与美国相比，还存在较大的差距，具有较大的上升空间。

与美国相比，我国消费结构升级的推动力量更加明显。经济持续快速增长、居民收入水平不断提高、产业结构不断优化、城市化进程稳步推进。为我国消费结构升级创造了极佳的历史机遇，居民消费结构升级爆发出来的增长带动力量将是史无前例的。我国如果能够抓住机遇、应对挑战，可以降低居民的未来不确定性风险，使居民更有信心地消费，我国消费结构将加速升级，与美国进一步趋同。

4.3 消费发展的趋势与特征

消费增长将持续加速，消费结构全面升级，中国将迎来消费的黄金时期。中国消费黄金时期由三大支柱支撑：①居民收入增长。中国人均GDP水平与世界人均水平的相对差距是先拉大而后迅速缩小。1920~1978年，中国人均GDP与世界人均水平的差距不断扩大，而后差距迅速缩小。从各国结构和学者的研究来看，预计2020中国的人均GDP年将达到美国的2/3，2030年将到达美国一半。经济快速增长、工资大幅度提高、服务业迅猛发展等因素促进居民收入进一步提高，消费能力进一步提高；②储蓄率降低。经济增长消费贡献率虽然略有上升，但是高投资的增长模式没有根本转变。支撑中国高投资或资本密集型增长方式的是过度储蓄，中国储蓄率长期保持在40%以上，远高于其他国家。未来一段时期，政府支出增加、收入分配体制改革不断深化等因素将引起储蓄率的进一步降低，居民消费倾向进一步提高；③消费升级。城市化加速、经济发展水平不断提升等因素促使居民生活质量不断提高，消费结构全面升级。即城市居民旅游、医疗、住房等消费支出快速增长，农村居民耐用品消费将大幅度提高。

受 2008 年国际金融危机的影响，世界经济在一段时间内将处于"后金融危机"时代。2008 年，中国消费在国内生产总值（GDP）中所占比率为 37%；与美国（71%）和英国（67%）等主要发达国家无法相比，就是与日本（55%）和韩国（48%）等其他亚洲国家相比也很低。但是，在国际金融危机冲击的影响下，美国等国家的消费率均出现下降，这给中国消费市场发展提供了历史性机遇。从发展趋势来看，中国将成为世界上最大的消费市场，可以实现党的十七大报告提出的"国内市场总体规模位居前列"的目标。按照汇率法现价计算，2010 年中国消费额为 2.7 万亿美元。2015 年消费额为 7 万亿美元，成为仅次于美国的世界第二大消费市场；2020 年消费额为 14.5 万亿美元；到 2025 年中国将超过美国成为世界最大的消费市场，是美国的 1.15 倍。按购买力平价计算，采用世界银行口径，到 2020 年，中国消费额为美国 1 倍；采用麦迪森数据口径计算，中国消费额为美国的 1.29 倍。按上述三种方法计算，到 2030 年中国消费额为美国的 1.75~1.89 倍（见表 4-4）。

表 4-4　　　　中国和美国国内消费额（美元值）的变化趋势

		2000 年	2010 年	2015 年	2020 年	2025 年	2030 年
国内消费额（万亿美元）							
汇率法（现价）	中国	0.7	2.7	7.0	14.5	25.9	48.5
	美国	8.4	12.5	15.2	18.6	22.6	27.7
购买力平价（现价）（世界银行）	中国	1.9	4.6	9.5	15.8	23.8	37.7
	美国	8.4	12.3	14.0	15.7	17.9	20.2
购买力平价（1990 年价）（麦迪森）	中国	2.7	5.1	9.1	13.5	18.0	25.1
	美国	6.8	8.1	9.1	10.4	11.7	13.3
比值系数（美国=100）							
汇率法（现价）		8.9	22.0	45.7	77.7	114.5	175.2
购买力平价（现价）（世界银行）		22.2	37.6	67.7	100.1	133.4	186.7
购买力平价（1990 年价）（麦迪森）		39.3	62.7	99.8	129.6	153.0	189.1

注：美国消费率数据来源于 World Bank，*World Development Bank*。

4.4 构建消费驱动的经济增长方式

在世界经济增长放慢，出口需求难度加大的形势下，促进消费结构升级、挖掘消费潜力、寻求新经济增长点，已成为当前和今后一个时期经济持续稳定增长、结构调整的关键环节。在国际金融危机的冲击下，我国以出口为导向拉动的经济增长模式已经受到很大的压力，扩大内需是实现我国经济发展战略目标的必由之路。因此，"十二五"规划和"十三五"规划将"扩大内需"，特别是"消费"作为关键词。这表明，中国将由"世界工厂"转向"世界市场"，将由"中国出口"转向"中国购买"。

近年来中国的内需不足，重要原因之一就是居民生存型需求已基本得到满足并正向享受型、发展型需求升级过渡，但产业产品结构、消费政策、消费环境和消费观念等却滞后于消费规模扩大、消费结构升级的需求。扩大居民消费需求的基本思路包括几个方面：一是提高城镇居民的可支配收入水平。可支配收入是决定城镇居民消费水平和消费结构的最重要因素。只有提高居民的可支配收入水平，才能产生对更高层次消费品和服务的有效需求，从而促进产业结构的升级。二是改善收入分配结构，调整居民边际消费倾向。当前我国城镇居民的收入差距不断拉大不利于边际消费倾向的提高。提高低收入者收入水平，扩大中等收入人群比重。改善收入分配结构有助于提高总体居民消费倾向，促进居民消费水平提高和消费结构改善。三是尽快建立健全社会保障体系。通过社会保障机制降低居民所面临的风险和不确定性，稳定居民的预期，对促进居民消费具有重要作用。四是进一步推进金融体制改革。在防范和降低金融风险的基础上，大力发展信贷消费市场。流动性约束是制约我国城镇居民扩大消费的重要因素。大力发展消费信贷和改善信贷环境将有利于缓解居民的流动性约束，从而促进居民消费水平提高和消费结构升级。

未来中国内需结构将进一步优化，中国经济将成为内需主导型、消费主导型、居民消费主导型经济，居民消费将成为驱动中国经济增长的主要推动力量。随着经济发展方式的转变，投资效率将不断提高，投资的边际产出率将进一步增长，投资占总产出的比重将进一步下降。中国对全球市场的贡献越来越大，已经具有举足轻重的作用，为全球创造了巨大规模的市场需求与就业需求。根据瑞士信贷银行（Credit Suisse）公布的《中国消费者报告》显示，2020年中国消费市场的财务价值将增长到15.94万亿美元。

表4-5　　　　　　　　中国投资率与消费率的变化趋势

	2015年	2020年	2025年	2030年
投资率	36.4	35.2	32.2	30.5
消费率	62.6	63.8	66.8	68.5

新兴消费需求将为经济增长注入新活力。一是信息产品消费需求强势增长。近年来，随着国家大力推进信息消费战略，工业化与信息化融合进程加速，以及居民智能化消费意识增强，我国智能手机、移动电视、智能家电、平板电脑等新型电子产品消费呈现强势增长。二是电子商务消费迅猛增长。随着商业领域展开一场新革命，网购成为越来越受欢迎的新兴销售业态，今后一个时期电子商务消费迅猛增长，将弥补实体店增长缓慢的不足。三是绿色节能消费受到追捧。随着环境污染加剧、空气雾霾严重、生态环境恶化，居民对绿色消费与环保消费意识逐步增强，绿色家电、绿色交通、环保产品等绿色低碳消费深入人心，居民绿色低碳消费理念增强，节能环保产品销售加快，节能环保消费将成为未来消费的增长亮点。

中国经济增长也将逐步转变为消费主导的方式。我国国内消费市场的巨大潜力不仅会大力推动我国经济的快速增长，也将为世界有效需求的扩大作出贡献，中国将成为名副其实的"世界市场"。中国已经成为世界出口第一大国，使得世界几乎所有的国家都享有质量相对较高、价格相对较低的"中国制造"的收益，也带动本国的产业发展、就业创造和税收贡献。实际上中国正在实现从"世界工厂"向"世界市场"转变的过程之中，在未来一个阶段中，中国的国内需求将带动进口大幅增长，这会为世界带来更大的发展空间，创造更大的发展机遇。同时，中国的消费需求导向型经济不仅继续推动世界经济增长，扩大进出口贸易总额、吸引国际投资，更将领导绿色消费革命，为世界消费发展作出贡献。

第二部分

中国消费结构升级引领经济转型发展

第 5 章 消费结构的动态演化路径与机制

5.1 研究背景与文献回顾

消费结构是在某种社会经济环境下，不同类型的消费者在消费过程中，消费不同类型消费品的比重关系（尹世杰，1988），可以在一定程度上体现居民生活水平和质量情况。随着一国现代化进程持续推进、经济发展水平不断提高，消费结构将向更高层次升级。在我国经济新常态发展的背景下，消费结构也迎来新一轮的升级"革命"。消费结构升级将进一步激发我国的消费潜力，为经济增长提供有力支撑，同时成为经济转型的关键动力。

"十三五"时期是全面建成小康社会的关键期，经济发展全面进入"新常态"（胡鞍钢、周绍杰，2015），经济结构调整升级愈加重要。我国居民消费结构升级特征及趋势也成为国内外关注的重要问题。首先，我国消费结构呈现加速升级态势。近年来，收入水平的不断提升，促使居民消费结构经历新一轮升级，逐渐转向医疗、保健、教育、体育、文化和环保等服务型的各种消费形式（胡鞍钢等，2011）。全国居民 2019 年人均食品类消费支出的比重进一步下降，为 28.2%，增长 8.0%。同时，医疗保健支出增长 12.9%，交通通信支出增长 7.0%，文化教育支出增长 12.9%，人均居住、生活用品及服务等支出也保持了较快增长速度。其次，我国居民消费的潜力还很大，消费规模还有较大的增长空间。以世界平均水平为基准，我国现有消费率仍然存在较大增长空间。按照世界银行的统计数据，2015年居民消费率的世界平均值为58%，低收入组别国家的平均值为78%，中低收入组别国家的平均值为66%，中高收入组别国家的平均值为51%，高收入组别国家的平均值为60%。在"金砖四国"方面，2015年的居民消费率，巴西为64%，南非为64%，俄罗斯为52%，印度为59%。在我国所处的中高收入国家组别中，2015年的居民消费率，墨西哥为67%，马来西亚为54%，泰国为47%。再者，消费对国民经济的驱动作用不断加大。我国已逐渐转变为"世界市场""中国购买"的能力逐渐增强。从支出法GDP构成来看，内需主导的经济增长成为我国经济增长的发展趋势。消费对我国经济增长的驱动作用日益凸显。消费需求的增长往往具有持续性特点，可以预计消费的经济增长效应会进一步加强。

消费结构一般指在某种社会经济环境下，不同类型的消费者在消费过程中，消费不同类型消费品的比重关系（尹世杰，1988），可以在一定程度上体现居民生活水平和质量情况。随着一国现代化进程持续推进、经济发展水平不断提高，消费结构将向更高层次升级。消费结构升级和生产结构优化是经济长期增长的驱动源泉，体现了一国经济发展的质量和潜力（Foellmi，2005）。收入与价格决定了消费者的购买能力，是影响居民消费需求与消费结构的重要因素。

从收入角度来看，当收入水平增加时，基本消费支出比重会有所下降，而高层次消费支出比重则会上升。特别是，大量研究表明，随着收入增长，食品支出比重会逐渐降低，这种现象被称为"恩格尔定律"（Feng等，2011）。近年来，国内学者的相关研究表明，收入因素会对我国居民消费产生影响。例如，陈波（2013）运用AIDS模型进行研究发现，我国各个收入层级城镇居民的消费结构总体上均呈现从温饱型向富裕型的演进过程，收入水平、消费支出、价格水平是影响居民消费结构的主要原因，收入因素对家庭设备、交通通信、教育文化娱乐等消费支出的影响相对较大，价格因素对衣着、居住等消费支出的影响相对较大；李广泳和高淑娟（2014）应用有序响应模型进行研究发现，相对于非国有单位职工，国有单位职工以相对更大的概率获得更高水平收入，由此所引致的收入差距变化将会对居民消费产生抑制效应；池建宇和王树悦（2015）应用面板数据模型进行研究发现，暂时性收入对我国城镇居民消费的影响相对更强，而持久性收入的影响相对较弱；李江一和李涵（2016）应用面板数据模型进行研究，发现城乡收入差距扩大对农村居民的生存型和享受型商品消费具有挤出效应，而对城镇居民享受型商品消费的增加具有促进作用；徐常建和袁易明（2018）应用面板数据模型进行研究发现，劳动收入是我国居民的主要收入来源，劳动收入份额下降会引起居民消费水平下降，进而对经济增长产生负面影响。

价格因素同样会对居民消费需求消费结构具有显著影响，特别是对相对贫困的国家（Feng 等，2011）。当价格变化时，高层次消费品对价格变化相对更加敏感，例如服装、交通、耐用品和娱乐等。与此相反，生活必须消费品对价格变化的敏感性则相对较弱（Selvanathan 和 Selvanathan，2003）。这表明，当价格敏感消费品的相对价格上升时，消费者将更有可能减少这类消费品的支出；与此相反，生活必需消费品价格上升，消费者将会增加这类消费的支出。国内学者的研究表明，价格因素同样会对我国居民消费产生影响。例如，熊剑庆和王聪（2011）应用基于 LC-PIH 模型的协整方法进行研究发现，我国股票价格、房产价格对居民消费支出的影响较弱，即财务效应较弱；张丹（2015）基于 SAM 乘数理论进行分析认为，食品价格上涨可以通过多条路径对城镇和农村居民消费价格指数产生影响，进而引致居民生活成本提升，消费需求受到抑制；刘旭东和彭徽（2016）应用 Granger 因果关系检验方法进行研究发现，我国房地产价格变化是居民消费变化的 Granger 原因，并且房地产价格变化对居民消费所形成的财富效应强于挤出效应；黎泉等（2018）应用面板数据模型进行研究发现，我国住房价格上升对居民消费具有显著的抑制效应，并且这种影响具有地区差异性。

在研究方法方面，扩展线性支出系统模型（Extend Linear Expenditure System，ELES 模型）已经成为分析居民消费结构特征与趋势的有效工具，在相关研究领域中取得了较好的应用效果。ELES 模型是 Liuch（1973）对 Stone（1954）提出的线性支出系统（Linear Expenditure System，LES 模型）

进行扩展，所提出的一种刻画商品需求与收入、价格因素之间关系的需求函数系统。国内学者也构建了不同层面的 ELES 模型进行实证研究，并且获取有价值的经验结论。例如，张海鹏等（2010）的研究表明，林区农村家庭生活能源消费正处于向商品化转换的过程中，而且表现出鲜明的能源组合特征；陈立梅（2013）的研究表明，交通通信是农村信息消费迅速增长的重要动因；李仪和徐斌（2014）的研究表明，对于农村居民而言，工资性收入决定着衣着、医疗卫生、文教娱乐、交通通信、居住以及其他项消费支出；杨朝慧和文晓巍（2017）的研究表明，我国消费结构升级已经成为农业转型发展的重要驱动力之一，要注重农业产业与消费结构的动态匹配。

现有研究结果表明，不同时期城乡居民消费结构都具有不同的变化特征。从研究内容来看，在消费结构特征分析方面，时间维度的阶段性特征动态比较研究仍然较少；在消费结构变动趋势分析方面，现有研究往往对五年之内的较短期趋势进行预测，而对中长期变动趋势进行展望的研究仍然相对缺乏；在研究视角方面，现有研究对城乡二元结构的比较研究仍然需要深入。从研究方法来看，现有研究往往是基于固定参数 ELES 模型，利用我国时间序列数据或者截面数据估计模型分析消费结构变化的平均情况，可变参数模型的研究需要深入。基于以上分析，我们进一步建立基于传统 ELES 模型的时变参数模型（简称为 TVP – ELES 模型，下同），从城乡比较的视角出发，对城乡居民消费结构的阶段性转换特征及趋势进行系统研究。

5.2 TVP – ELES 模型构建与估计

ELES 模型的前提假定是认为消费者对各种商品或服务的需求程度取决于消费者收入水平与商品或服务的价格水平。消费者对商品或服务的基本需求与超出基本所增加的需求共同构成总体需求。ELES 模型中，假定消费者收入水平、商品或服务价格不变时，最先满足的是消费者基本消费需求。在边际消费倾向的作用下，对剩余收入在商品（服务）与储蓄之间进行分配。

ELES 模型下的需求函数可以定义为:

$$V_i = p_i q_i^0 + \beta_i \left(Y - \sum_{i=1}^{n} p_i q_i^0 \right), \quad (i = 1, 2, \cdots, n) \tag{5.1}$$

在（5.1）式中，消费的商品种类用 i 代表，消费支出用 V_i 代表，商品价格用 p_i 代表，商品基本的需要数量用 q_i^0 代表，边际消费倾向用 β_i 代表，支撑消费的收入水平用 Y 代表。在此情况下，某种商品在基本需要方面的支出可以用 $p_i q_i^0$ 衡量，追加需要的支出可以用 $\beta_i \left(Y - \sum_{i=1}^{n} p_i q_i^0 \right)$ 衡量。

令 $\alpha_i = p_i q_i - \beta_i \sum_{i=1}^{n} p_i q_i^0$，那么（5.1）式可以表示为一元线性回归模型，其结构为:

$$V_i = \alpha_i + \beta_i Y + \varepsilon_i \tag{5.2}$$

在（5.2）式中，α_i 和 β_i 代表需要利用相关数据进行估计的未知参数；ε_i 为服从正态分布的随机误差。基于（5.2）式，通过推导，可以得到基本消费总支出、各种商品及服务的基本消费支出、收入弹性和价格弹性的计算公式分别为:

基本消费总支出: $V^0 = \sum_{i=1}^{n} P_i X_i^0 = \sum_{i=1}^{n} \alpha_i / \left(1 - \sum_{i=1}^{n} \beta_i \right) \tag{5.3}$

各项消费品的基本支出: $P_i X_i^0 = \alpha_i + \beta_i V^0 \tag{5.4}$

各项消费品的收入弹性: $\eta_i = \dfrac{\partial X_i}{\partial Y} \times \dfrac{Y}{X_i} = \beta_i \dfrac{Y}{V_i} \tag{5.5}$

各项消费品的价格弹性: $\xi_i = \dfrac{\partial X_i}{\partial P_i} \times \dfrac{P_i}{X_i} = (1 - \beta_i) \dfrac{P_i X_i^0}{V_i} - 1 \tag{5.6}$

利用时间序列数据或者截面数据均可对(5.2)式中的参数进行估计，根据估计结果可以进一步利用(5.3)式至(5.6)式计算基本消费支出和消费弹性。

从历史视角来看，伴随"经济奇迹"发展过程，我国经济结构也发生了较大变化。利用可变参数模型可以实现对此经济结构变化过程的更好刻画。通过将传统 ELES 模型纳入状态空间模型的框架，可以构建消费结构的可变参数支出系统（TVP – ELES 模型）。TVP – ELES 模型可以表示为:

信号方程: $V_{it} = c + \beta_{it} Y_t + \varepsilon_{it} \tag{5.7}$

转移方程：$\beta_{it} = \psi\beta_{it-1} + \nu_{it}$ (5.8)

在（5.7）式和（5.8）式中，截距项用 c 代表；β_{it} 代表包含不可观测变量的状态向量，且其动态过程可以用自回归模型刻画；信号方程和转移方程的随机误差分别用 ε_{it} 和 ν_{it} 代表。如果得到模型的可变参数估计值，则可以计算随时间变化的基本消费支出和消费弹性估计值。

估计 TVP – ELES 模型时，居民消费结构及其变化，选用食品、家庭设备用品及服务、衣着、交通通信、医疗保健、居住、娱乐教育文化和杂项等八类人均消费支出数据衡量，消费支出类别划分参照《中国统计年鉴》。选用城镇居民家庭平均每人可支配收入数据度量城镇居民支撑消费的收入水平，选用农村居民家庭平均每人纯收入数据度量农村居民支撑消费的收入水平。相关数据来源于《中国统计年鉴》，并且将消费结构数据和收入数据利用消费价格指数进行价格调整。在此情况下，TVP – ELES 模型包括 16 个消费支出方程，其中城镇和农村各 8 个方程。利用极大似然估计方法和 Kalman 滤波方法可以实现对上述状态空间模型的时变参数进行估计。模型参数估计值比较显著表 5 – 1，模型总体效果较好。[①]

表 5 – 1　　　　　TVP – ELES 模型中的可变参数估计结果

参数		食品	衣着	家庭	医疗	交通通信	娱教文	居住	杂项
城镇居民	β_{it}	0.19 (0.00)	0.07 (0.00)	0.03 (0.00)	0.04 (0.00)	0.11 (0.00)	0.06 (0.00)	0.05 (0.00)	0.01 (0.00)
	ψ	0.98 (0.00)	0.98 (0.00)	0.98 (0.00)	1.01 (0.00)	1.02 (0.00)	0.99 (0.00)	1.00 (0.00)	0.86 (0.00)
农村居民	β_{it}	0.23 (0.00)	0.05 (0.00)	0.02 (0.00)	0.05 (0.00)	0.09 (0.00)	0.07 (0.00)	0.13 (0.00)	0.00 (0.81)
	ψ	0.98 (0.00)	1.00 (0.00)	0.98 (0.00)	1.05 (0.00)	1.05 (0.00)	0.93 (0.00)	1.01 (0.00)	0.81 (0.00)

注：β_{it} 对应值为可变参数的最终值；括号中为相应参数显著性概率；家庭指家庭设备用品及服务支出；娱教文指娱乐教育文化支出，下同。

---

① 各项消费支出方程的具体估计结果略。

5.3 消费结构的演化路径

根据不同的划分标准,消费结构的变迁过程,即各种消费支出占总消费支出必中的变动过程。根据消费经济理论,可以将居民消费结构按照三种标准进行描述:根据消费实际支出的形式,消费结构可分为衣食住行等各种形式;根据需求层次,消费需求可分为满足生存、享受、发展等不同类型资料;根据消费品提供的不同形态可分为实务、劳务或服务的不同消费结构(尹世杰,1988)。一般而言,随着经济发展不断变化,居民消费结构会由低水平逐渐向高水平发展。

恩格尔系数是衡量国家和地区人民生活水平的代表性指标。恩格尔系数可以衡量国家和地区居民生活水平,主要是计算食品支出总额占个人消费支出总额的比重。恩格尔系数可以看作是反映城乡差距最适合的指标之一,其受价格因素影响相比人均收入(或人均 GDP)而言相对较小,其能够更为准确地刻画国家和地区经济发展水平及其所处的发展阶段。联合国粮农组织提出恩格尔标准认为,其低于 30% 即为非常富裕,30%～40% 即为富裕,40%～50% 即为小康,50%～59% 即为温饱,59% 以上即为绝对贫困。恩格尔系数表明,居民消费中食品支出比重越大就表明这个国家越贫困;反之,表明国家更加富裕。

我国的经济发展趋势是由自然发展趋势、战略规划引导和规划指导下的市场驱动相结合的综合表现(胡鞍钢等。2013)。按照小康生活消费结构的要求来调整产业结构,是实现宏伟战略目标的重要条件(杨圣明和李学曾,1984)。故我们将我国发展规划的具体实施时间跨度,即五年为一个时间跨度,作为消费结构升级分析的对比参考。我们根据恩格尔系数标准可将我国居民生活水平进行不同阶段的划分(如表 5-2 所示)。

表 5-2　　　　　　我国居民生活水平的不同阶段划分

阶段	阶段一	阶段二		阶段三	阶段四		
规划时期	"六五"时期	"七五"时期	"八五"时期	"九五"时期	"十五"时期	"十一五"时期	"十二五"时期
城镇情况	温饱	温饱	温饱	小康	富裕	富裕	富裕
农村情况	贫困	温饱	温饱	温饱	小康	小康	小康
综合情况	贫困转温饱	温饱	温饱	温饱转小康	小康转富裕	小康转富裕	小康转富裕

从表 5-2 可以看出，在综合考虑城镇和农村情况的总体层面，从"六五"至"十二五"共七个五年规划时期，可以将城乡居民消费结构演进过程大致划分成四个阶段，分别是：阶段一，贫困转向温饱阶段（"六五"时期）；阶段二，温饱阶段（"七五"时期至"八五"时期）；阶段三，温饱转向小康阶段（"九五"时期）；阶段四，小康转向富裕阶段（"十一五"时期至"十二五"时期）。图 5-1 和图 5-2 展示了不同阶段城乡居民消费结构基本状态情况。

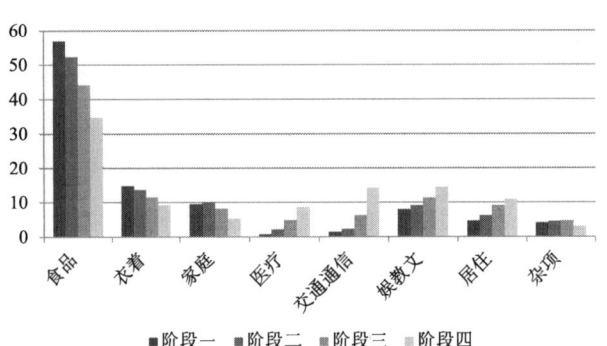

图 5-1　城镇居民各阶段消费结构状态

图 5-1 和图 5-2 表明，随着居民消费结构演进各阶段的转换，消费结构的构成（即各项消费支出比重）具有显著变化。各个阶段的消费结构状态为：

第一阶段。城镇居民食品消费比重为 56.94%，达到温饱生活水平。衣着消费比重为 14.76%，家庭设备消费比重为 9.52%，娱乐教育文化消费比重为 7.98%，在消费结构中比重相对较高。主要消费品供应量约束降低和价格管制松动，激发了城镇居民在以上方面的消费需求增加。农村居民食品消

第 5 章
消费结构的动态演化路径与机制

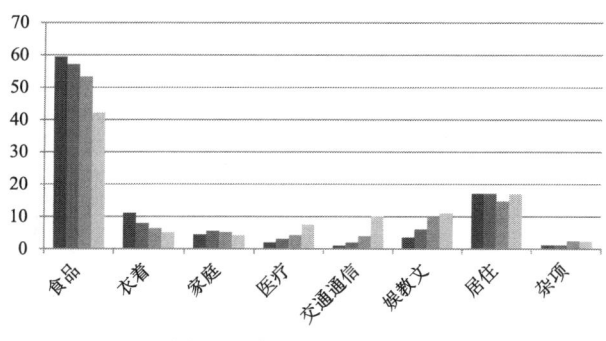

图 5-2　农村居民各阶段消费结构状态

费比重为 59.38%，仍然处于贫困生活水平。衣着消费比重为 11.1%，比重相对较高；家庭设备及用品消费比重为 4.54%，医疗保健用品消费比重为 2.06%，娱乐教育文化用品消费比重为 3.58%，比重相对较低，但具有上升趋势。农村生产力得到初步释放，提供了消费结构的升级动力。

第二阶段。城镇居民食品消费比重为 52.56%，仍然处于温饱生活水平。家庭设备及用品消费比重为 10.12%，比重相对较高。医疗保健消费比重为 2.11%，交通通信消费比重为 2.25%，居住消费比重为 6.14%，比重所有提升。城镇居民的食品和衣着等基本消费需求总体上得到满足，耐用消费品的消费需求开始扩大。农村居民食品消费比重为 57.08%，进入温饱生活水平。衣着消费比重为 7.97%，出现下降趋势；娱乐教育文化消费比重为 6.04%，上升势头明显。由于存在劳动力剩余，劳动力转移具备基础，外出务工现象开始增多。

第三阶段。城镇居民食品消费比重为 44.12%，进入小康生活水平。衣着消费比重为 11.52%，下降趋势明显；医疗保健消费比重为 4.88%，居住消费比重为 9.1%，娱乐教育消费比重为 11.34%。随着收入水平的提高，城镇居民消费结构不断升级。农村居民食品消费比重为 53.30%，医疗保健消费比重为 4.3%，交通通信消费比重为 4.02%，娱乐教育文化消费比重为 9.90%，生活水平持续提高。

第四阶段。城镇居民食品消费比重为 37.14%，进入富裕生活水平。交通通信消费比重为 11.74%，娱乐教育文化消费比重为 13.13%，消费结构进入新层次。农村居民食品消费比重为45.25%,处于小康生活水平。医疗保健消费比重为6.23%,交通通信消费比重为8.8%。

5.4 消费结构演化的动态机制

5.4.1 基本需求系数的变化

与恩格尔系数的作用类似,基本需求系数可以从消费支出与收入的关系角度对居民的生活水平进行评价。基本需求系数的度量是用基本消费需要支出除以收入。基于TVP-ELES模型的参数估计值,可以根据(5.3)式和(5.4)式,计算某种需求的基本消费支出,从而对基本需求系数进行计算。这样,可以从基本需求系数角度来考察居民消费结构的变化。表5-3给出了各阶段下的城乡居民平均基本需求系数。

表5-3　　　　　　　　城乡居民的基本需求系数

指标	阶段一	阶段二	阶段三	阶段四
城镇	0.75	0.66	0.51	0.36
农村	0.56	0.64	0.47	0.43

从表5-3可以看出,我国城乡居民基本需求系数总体上均呈现逐步下降的变动趋势,并且两者的差距逐渐变小,呈现趋同特征。我国城乡居民的基本需求系数与恩格尔系数有类似的变动趋势,两者分别从不同角度衡量了居民生活水平的变化。城乡居民基本需求系数的变动主要是由城乡居民收入水平相对基本需求支出的变动程度所影响的。从各国的经验来看,随着居民生活水平的提高,收入水平相应提高,而基本需求支出的增长往往慢于收入增长,既表现为基本需求系数的逐渐降低。从下降幅度角度看,城镇居民基本需求系数的整体变化幅度大于农村居民。在阶段一、阶段二和阶段三中,城镇居民的基本需求系数高于农村居民;在阶段四中,城镇居民的基本需求

系数低于农村居民。

5.4.2 边际消费倾向的变化

边际消费倾向描述了居民商品消费支出与收入水平之间的比重关系，可以反映居民对各类消费品的偏好及其新增购买力的投向。利用极大似然方法和卡尔曼滤波对模型中的参数和不可观测变量进行估计。图 5-6 为边际消费倾向的变化曲线。

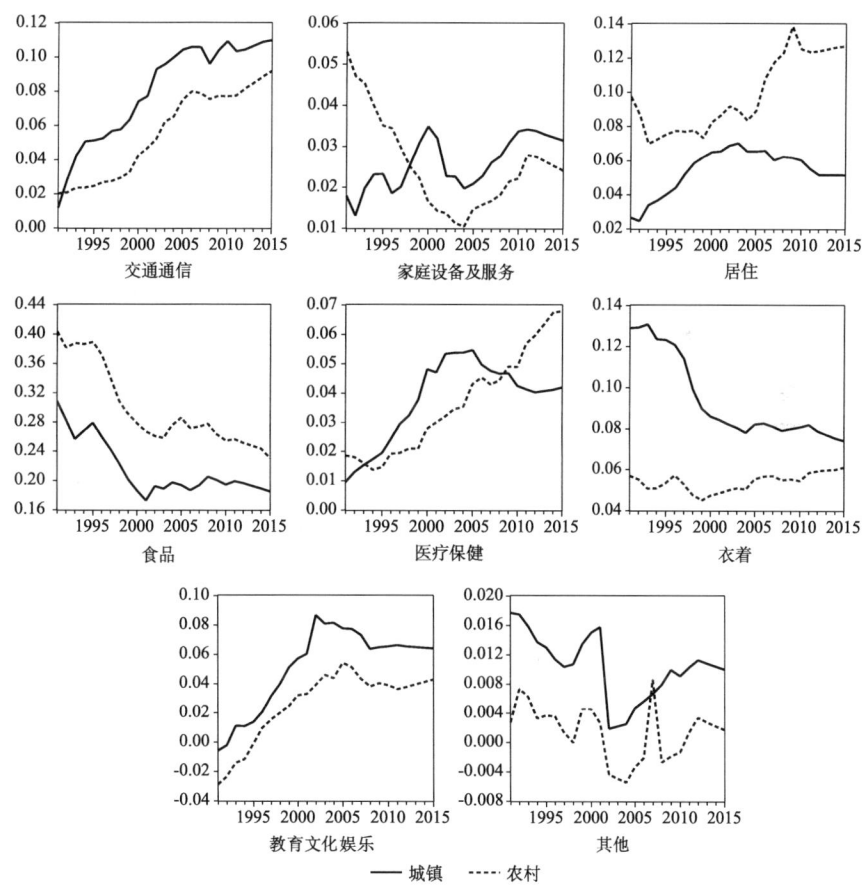

图 5-3 城乡居民边际消费倾向的变化

从图 5-3 中可以看出，城乡居民各项消费支出的边际消费倾向及其差距随时间推移而发生变化。一方面，城乡居民高层次消费支出的边际消费倾向提高相对较快。城镇居民交通通信的边际消费倾向持续上升，食品和衣着支出的边际消费倾向持续下降，居住、医疗保健和教育文化娱乐支出的边际消费倾向先快速上升而后出现上升放缓或小幅度下降，家庭设备及服务支出的边际消费倾向具有较大波动性，总体小幅度上升。现阶段食品和交通通信支出的边际消费倾向相对较高。农村居民交通通信、医疗保健支出的边际消费倾向持续上升，食品支出的边际消费倾向持续下降，居住和教育文化娱乐支出的边际消费倾向先快速上升而后出现上升放缓或小幅度下降，家庭设备及服务支出的边际消费倾向先持续下降而后持续上升，衣着支出的边际消费倾向小幅度比较平稳变化。现阶段食品和居住支出的边际消费倾向相对较高。

另一方面，城乡居民各项消费支出的边际消费倾向同步性增强。城镇居民交通通信、衣着和教育文化娱乐支出的边际消费倾向总体高于农村居民，交通通信、教育文化娱乐支出消费倾向的差距相对比较稳定，衣着支出消费倾向的差距逐渐缩小。城镇居住和食品支出的边际消费倾向总体低于农村居民，居住支出消费倾向的差距趋于扩大，食品支出消费倾向的差距趋于缩小。城镇居民家庭设备及服务的边际消费倾向先低于再高于农村居民，且差距趋于稳定。城镇医疗支出的边际消费倾向先高于而后低于农村居民，且差距趋于扩大。

根据 TVP-ELES 模型的估计结果，我们进一步计算了各阶段中城乡居民对各项消费支出的平均边际消费倾向，计算结果如图 5-4 和图 5-5 所示。

图 5-4 和图 5-5 表明，我国城乡居民各项消费支出的边际消费倾向均随着时间推移而变化，并且具有较大差异。我们按照居民生活水平的阶段划分，对居民边际消费倾向的特征进行描述。在第一阶段，城镇居民食品、衣着和交通通信支出的边际消费倾向依次位居各种消费项目中的前三位，分别为 0.33、0.16 和 0.07。农村居民的食品、家庭设备用品和居住支出的边际消费倾向依次位居各种消费项目中的前三位，分别为 0.36、0.09 和 0.08；

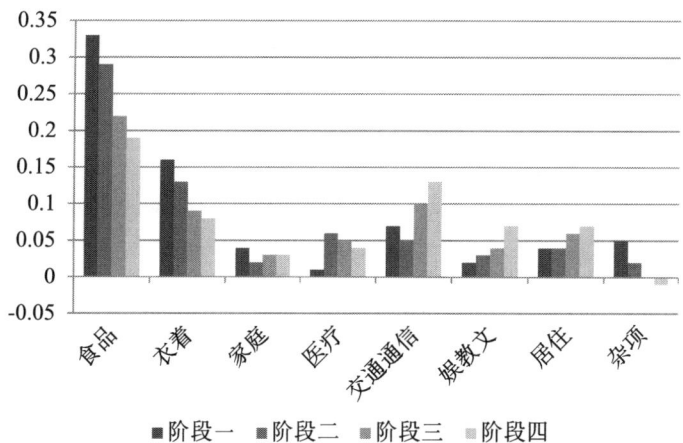

图 5-4　城镇居民各阶段边际消费倾向

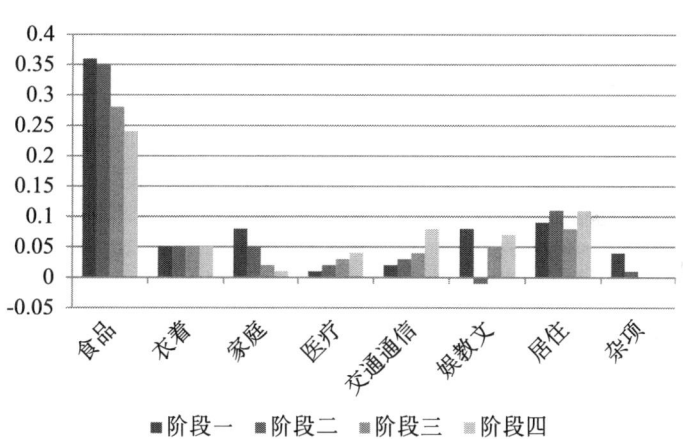

图 5-5　农村居民各阶段边际消费倾向

在第二阶段，城镇居民医疗保健和家庭设备用品及服务支出的边际消费倾向上升明显，分别为 0.06 和 0.02；农村居民在医疗保健、交通通信和居住支出等几方面的边际消费倾向略有提升，分别为 0.02、0.03 和 0.11。在第三阶段，城镇居民交通通信支出的边际消费倾向具有较大提高，达到 0.10；农村居民居住和娱乐教育文化支出的边际消费倾向相对较高，分别为 0.08 和 0.05。在第四阶段，城镇居民交通通信、娱乐教育文化和居住支出的边际消费倾向达到改革开放以来的最高水平的 0.13、0.07 和 0.07，食品和衣着的边际消费倾向则下降到改革开放以来的最高水平的 0.19 和 0.08；农村居民的医疗保健、娱乐教育文化和交通通信支出的边际消费倾向均达到改革开放以来的最高水平，分别为 0.04、0.07 和 0.08。

按照新凯恩斯经济理论，消费需求取决于居民可支配收入，其直接影响了消费水平变化。在居民收入保持不变的条件下，对商品或服务的消费量大小取决于边际消费倾向。如果边际消费倾向较高，则增加的收入中用于消费的比重就越大；反之，则增加的收入中用于消费的比重就越小。我国居民消费倾向的变化，体现出城镇和农村居民对于高层次消费品的消费偏好逐步增强，新增购买力更倾向于相对高层次的消费品，推动了居民消费需求的多样化和高端化。同时，城镇和农村居民的各项消费支出的消费倾向差距与比重差距，在变化路径方面具有较强的相似性，体现城乡居民消费倾向变化是消费结构趋同的重要因素。因此，应该从对居民消费倾向加以正确引导，促进居民边际消费倾向正向提高，使居民消费结构向更高级层次演进，促进居民生活质量持续提高。

5.4.3 消费弹性的变化

收入和价格因素对居民消费支出的影响大小可以利用消费弹性刻画。根据 (5.5) 式和 (5.6) 式，我们计算了城乡居民各项消费支出的收入和价格弹性，计算结果分别如图 5-7 和图 5-8 所示。

从图 5-6 中可以看出，城乡居民各项消费支出的收入弹性基本为正值且随时间推移而发生变化，各项具体消费支出的收入弹性变化趋于一致。城镇居民家庭设备及服务支出的收入弹性持续增大，居住、医疗保健和教育文化娱乐支出的收入弹性先快速上升而后出现上升放缓或小幅度减小，交通通信和衣着支出的收入弹性持续降低，食品支出的收入弹性先小幅度减小而后持续增大，现阶段交通通信和衣着支出的收入弹性相对较大。农村居民居住、医疗保健和教育文化娱乐支出的收入弹性持续增大，交通通信和家庭设备及服务的收入弹性持续缩小，食品和衣着支出的收入弹性先小幅度减小而后持续增大，现阶段交通通信和家庭设备及服务支出的收入弹性相对较大。

城镇居民交通通信、医疗保健、衣着和教育文化娱乐支出的收入弹性总体大于农村居民,家庭设备及服务和食品支出的收入弹性总体小于农村居民,并且这些消费支出的收入弹性差距趋于缩小。城镇居民居住支出的收入弹性先大于而后小于农村居民,且弹性差距趋于扩大。

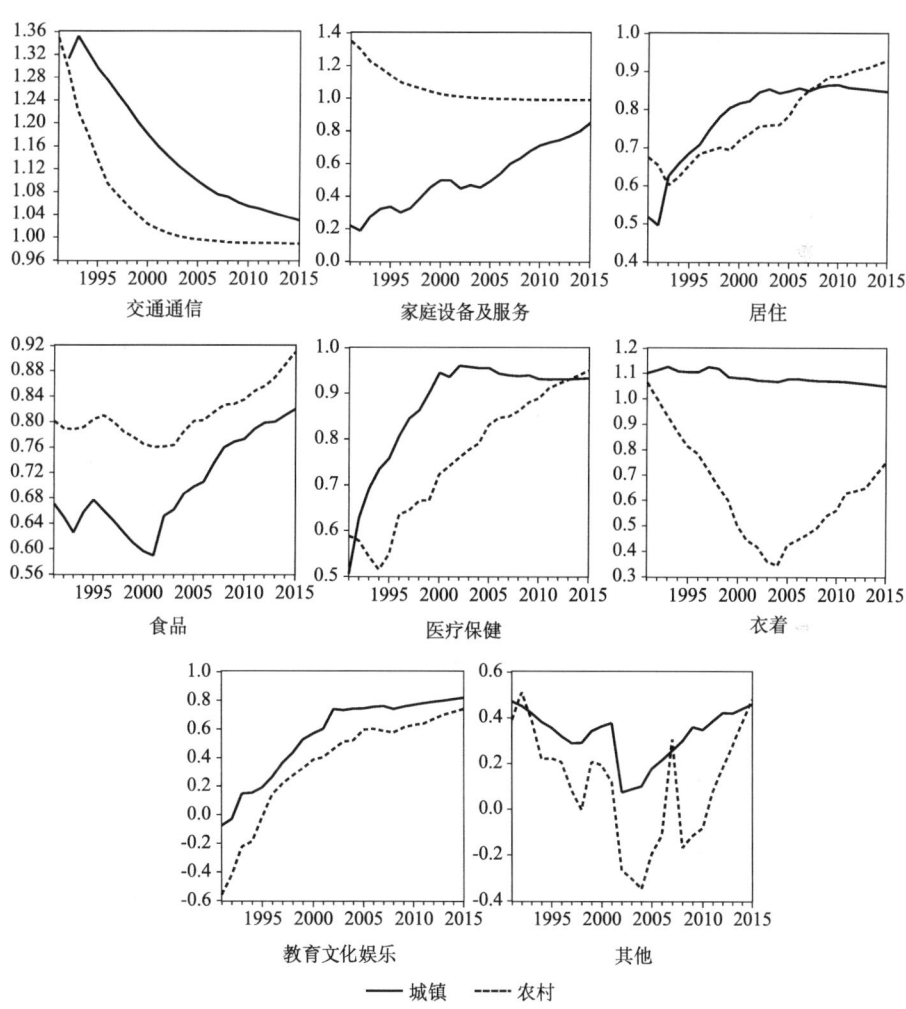

图 5-6 城乡居民消费收入弹性的变化

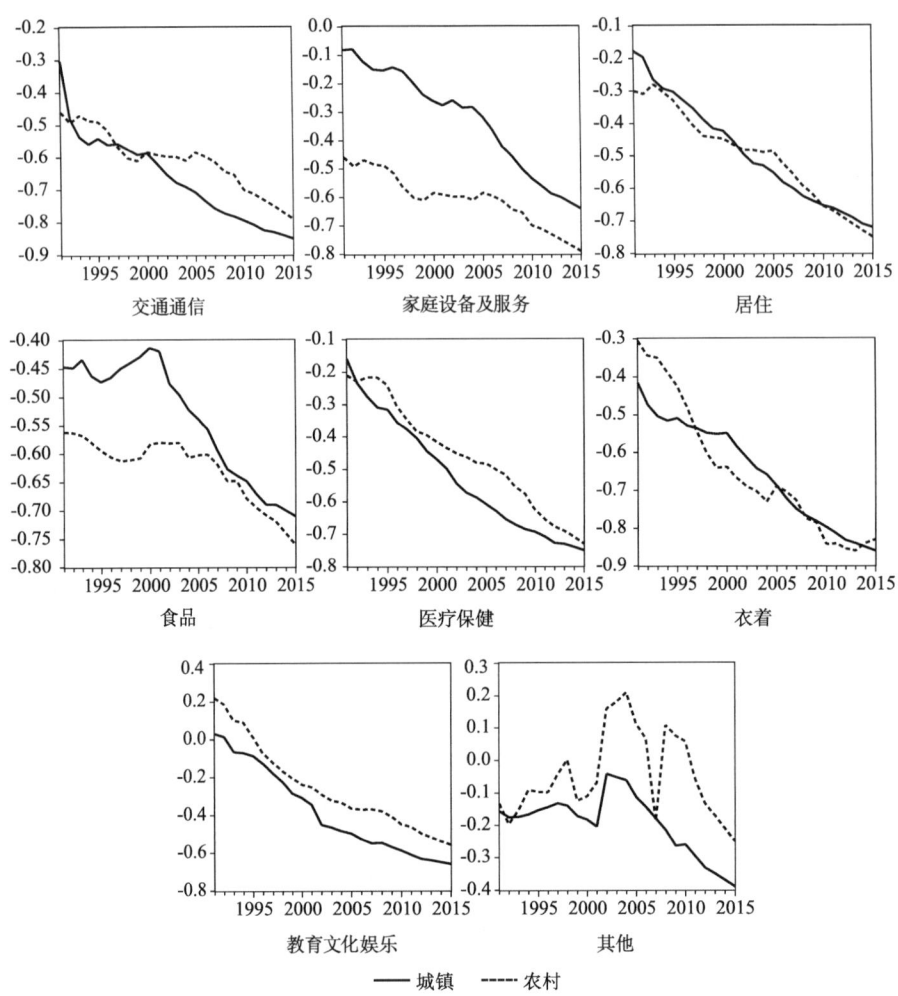

图 5-7 城乡居民消费价格弹性的变化

从图 5-7 中可以看出，城乡居民各项消费支出的价格弹性基本为正值且随时间推移逐渐增大，并且与收入弹性类似，各项具体消费支出价格弹性变化也趋于一致。居民食品支出的价格弹性先小幅度减小而后持续增大，其他支出的价格弹性基本持续增大。现阶段交通通信和衣着支出的价格弹性相对较大。农村居民各项支出的价格弹性基本持续增大。现阶段家庭设备及服务和衣着支出的价格弹性相对较大。城镇居民交通通信、医疗保健和教育文化娱乐支出的价格弹性总体大于农村居民，家庭设备及服务和食品支出的价格弹性总体小于农村居民，各项支出的价格弹性差距趋于缩小。城镇和居民居住和衣着支出的价格弹性交替处于相对高位且逐渐趋于一致。

我们进一步计算了城乡居民不同生活阶段的各项种需求收入弹性和价格弹性。图 5-8 至图 5-11 展示了各阶段中城乡居民收入弹性和价格弹性的估算结果。

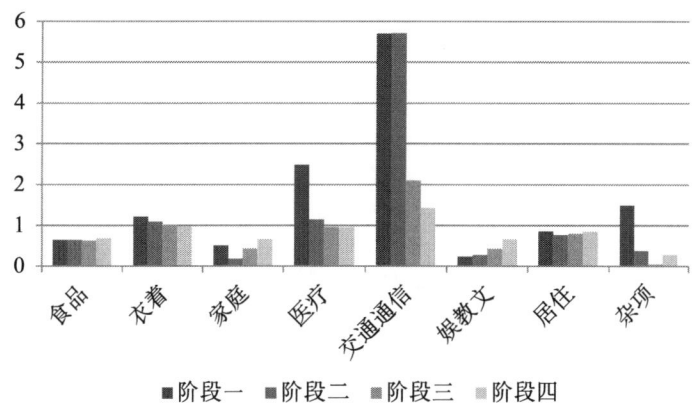

图 5-8 城镇居民各阶段收入弹性

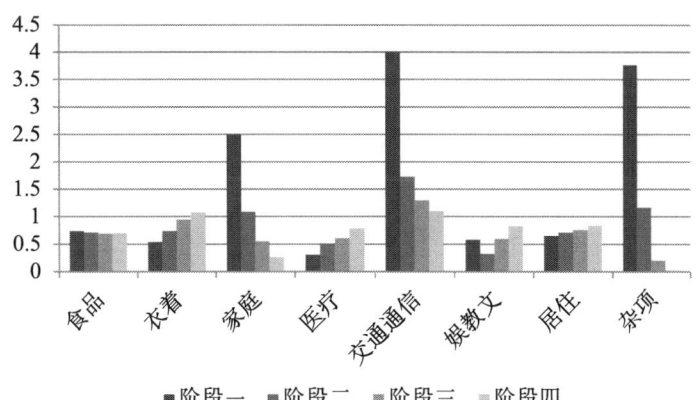

图 5-9 农村居民各阶段收入弹性

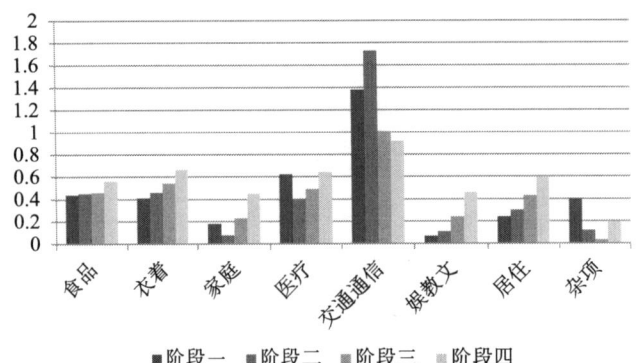

图 5-10 城镇居民各阶段价格弹性绝对值

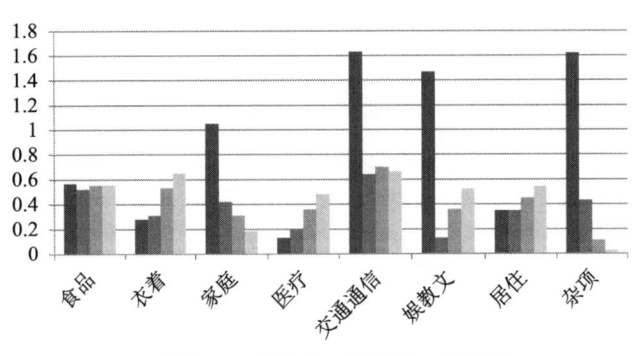

图 5-11 农村居民各阶段价格弹性绝对值

图 5-8 至图 5-11 表明,随着居民消费结构演进各阶段的转换,城乡居民消费的收入弹性和价格弹性也具有明显变化,并且城乡具有一定差异。我们同样按照居民生活水平的阶段划分,对居民消费弹性的特征进行描述。在第一阶段,城镇居民的交通通信、医疗保健的收入弹性和价格弹性均相对较大,两者的收入弹性分别为 5.70 和 2.48,价格弹性分别为 -1.38 和 -0.62;农村居民交通通信支出的收入弹性和价格弹性分别为 3.99 和 -1.63,家庭设备用品及服务的收入弹性和价格弹性分别为 2.52 和 -1.05。在第二阶段,城镇居民的医疗保健支出的收入弹性为 1.15,价格弹性为 -0.40,减小趋势明显;农村居民家庭设备及服务和交通通信支出的收入弹性分别减小为 1.09 和 1.73 并且价格弹性分别减小为 0.43 和 -0.24。在第三

阶段，城镇居民交通通信支出的收入弹性和价格弹性分别减小至 2.10 和 −1.01，娱乐教育文化支出的收入弹性和价格弹性分别增大至 2.10 和 −1.01；农村居民交通通信支出的收入弹性小幅减小至 1.30 而价格弹性则达到改革开放以来的最大水平 −0.70。在第四阶段，城镇居民医疗保健和居住支出的价格弹性分别达到改革开放以来的最大水平 −0.64 和 −0.59；农村居民的医疗保健和居住支出的收入弹性分别达到改革开放以来的最大水平 0.80 和 0.85，并且价格弹性也分别达到改革开放以来的最大水平 −0.48 和 −0.54。

按照消费经济理论，收入水平对居民消费支出具有正向影响，价格水平对居民消费支出则具有负向影响。按照（5.5）式和（5.6）式，收入（价格）弹性分析主要存在三种情形。情形 1，收入（价格）弹性比 1 大，意味着某种消费支出变化程度强于收入（收入）变化程度；情形 2，收入（价格）弹性等于 1，意味着某种消费支出变化程度等于收入（收入）变化程度；情形 3，收入（价格）弹性绝对值介乎于 0 和 1 之间，意味着某种消费支出变化程度弱于收入（收入）变化程度。实证结果总体上体现了消费经济理论的基本规律。城乡居民消费支出的收入弹性基本为正值，价格弹性基本为负值，收入水平的提高更可能促进消费支出的增加，价格水平的提高更可能抑制某些消费支出的增加。各项消费支出收入弹性的绝对值基本大于价格弹性，相对于价格因素，收入因素对城乡居民消费行为的影响更大。从动态视角来看，城乡居民在具体消费支出项目的消费弹性方面存在一些明显差异，相比而言，满足居民基本生活需求的各支出类别受收入和价格变动的影响相对较小，生活改善需求的各支出类别受收入和价格变动的影响相对较大。从国际比较来看，波兰等国家加入欧盟之后，虽然农村居民在基本生活需求方面的消费支出（例如食品和非酒精饮料等）所占比重相对较高，而在高层次需求方面的消费支出（通信、娱乐和文化、教育等）所占比重相对较低，但是由于农村地区居民收入的增长速度明显快于城市地区，农村居民消费模式明显向更具可持续性的城市居民消费模式变化（Utzig, 2014；Mikua, 2017）。因此，现阶段收入水平是居民消费支出规模和结构的关键性影响因素，也是城乡居民各项消费支出对居民消费结构升级贡献变化转变的原因之一。

5.4.4 消费结构的变化趋势

在我国经济转型发展背景下，居民消费结构将加快持续升级。TVP-ELES 模型所描述的消费结构演进机制表明，消费者的消费能力的大小主要取决于收入水平的高低。根据消费经济原理以及其他世界各国经验，人均 GDP 增长与消费结构升级之间存在着动态匹配关系。消费结构随人均 GDP 水平提高而由生存型消费结构逐步升级为发展性消费结构。2010 年，我国人均 GDP 超过 4000 美元。到 2030 年，我国人均 GDP 将达到 2010 年的 4 倍还多。伴随着购买能力的不断增强和生活质量的改善，发展型和享受型的消费支出逐渐增加，消费结构不断升级。同时，科技创新、城镇化推进和产业结构优化等因素也将极大地推动居民消费结构升级。

结合上述分析，我们利用 TVP-ELES 模型对城乡居民恩格尔系数的变动趋势进行模拟。具体步骤为：第一，利用基于菲利普斯和奥肯定律的状态空间模型对中国的潜在产出增长率进行估计，对未来的实际经济增长率变动趋势进行判断，进而得到未来实际 GDP 的估计值；第二，建立线性回归模型，判断实际 GDP 与人均实际 GDP 的整体线性相关关系，进而基于未来实际 GDP 数据对未来的人均实际 GDP 进行估计；第三，基于未来人均实际 GDP 数据，利用 TVP-ELES 模型对未来的消费结构进行模拟；第四，利用二次函数插值方法、HP 滤波等方法得到反映城乡居民恩格尔系数变动趋势的时间序列数据。模拟结果如图 5-12 所示。

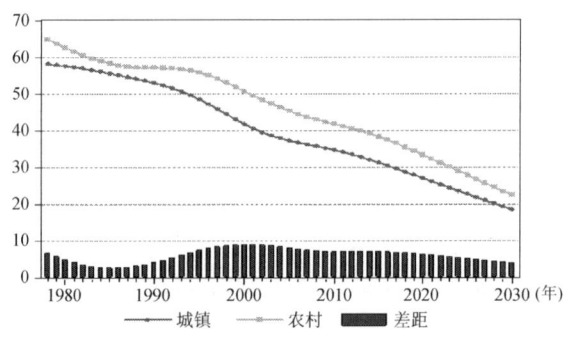

图 5-12 城乡居民恩格尔系数及其差距的变动趋势

图 5-12 中的模拟结果显示，当恩格尔系数趋势成分取 55% 时，城镇居民的对应年份大致为 1986 年，农村居民的对应年份大致为 1996 年，时间差距为 10 年；当恩格尔系数趋势成分分别取 50% 和 45% 时，城镇居民的对应年份分别大致为 1993 年和 1998 年，农村居民的对应年份分别大致为 2000 年和 2005 年，时间差距均为 7 年；当恩格尔系数趋势成分取 50% 时，城镇居民的对应年份大致为 2001 年，农村居民的对应年份大致为 2009 年，时间差距为 8 年。按照此发展趋势，当恩格尔系数趋势成分取 30% 时，城镇居民的对应年份大致为 2018 年，农村居民的对应年份大致为 2023 年，时间差距缩小为 5 年，趋同速度加快。

因此，"加速趋同"是城乡居民消费结构变化趋势的重要特征之一。城乡居民恩格尔系数持续下降，城镇居民恩格尔系数先行，农村居民恩格尔系数加速追赶。中国经济在"十二五"时期初步进入"新常态"发展模式，在"十三五"时期全面进入"新常态"发展轨道，经济结构也将进入"深度调整期"（胡鞍钢、周绍杰，2015）。我国的发展规划经历从黑色发展规划到绿色发展规划的转型，人民生活质量的重要性不断凸显。因此，城乡消费结构的趋同及国家发展规划的指引作用，将进一步强化消费结构的消费增长效应，消费对宏观经济的拉动作用将进一步加大。

5.5 收入水平：消费结构升级的基本动力

城乡居民各种消费支出所占总消费支出比重在不同阶段的动态变化，构成了我国居民消费结构从低层次向高层次的持续升级过程，反映出人民生活水平从绝对贫困到温饱再到富裕的变化过程。我国居民消费的基本需求系数、边际消费倾向和消费弹性等消费结构重要指标，随时间推移而发生显著变化。我国城乡居民基本需求系数总体上呈现逐步下降的变动趋势，城镇居民基本需求系数的整体变化幅度大于农村居民。居民的边际消费倾向是推动居民消费结构持续升级的重要因素。收入与价格因素对各项消费支出具有显著影响。相对于价格因素，收入因素对城乡居民消费行为的影响更大。现阶段收入水平是居民消费支出规模和结构的关键性影响因素，也是城乡居民各项消费支出对居民消费结构升级贡献变化转变的原因之一。未来我国居民消费结构将迎来持续升级的黄金发展时期，城乡居民消费结构将进一步趋同。

在居民消费结构升级的过程中，仍然存在一些不利因素，对消费结构升级构成严峻挑战。例如，消费规模扩大受到消费率偏低约束；消费差距缩小受到收入差距较大约束；消费行为理性化受到消费环境不佳约束等。因此，需要在加快转变经济发展方式过程中，尽快形成消费（特别是绿色消费）主导的经济增长模式，科学制定供给与需求管理政策体系推动需求结构转变，缩小收入差距注重消费能力增强与城乡差距缩小兼顾的同步发展等。

第6章 城乡居民消费结构的趋同特征及阶段转变

6.1 研究背景及文献回顾

城乡居民生活水平趋同是实现城乡一体化发展的具体表现（胡鞍钢等，2011）。我国已进入消费需求持续增长、消费结构加快升级、消费拉动经济作用明显增强的重要阶段。[①] 近年来，消费结构迎来新一轮的升级"革命"，我国居民消费结构逐渐转向医疗、保健、教育、体育、文化和环保等服务型的各种消费形式（胡鞍钢等，2011）。特别是，在我国消费持续增长的过程中，农村消费市场潜力得到极大释放，农村消费规模不断扩大，各项消费支出增长迅速，城乡消费市场差距不断缩小。2019年农村消费品零售总额增长率为9.0%，超过城镇1.2个百分点。在人均消费支出方面，农村居民2019年人均消费支出实际增长6.5%，高于城镇居民的5.5%。随着乡村振兴战略的实施，农村迎来新的发展机遇。城乡差距不断缩小、城乡一体化持续推进，将充分激发消费潜力（郑新立，2017）。城乡一体化发展背景下，城乡居民消费需求是否出现转变？消费升级将呈现的阶段性特征与趋势如何？消费潜力是否将会进一步释放？等问题也成为亟待探索的重要问题。

---

① 《国务院关于积极发挥新消费引领作用 加快培育形成新供给新动力的指导意见》，2015年11月。

在经济一体化发展环境中，个体单位之间的资源流动与政策借鉴具有更强的可行性，经济趋同（convergence）也成为一个恰当的经济问题分析视角（Liobikiene 和 Mandravickaite，2013）。经济趋同通常指相对贫困国家（或地区）比相对富裕国家（或地区）的发展速度更快，并且引致两者之间的差距减小，即趋同是不同国家（或地区）彼此相似的过程（Utzig，2017）。Barro 和 Sala－i－Martin（1992）给出了 σ 趋同和 β 趋同的内涵界定，β 趋同可以描述为相对于经济较发达地区而言，经济水平较低的地区有着相对较高的增长速度，σ 趋同可以描述为不同地区之间收入或者消费的标准差随着时间推移会逐渐减少。世界经济发展中也存在经济趋同的典型化事实。例如，欧盟一体化过程中，新成员国加入欧盟后，经济结构发生深刻变化，国内生产总值（GDP）、相对物价水平和家庭最终消费支出等均向原有欧盟国家趋同，并且经济趋同提升了新成员国的社会凝聚力和经济福祉等（Welsch 和 Bonn，2008；Lanzieri，2010；Inga 和 Renata，2014）。技术进步、贸易开放度、外商直接投资以及经济一体化政策等对国家间的经济趋同具有推动作用（Hume，2010）。

消费结构升级和生产结构优化是经济长期增长的驱动源泉，体现了一国经济发展的质量和潜力（Foellmi，2005）。在经济趋同发展的过程中，国家（或地区）间的居民消费结构的动态演化也可能具有趋同性（Liobikiene 和 Mandravickaite，2013）。从经济趋同的内涵出发，居民消费结构的趋同可以描述为，在消费总量增长的同时，不同国家（或地区）的居民消费结构（各种消费支出比重）趋于相似的过程。同时，这种趋同过程不仅是居民消费结构相似的过程，还是消费结构层次不断升级，消费模式可持续性不断提高的过程（Utzig，2017）。

国外学者主要是从居民消费结构演化的 β 趋同和 σ 趋同的理论角度出发，构建各种经济模型或者统计指标进行实证研究，并且提供了相关经验证据。主要研究内容大致包括三个方面：一是居民消费结构趋同机制研究。例如，Cahlik 等（2005）根据后凯恩斯主义消费理论构建消费结构趋同理论模型，并且进行仿真实验研究，认为趋同性是居民消费结构演进的重要特征，并且由社会和心理所决定的消费行为动机是解释趋同性的关键性要素，但是税收等政策调控可能影响趋同的速度；Lyons 和 Mayor（2009）利用基于 AIDS 模型的面板数据模型进行研究，发现爱尔兰在 1995~2003 年间从类似于葡萄牙或希腊的"低收入"模式转变为类似于加拿大的"高收入"模式，但是其消费结构升级存在滞后性。

二是整体居民消费结构趋同性评价研究。例如，Liobikiene 和 Juknys（2012）、Liobikiene 和 Mandravickaite（2013）利用 X-convergence 指数、变异系数、消费弹性模型等方法进行研究，发现 1995~2007 年，捷克、爱沙尼亚、立陶宛和斯洛文尼亚居民消费结构向原有欧盟 15 国的趋同性相对较强，拉脱维亚和波兰的趋同性相对较弱，高层次支出（娱乐和文化、杂项商品和服务、教育）的趋同性相对更大；Inga 和 Renata（2014）研究表明，2000~2007 年间，欧盟新成员国与原有国家的主要消费和生产指标正在趋同，大多数中欧和东欧国家的经济发展水平有所提升；Utzig（2017）研究发现 2006~2015 年间波兰城乡居民消费结构具有趋同性，农村家庭对高层次消费支出（如餐饮酒店、休闲和文化等）增长快于城市家庭是趋同性出现的重要原因。

三是单类别消费支出趋同性评价研究。例如，Elsner 和 Hartmann（1998）利用消费相似指数（Consumption Similarity Index）、面板数据模型等方法研究，发现中欧和东欧国家与欧盟 15 国食品消费水平和结构存在趋同性，物价和收入是食品消费趋同的主要决定因素；Holmes 和 Anderson（2017）构建了饮料消费强度指数（Beverage consumption intensity index）、酒精消费组合相似性指数（Alcohol consumption mix similarity index）等统计指标并进行实证研究，发现 1961~2014 年期间，全球大多数国家酒精消费总量和每种饮料在总消费量中所占份额的变化系数大幅下降，北美和东欧的三个饮料消费量强度指数都趋于统一，而西欧与非洲、中东则有所不同。

国内学者关于消费趋同性研究的起步相对较晚。总体而言，对居民消费水平趋同性的研究相对较多。例如，金晓彤和闫超（2010）利用门限自回归模型等方法研究，认为我国农村居民人均消费具有东部与中部部分趋同以及东部与中部趋同的特征；金晓彤和闫超（2011）利用门限自回归模型等方法研究，认为我国城镇居民的收入差异会引起消费差异，并且两者在区域层面具有扩大趋势；魏晓敏和王林杉（2018）利用 Dagum 基尼系数、空间计量模型等方法进行研究，发现我国东部地区网络消费存在 σ 趋同特征，中部和西部地区不具有 σ 趋同特征，东部、中部和西部地区城市居民网络消费均存在绝对 β 趋同和条件 β 趋同特征。

随着我国城乡一体化的持续推进，国内学者也从不同维度对我国城乡居民消费进行比较研究。一方面，部分学者对城乡居民消费的变化趋势进行研究。例如，周建和杨秀祯（2009）基于均值漂移的 Gibbs 抽样的结构转变诊断方法研究，认为我国城镇对农村消费行为显著的"示范性"影响作用，城乡居民消费具有联动机制；李国正和艾小青（2017）利用泰尔指数等方法研究，表明城乡居民人均消费绝对差距逐年增大，相对差距虽逐年减少。另一方面，还有学者对城乡居民消费差异的影响因素进行了研究。例如，方向前（2009）研究认为医疗、教育和住房体制改革对城乡居民消费需求的影响具有较明显差异；韩立岩和杜春越（2012）利用面板数据模型进行研究，认为我国居民收入差距与消费之间具有较为明显的负相关性并且存在城乡差异；李江一和李涵（2016）研究认为，我国城乡收入差距扩大挤出农村家庭的生存型和享受型商品消费，但是对城镇家庭消费的影响则相反。

城乡消费差距是城乡差距的主要表现之一（张正河，2006）。我国城乡居民消费结构趋同性的研究，可以为激发我国居民消费潜力、加快转变经济发展方式提供有益参考，具有重要理论与现实意义。国内学者关于消费趋同性的研究更多侧重于消费水平及增长角度，涉及居民消费结构的研究仍然相对较少。同时，随着时间推移，经济政策或经济形势改变，会引起城乡居民消费需求变化的结构性转变，具有非线性特征（金晓彤和闫超，2010；王小华和温涛，2015）。因此，对关于消费结构趋同性的非线性变化进一步探究，也有助于揭示我国居民消费的内在演化规律。传统计量模型存在线性约束等方面的局限性，Hamilton（1989）、Tiao 和 Tsay（1994）、Skalin 和 Terasvirta（1999）以及 Leamer 和 Potter（2003）等学者提出了各种非线性模型研究经济时间序列的非线性特征，并且在实践运用中取得了较好效果。Hamilton（1989）提出的 Markov 区制转移模型是目前学术界广为认可、较为可靠的研究方法（隋建利和张亿萍，2020）。文中在借鉴国内外学者研究成果的基础上，基于 β 趋同和 σ 趋同视角，尝试构建 Markov 区制转移自回归模型（MS(M) – AR(p)模型）分析我国城乡居民消费结构的趋同演化过程。

6.2 非线性 MS(M) – AR(p) 模型的构建

本章主要通过构建居民消费结构的 MS(M) – AR(p) 模型分析我国城乡居民消费结构趋同性的非线性变化过程。构建 MS(M) – AR(p) 模型的基础是具有截距项的线性 p 阶自回归（AR）模型，其基本形式为：

$$y_t = \nu + A_1 y_{t-1} + \cdots + A_p y_{t-p} + u_t \tag{6.1}$$

其中，y_t 为度量城乡居民消费结构相对变化变量的时间序列，$t = 1, \cdots, T$，ν 为截距项。(6.1) 式中，假设时间序列 y_t 具有平稳性特征，并且误差项 u_t 服从正态分布，即 $u_t \sim NID(0, \varepsilon^2)$。同时，(6.1) 式所描述的线性 AR(p) 模型还可以表示为均值形式：

$$y_t - \mu = A_1(y_{t-1} - \mu) + \cdots + A_p(y_{t-p} - \mu) + u_t \tag{6.2}$$

其中，μ 为 y_t 的均值。为了更加准确捕捉时间序列中存在的非线性特征，借鉴 Krolzig（1997）的思路，以（6.1）式或（6.2）式为基础，可以进一步构建 MS(M) – AR(p) 模型。MS(M) – AR(p) 模型假定模型中的参数依赖于区制状态为 M 的不可观测离散变量 s_t，即 $s_t \in \{1, \cdots, M\}$。s_t 服从遍历不可约的一阶 Markov 过程，其转移概率矩阵形式为：

$$P = \begin{bmatrix} p_{11} & p_{12} & \cdots & p_{1M} \\ p_{21} & p_{22} & \cdots & p_{2M} \\ \vdots & \vdots & \ddots & \vdots \\ p_{M1} & p_{M2} & \cdots & p_{MM} \end{bmatrix} \tag{6.3}$$

其中，$p_{ij} = \Pr(s_{t+1} = j | s_t = i)$，$\sum_{j=1}^{M} p_{ij} = 1$，$\forall i, j \in \{1, \cdots, M\}$。以（6.1）式的线性 AR(p) 模型为基础，可以构建具有 4 种具有截距项的 MS(M) – AR(p) 模型。如果设定（6.1）式的截距项 ν 具有区制转移性质，则

可以构建 MSI(M) - AR(p)模型：

$$y_t = \nu(s_t) + A_1 y_{t-1} + \cdots + A_p y_{t-p} + u_t \tag{6.4}$$

其中，$u_t : NID(0, \varepsilon^2)$。如果设定（6.1）式的截距项 ν、自回归系数 $A_1, \cdots, A_p$ 具有区制转移性质，则可以构建 MSIA(M) - AR(p)模型：

$$y_t = \nu(s_t) + A_1(s_t) y_{t-1} + \cdots + A_p(s_t) y_{t-p} + u_t \tag{6.5}$$

其中，$u_t : NID(0, \varepsilon^2)$。如果设定（6.1）式的截距项 ν、自回归系数 $A_1(s_t), \cdots, A_p(s_t)$、误差项方差具有区制转移性质，则可以构建 MSIAH(M) - AR(p)模型：

$$y_t = \nu(s_t) + A_1(s_t) y_{t-1} + \cdots + A_p(s_t) y_{t-p} + u_t \tag{6.6}$$

其中，$u_t : NID(0, \varepsilon(s_t)^2)$。如果设定（6.1）式的截距项 ν、误差项方差具有区制转移性质，则可以构建 MSIH(M) - AR(p)模型：

$$y_t = \nu(s_t) + A_1 y_{t-1} + \cdots + A_p y_{t-p} + u_t \tag{6.7}$$

其中，$u_t : NID(0, \varepsilon(s_t)^2)$。

类似地，以（6.2）式的线性 AR(p) 模型为基础，可以构建具有 4 种均值形式的 MS(M) - AR(p)模型。如果设定（6.2）式中的均值 μ 具有区制转移性质，可以构建 MSM(M) - AR(p)模型：

$$y_t - \mu(s_t) = A_1[y_{t-1} - \mu(s_{t-1})] + \cdots + A_p[y_{t-p} - \mu(s_{t-p})] + u_t \tag{6.8}$$

其中，$u_t : NID(0, \varepsilon^2)$。

如果设定（6.2）式的均值 μ、自回归系数 $A_1, \cdots, A_p$ 具有区制转移性质，则可以构建 MSMA(M) - AR(p) 模型：

$$y_t - \mu(s_t) = A_1(s_t)[y_{t-1} - \mu(s_{t-1})] + \cdots + A_p(s_t)[y_{t-p} - \mu(s_{t-p})] + u_t \tag{6.9}$$

其中，$u_t : NID(0, \varepsilon^2)$。如果设定（6.2）式的均值 μ、自回归系数 $A_1, \cdots, A_p$、误差项方差具有区制转移性质，则可以构建 MSMAH(M) - AR(p)模型：

$$y_t - \mu(s_t) = A_1(s_t)[y_{t-1} - \mu(s_{t-1})] + \cdots + A_p(s_t)[y_{t-p} - \mu(s_{t-p})] + u_t \tag{6.10}$$

其中，$u_t : NID(0, \varepsilon(s_t)^2)$。如果设定（6.2）式的均值 μ、误差项方差

具有区制转移性质，则可以构建 MSMH(M) - AR(p)模型：

$$y_t - \mu(s_t) = A_1[y_{t-1} - \mu(s_{t-1})] + \cdots + A_p[y_{t-p} - \mu(s_{t-p})] + u_t \quad (6.11)$$

其中，$u_t : NID(0, \varepsilon(s_t)^2)$。

本章采用 Hamilton（1989）的期望最大化（EM）算法，通过 OX 软件的 MSVAR 优化包实现对所构建不同形式 MS(M) - AR(p)模型的估计。根据模型估计结果可以得到各期局面状态的统计推断概率。如果令 ψ_t 表示直到 t 期的信息集，通常把用全部信息来推断当期的概率称为平滑概率（smoothing probability），记为 $\Pr[s_t | \psi_T]$。本章主要根据平滑概率进行城乡居民消费结构趋同的区制判别。

同一区制的持续期 $D(s_i)$ 可以根据如下公式计算：

$$D(s_i) = \frac{1}{1 - p_{ii}} \quad (6.12)$$

6.3 城乡居民消费结构的演进路径比较

居民消费结构按照三种标准进行描述：根据消费实际支出的形式，消费结构可分为衣食住行等各种形式；根据需求层次，消费需求可分为满足生存、享受、发展等不同类型资料；根据消费品提供的不同形态可分为实务、劳务或服务的不同消费结构（尹世杰，1988）。在进行实证研究时，我们根据《中国统计年鉴》，将城乡居民消费支出划分为八类，即交通通信支出、生活用品及服务支出、居住支出、食品支出、医疗保健支出、衣着支出、教育娱乐文化支出和其他支出。图 6-1 和图 6-2 分别为城乡居民消费结构的变化路径。

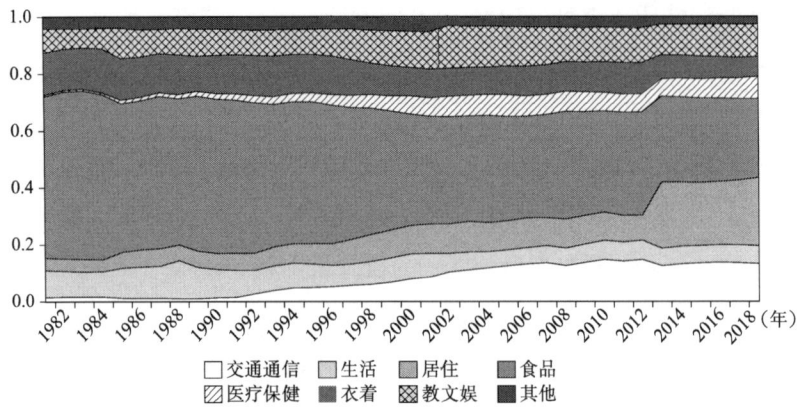

图6-1 城镇居民消费结构变化路径

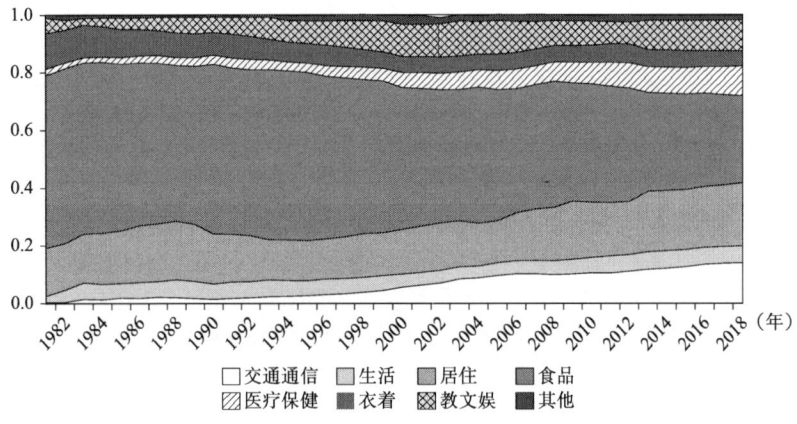

图6-2 农村居民消费结构变化路径

从图6-1和图6-2可以看出，城乡居民高层次消费支出比重逐渐增加，消费结构持续升级。城镇居民的食品、衣着和生活用品及服务支出的初始比重相对较高但下降相对较快，各项消费支出比重分别由1981年的0.567、0.148和0.096下降至2018年的0.277、0.069和0.062；交通通信、居住和医疗保健支出呈相反方向变化，比重增加较快，各项消费支出比重分别由1981年的0.014、0.043和0.006上升至2018年的0.133、0.240和0.078。农村居民食品和衣着支出的初始比重相对较高但下降相对较快，比重分别由1981年的0.598和0.125下降至2018年的0.301和0.053；交通通信、教育文化娱乐和医疗保健支出呈相反方向变化，比重增加较快，各项消费支出比重分别由1981年的0.003、0.053和0.022上升至2018年的0.139、0.107和0.102。

大量研究表明，随着收入增长，食品支出比重会逐渐降低，这种现象被称为"恩格尔定律"。我国城乡居民的恩格尔系数（食品支出总额占个人消费支出总额）的比重持续降低，更高层次消费支出的比重逐步增加，体现出城乡居民消费结构的变化符合恩格尔定律的基本规律。同时，根据联合国粮农组织提出的标准，恩格尔系数低于30%即为非常富裕，30%~40%即为富裕，40%~50%即为小康，50%~59%即为温饱，59%以上即为绝对贫困。2019年，我国城乡居民恩格尔系数分别为27.6%和30.0%，全国居民的恩格尔系数为28.2%。我国城乡居民生活水平逐步提高，城镇居民恩格尔系数下降先行于农村居民，但是趋同特征显现两者差距逐步缩小，居民生活同步进入富裕阶段。

总体上，我国城乡居民高层次消费支出的比重逐渐加大，居民消费结构具有显著的从生存型向发展型过渡的持续升级特征，居民消费从对"量"需求逐步转向为对"质"的需求。城乡居民消费层次由"吃饱穿暖"为代表的传统消费模式向"医疗保健+教育文化娱乐"为代表的新兴消费模式逐渐转变。从发展趋势来看，随着居民收入水平的提高，城乡居民消费结构的相似程度会进一步加强。

6.4 城乡居民消费结构的 β 趋同性及其变化

6.4.1 城乡居民消费结构的 β 趋同性度量

城乡居民消费结构的 β 趋同性主要表现为各项消费支出的基期差异与平均变化速度差异存在负相关关系（Utzig，2017）。图6-3为城乡居民消费支出比重差异变化，图中阴影部分为2018年各项消费支出差异的变化区间。

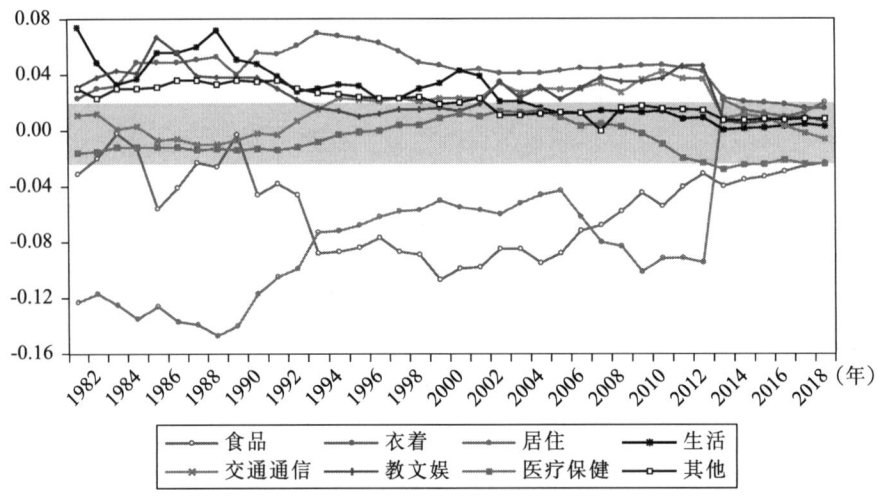

图6-3 城乡居民消费支出比重差异变化路径

从图6-3中可以看出，城乡居民各项消费支出差异随时间推移发生明显变化，各种支出差异总体呈缩小趋势。各项消费支出差异的总体变化区间，从1981年的-0.123至0.074（分别为居住和生活用品及服务）缩小为2018年的-0.024至0.020（分别为医疗保健和居住）。城镇居民交通通信、生活用品及服务、衣着和教育文化娱乐支出比重基本高于农村居民，平均比重差距分别为0.015、0.043、0.027；食品、居住和医疗保健支出比重基本低于农村居民，平均比重差距分别为-0.054、-0.073和-0.007。比重差异平均幅度较强的前三项消费支出依次为居住、食品和衣着，比重平均差距（城镇减农村）分别为-0.073、-0.054和0.043；比重差异波动性较强的三项消费支出依次为居住、食品和生活用品及服务，比重变化的标准差分别为0.049、0.030和0.020。

如果给定基期城乡居民消费结构的基本形态，要判断城乡居民消费结构是否具有β趋同性，则需要对两者之间变动速度的对比关系进行度量与分析。借鉴Liobikiene和Mandravickaite（2013）、顾华祥（2012）等学者的思路，本章利用如下指标衡量城乡居民单项消费支出的速度变化差异：

$$ICR_{n,t} = \Delta w^r_{n,t} - \Delta w^u_{n,t} \qquad (6.13)$$

其中，$w^r_{n,t}$ 和 $w^u_{n,t}$，$(n = 1,\cdots,N)$ 分别为城乡居民各项消费支出在 t 时刻占总消费支出的比重，N 为消费支出的项目数。$\Delta w^r_{n,t} = (w^r_{n,t} - w^r_{n,t-k})/k$，$\Delta w^u_{n,t} = (w^u_{n,t} - w^u_{n,t-k})/k$，$k$ 为时间长度。如果 $ICR_{n,t} > 0$，则农村居民某项消费支出比重的增加（或减少）速度高于（或低于）城镇居民；如果 $ICR_{n,t} < 0$，则农村居民某项消费支出比重的增加（或减少）速度低于（或高于）城镇居民。图 6-4 描述了 1981~2018 年城乡居民各项消费支出平均变化速度差异（横轴）与期初（1981 年）比重差异（纵轴）的相关性。从图 6-4 中可以看出，两者之间存在着明显的负相关关系，说明总体上城乡居民消费结构的变化具有 β 趋同性。

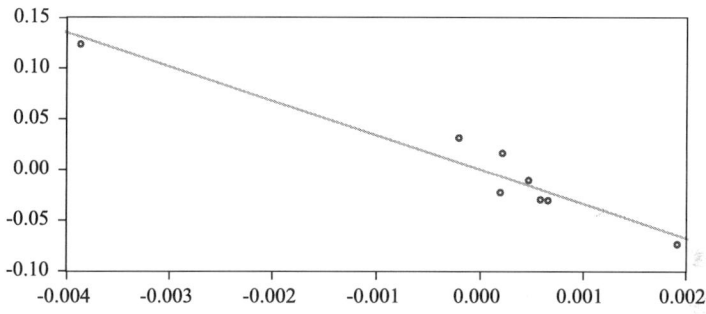

图 6-4　城乡居民消费结构期初形态与平均变化速度的相关性

本章进一步构建非线性 MS(M)-AR(p) 模型分析城乡居民消费结构速度差异及 β 趋同性的变化过程。为了更加精确刻画消费结构的区制转移性，估计模型时利用三次样条插值法将年度数据转换为季度数据。ADF 和 PP 单位根检验结果表明，城乡居民各项消费支出的 $ICR_{n,t}$ 序列在 5% 的显著性水平下均为平稳序列。综合考虑 MS(M)-AR(p) 模型的区制数量 M 为 2 或者 3，滞后阶数 p 为 1 至 8 的不同情形，我们估计了 $ICR_{n,t}$ 序列的 MS(M)-AR(p) 模型，并且根据 AIC 准则、对数似然值和参数显著性等选择模型的具体设定形式。比较而言，利用三区制 MS(3)-AR(p) 模型总体上较为适合刻画各 $ICR_{n,t}$ 序列的非线性变化过程。表 6-1 为模型的参数估计结果。

表6-1 城乡居民消费结构变化速度差异的MS（3）－AR（p）模型估计结果

参数\对象	食品 $ICR_{1,t}$	衣着 $ICR_{2,t}$	居住 $ICR_{3,t}$	生活 $ICR_{4,t}$	交通通信 $ICR_{5,t}$	教文娱 $ICR_{6,t}$	医疗保健 $ICR_{7,t}$	其他 $ICR_{8,t}$
$v(1)$	-0.0025 (0.0002)	-0.0016 (0.0002)	-0.0049 (0.0008)	-0.0018 (0.0001)	-0.0004 (0.0001)	-0.0015 (0.0002)	-0.0005 (0.0001)	-0.0031 (0.0007)
$v(2)$	-0.0004 (0.0001)	-0.0000 (0.0000)	-0.0002 (0.0001)	-0.0000 (0.0000)	0.0013 (0.0002)	0.0002 (0.0001)	0.0001 (0.0001)	-0.0002 (0.0001)
$v(3)$	0.0016 (0.0005)	0.0012 (0.0002)	0.0006 (0.0004)	0.0010 (0.0002)	0.0034 (0.0004)	0.0029 (0.0005)	0.0006 (0.0002)	0.0022 (0.0003)
$A_1(1)$	1.6728 (0.0360)	1.5828 (0.0433)	2.0396 (0.0483)	1.6859 (0.0230)	1.7104 (0.0362)	1.7584 (0.0335)	1.7300 (0.0526)	0.8800 (0.0931)
$A_2(1)$	-0.9371 (0.0396)	-0.8833 (0.0402)	-1.4058 (0.0600)	-0.9449 (0.0216)	-0.9325 (0.0359)	-1.0857 (0.0371)	-0.9584 (0.0689)	—
$A_1(2)$	1.6552 (0.0201)	1.6188 (0.0471)	1.9272 (0.0411)	1.6785 (0.0310)	1.4457 (0.0435)	1.6357 (0.0292)	1.5998 (0.1308)	0.8520 (0.0396)
$A_2(2)$	-0.8683 (0.0180)	-0.7842 (0.0387)	-1.0315 (0.0459)	-0.8181 (0.0261)	-0.7613 (0.0348)	-0.7504 (0.0287)	-0.9260 (0.0832)	—
$A_1(3)$	1.7225 (0.0458)	1.7448 (0.0473)	1.3423 (0.0497)	1.6755 (0.0451)	1.8947 (0.0688)	1.7199 (0.0492)	1.7690 (0.0643)	0.8769 (0.0486)
$A_2(3)$	-0.9638 (0.0479)	-0.9598 (0.0449)	-0.6054 (0.0373)	-0.8670 (0.0405)	-1.3291 (0.0893)	-0.9628 (0.0496)	-0.8985 (0.0615)	—
$\varepsilon(1)$	0.0005	0.0009	0.0022	0.0003	0.0007	0.0010	0.0003	0.0025
$\varepsilon(2)$	0.0006	0.0002	0.0008	0.0002	同区制1	0.0004	0.0002	0.0007
$\varepsilon(3)$	0.0029	0.0007	0.0022	0.0011	同区制1	0.0015	0.0004	0.0015

从表6-1中可以看出，大部分参数估计结果显著，模型的总体效果较好，能够刻画城乡居民消费结构变化速度差异的情况。根据模型估计结果，可以计算不同区制下各项消费支出的 $ICR_{n,t}$ 均值，进而可以通过计算不同区制下单项消费支出 $ICR_{n,t}$ 均值与其期初（设定基期为1981年）比重差距的比值作为趋同系数①，度量单项消费支出变化的 β 趋同性。如果趋同系数为

---

① 文中将计算结果称为趋同系数。

负值则具有 β 趋同性，并且其绝对值越大趋同性越强。根据 β 趋同系数由正值向负值的变化次序，本章从 β 趋同视角出发，将各项消费支出的变化描述为"β 趋异区制""β 稳定区制"和"β 趋同区制"。三种 β 趋同区制的趋同系数（分别表示为 β^D、β^S 和 β^C）的计算结果如表 6-2 所示。

表 6-2　　城乡居民消费结构不同 β 趋同区制的趋同系数

趋同系数	食品	衣着	居住	生活	交通通信	教文娱	医疗保健	其他
β^D	0.2139	0.2315	0.0185	0.0939	0.1637	0.1478	0.2896	0.8611
β^S	-0.0606	0.0000	-0.0156	0.0000	-0.3745	-0.0562	0.0192	0.0450
β^C	-0.3051	-0.2427	-0.1088	-0.0706	-0.7115	-0.3851	-0.1368	-0.5957

从表 6-2 中可以看出，各项消费支出的 β^D、β^S 和 β^C 具有明显差异，体现了各项消费支出 β 趋同性及其强度在不同区制中的转变。各项消费支出的 β^D 均为正值，β^C 均为负值，并且对比 β^D 和 β^C 的绝对值可以看出，多数消费支出的 β^C 绝对值大于 β^D 绝对值，说明城乡居民消费结构在"β 趋同区制"中的变化强度大于"β 趋异区制"，具有非对称性。

医疗保健、衣着和食品等支出的 β^D 值相对较大，说明这些消费支出处于"β 趋异区制"的趋异强度相对较大，可能会引起城乡居民消费结构差异性增强。交通通信、教育文化娱乐和食品等支出的 β^C 绝对值相对较大，说明这些消费支出处于"β 趋同区制"的趋同强度相对较大，可能会引起城乡居民消费结构相似性增强。食品、居住、交通通信和教育文化娱乐支出的 β^S 为负值，说明这些消费支出在"β 稳定区制"中仍然具有趋同性，只是相对于"β 趋同区制"的趋同性较弱。衣着、生活用品及服务支出的 β^S 近似为 0，医疗保健支出的 β^S 为正值，说明这些消费支出在"β 稳定区制"中不具有趋同性。

6.4.2　城乡居民消费结构 β 趋同性的区制划分

利用 MS(M)-AR(p) 模型可以计算城乡居民消费结构不同 β 趋同区制的平滑概率。图 6-5 为"β 稳定区制"的平滑概率。

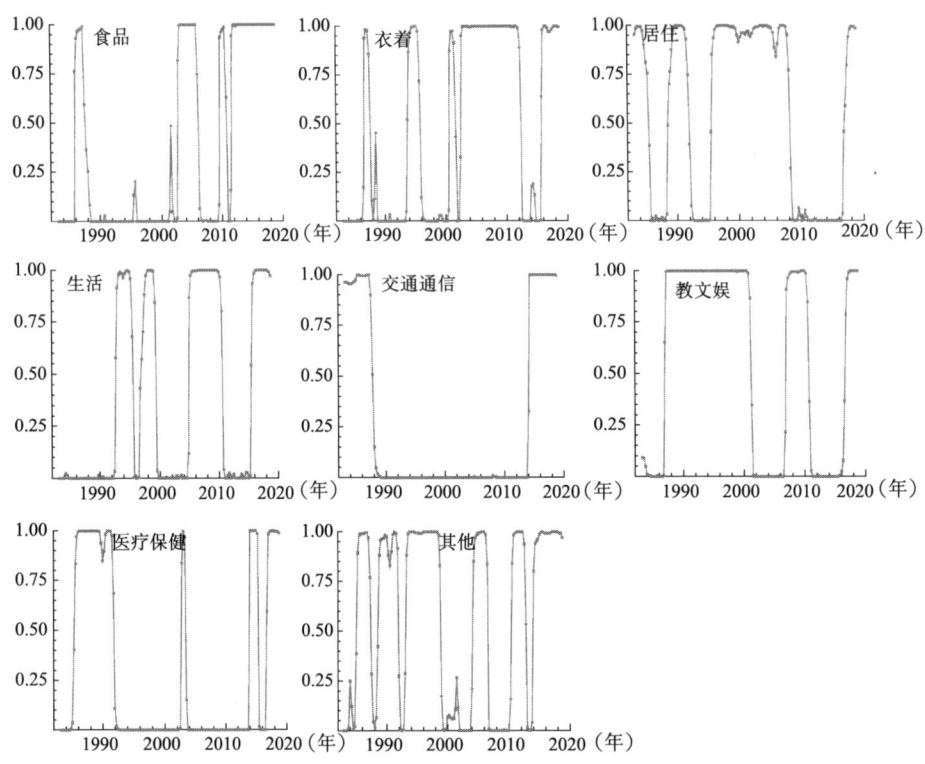

图 6-5 城乡居民各项消费支出"β 稳定区制"的平滑概率

根据平滑概率的估计结果，可以进行各项消费支出 β 趋同区制的时间性划分。总体上，食品、居住和教育文化支出具有 β 趋同性的时间长于不具有 β 趋同性的时间，衣着、生活用品及服务、交通通信和医疗保健支出则相反。从变化趋势来看，各项消费支出基本上从变化强度相对较大的"β 趋异区制"和"β 趋同区制"状态逐步转向"β 稳定区制"，并且食品、居住、交通通信和教育文化娱乐支出在该区制中仍然具有趋同性，说明这些支出对近期城乡居民各项消费支出比重差距缩小的影响相对更大。各项消费支出的 β 趋同区制划分及涵盖时间长度为：

食品支出大体在 1984~1985 年和 1988~2001 年处于"β 趋异区制"；在 1986 年、2002~2005 年、2009~2018 年处于"β 稳定区制"；在 1983 年、1987 年、2001 年和 2006~2008 年处于"β 趋同区制"。城乡居民食品支出具有趋同性的时间（"稳定"和"趋同"区制）长于不具有趋同性的时间（"趋异"区制）。衣着支出大体在1983~1985年、1987年和1989~1992年处于"β趋异区制"；在1986年、1993~1995年、2000年、2002~2011年和2015~2018年处于"β稳定区制"；在1988年、1996~1999年、2001年和2012~2014年处于"β趋同区制"。城乡居民衣着支出具有趋同性的时间（"趋同"区制）短于不具有趋同性的时间（"趋异"和"稳定"区制）。

居住支出大体在1985~1987年、1994年、2008~2011年和2014~2016年处于"β趋异区制"；在1983~1984年、1988~1991年、1995~2007年和2017~2018年处于"β稳定区制"；在1992~1993年和2012~2013年处于"β趋同区制"。城乡居民居住支出具有趋同性的时间（"稳定"和"趋同"区制）长于不具有趋同性的时间（"趋异"区制）。

生活用品及服务支出大体在1985~1987年和1999~2000年处于"β趋异区制"；在1992~1994年、1997~1998年、2005~2009年和2015~2018年处于"β稳定区制"；在1983~1984年、1988~1991年、1995~1996年、2001~2004年和2010~2014年处于"β趋同区制"。城乡居民生活用品及服务支出具有趋同性的时间（"趋同"区制）短于不具有趋同性的时间（"趋异"和"稳定"区制）。

交通通信支出大体在1988~2011年处于"β趋异区制"；在1983~1987年、2014~2018年处于"β稳定区制"；在2012~2013年处于"β趋同区制"。城乡居民交通通信支出具有趋同性的时间（"稳定"和"趋同"区制）短于不具有趋同性的时间（"趋异"区制）。

教育文化娱乐支出在1983~1986年、2001~2003年、2005~2006年、2010~2011年和2015年处于"β趋异区制"；在1987~2000年、2007~2009年和2016~2018年处于"β稳定区制"；在2004年和2012~2014年处于"β趋同区制"。城乡居民教育文化娱乐支出具有趋同性的时间（"稳定"和"趋同"区制）长于不具有趋同性的时间（"趋异"区制）。

医疗保健支出在2004~2013年处于"β趋异区制"；在1985~1991年、2002年、2014年和2016~2018年处于"β稳定区制"；在1983~1984年、1992~2001年、2003年和2015年处于"β趋同区制"。城乡居民医疗保健支

出具有趋同性的时间（"趋同"区制）短于不具有趋同性的时间（"趋异"和"稳定"区制）。

6.4.3 城乡居民消费结构 β 趋同性的区制状态

利用 MS(M) - AR(p) 模型可以计算到城乡居民消费结构不同 β 趋同区制的转移概率矩阵。表 6-3 为转移概率矩阵计算结果。

表 6-3　　城乡居民消费结构不同 β 趋同区制的转移概率矩阵

食品	衣着	居住	生活
$\begin{bmatrix} 0.9527 & 0.0322 & 0.0151 \\ 0.0001 & 0.9288 & 0.0711 \\ 0.0876 & 0.0950 & 0.8174 \end{bmatrix}$	$\begin{bmatrix} 0.9100 & 0.0733 & 0.0167 \\ 0.0149 & 0.9287 & 0.0564 \\ 0.0279 & 0.0828 & 0.8894 \end{bmatrix}$	$\begin{bmatrix} 0.9212 & 0.0637 & 0.0151 \\ 0.0417 & 0.9406 & 0.0177 \\ 0.1036 & 0.0000 & 0.8964 \end{bmatrix}$	$\begin{bmatrix} 0.8964 & 0.0000 & 0.1036 \\ 0.0177 & 0.9406 & 0.0417 \\ 0.0151 & 0.0637 & 0.9212 \end{bmatrix}$
交通通信	教文娱	医疗保健	其他
$\begin{bmatrix} 0.9889 & 0.0004 & 0.0107 \\ 0.0283 & 0.9717 & 0.0000 \\ 0.0009 & 0.1802 & 0.8189 \end{bmatrix}$	$\begin{bmatrix} 0.8874 & 0.0685 & 0.0441 \\ 0.0282 & 0.9718 & 0.0000 \\ 0.1291 & 0.0010 & 0.8699 \end{bmatrix}$	$\begin{bmatrix} 0.9716 & 0.0284 & 0.0000 \\ 0.0000 & 0.9225 & 0.0775 \\ 0.0168 & 0.0493 & 0.9339 \end{bmatrix}$	$\begin{bmatrix} 0.7982 & 0.0790 & 0.1228 \\ 0.0001 & 0.9294 & 0.0705 \\ 0.0830 & 0.1369 & 0.7801 \end{bmatrix}$

从表 6-3 中可以看出，各种消费支出不同 β 趋同区制的自身持续概率均较高，达到 0.8 以上，高于区制间的转移概率，因此三种区制均具有一定的稳定性。多数情况下，各项消费支出相邻 β 趋同区制间的转移概率大于非相邻区制间的转移概率。例如，食品、衣着和医疗保健支出不仅相邻 β 趋同区制间的转移概率大于非相邻区制间的转移概率，并且由"β 稳定区制"向"β 趋同区制"转移的概率大于向"β 趋异区制"转移的概率，说明城乡居民这些消费支出 β 趋同性的变化相对稳定，并且如果趋同性发生改变，则具有强化趋势。但是，居住、生活用品及服务、交通通信和教育文化娱乐支出 β 趋同性变化可能出现跨区制转移情况。居住和教育文化娱乐支出由"β 趋同区制"向"β 趋异区制"转移的概率大于向"β 稳定区制"转移的概率；生活用品及服务和交通通信支出由"β 趋异区制"向"β 趋同区制"转移的概率大于向"β 稳定区制"转移的概率。

表 6-4 为根据（6.12）式计算得到的城乡居民消费结构不同 β 趋同区

制的持续期。

表 6-4　　　　　城乡居民消费结构不同 β 趋同区制的持续期

区制	食品	衣着	居住	生活	交通通信	教文娱	医疗保健	其他
β 趋异区制	21.15	11.11	9.22	9.65	89.93	8.88	35.16	4.95
β 稳定区制	14.05	14.03	21.37	16.83	35.31	35.43	12.90	14.16
β 趋同区制	5.48	9.04	9.17	12.69	5.52	7.68	15.13	4.55

从表 6-4 中可以看出，各种消费支出不同 β 趋同区制的持续期具有明显差异。食品、交通通信和医疗保健支出的"β 趋异区制"持续期最长。食品和交通通信支出的"β 稳定区制"持续期居中，"β 趋同区制"持续期最短；医疗保健支出的"β 趋同区制"持续期居中，"β 稳定区制"持续期最短。衣着、居住、生活用品及服务和教育文化娱乐支出的"β 稳定区制"持续期最长。衣着、居住和教育文化娱乐支出的"β 趋异区制"持续期居中，"β 趋同区制"持续期最短；生活用品及服务支出的"β 趋同区制"持续期居中，"β 趋异区制"持续期最短。

6.5　城乡居民消费结构的 σ 趋同性及其变化

6.5.1　城乡居民消费结构的 σ 趋同性度量

城乡居民消费结构的 σ 趋同性主要表现为城乡居民整体消费结构及各项消费支出比重相似性的增强（Utzig，2017）。借鉴 Malina（2006）、Utzig（2017）等学者思路，本章利用 Bray – Curtis 指数度量与分析我国城乡居民消费结构的 σ 趋同性。Bray – Curtis 指数的计算公式为：

$$BC_t = 1 - \frac{\sum_{n=1}^{N} |w_{n,t}^r - w_{n,t}^u|}{\sum_{n=1}^{N} |w_{n,t}^r + w_{n,t}^u|} \tag{6.14}$$

其中，$w_{n,t}^r$ 和 $w_{n,t}^u$，$(n = 1, \cdots, N)$ 为每个观测对象的单独结构因子，即城乡居民各项消费支出占总消费支出的比重。N 为结构性因子数目，即城乡居民消费支出的项目数。BC_t 为 Bray – Curtis 指数值，BC_t 的取值范围在 0 和 1 之间。BC_t 值越接近于 1，表示城乡居民消费结构相似性越强；BC_t 值越接近于 0，表示城乡居民消费结构相似性越弱。进而，如下公式度量城乡消费结构的 σ 趋同性：

$$\Delta BC_t = BC_t - BC_{t-1} \tag{6.15}$$

其中，ΔBC_t 衡量了城乡居民消费结构相似性的变化。如果 $\Delta BC_t > 0$，则城乡居民消费结构的相似性增强，即具有 σ 趋同性；如果 $\Delta BC_t < 0$，则城乡居民消费结构的相似性减弱，即不具有 σ 趋异性。ΔBC_t 的数值大小衡量了 σ 趋同性或者趋异性的强弱。在具体分析时，本章用 TBC_t 表示城乡居民总体消费结构的 ΔBC_t，用 $IBC_{n,t}$ 表示具体消费支出的 ΔBC_t。

图 6 – 6 为城乡居民总体消费结构和各项消费支出的 BC_t 指数变化路径，图中阴影部分为 2018 年总体消费结构和各项消费支出 BC_t 指数的变化区间。

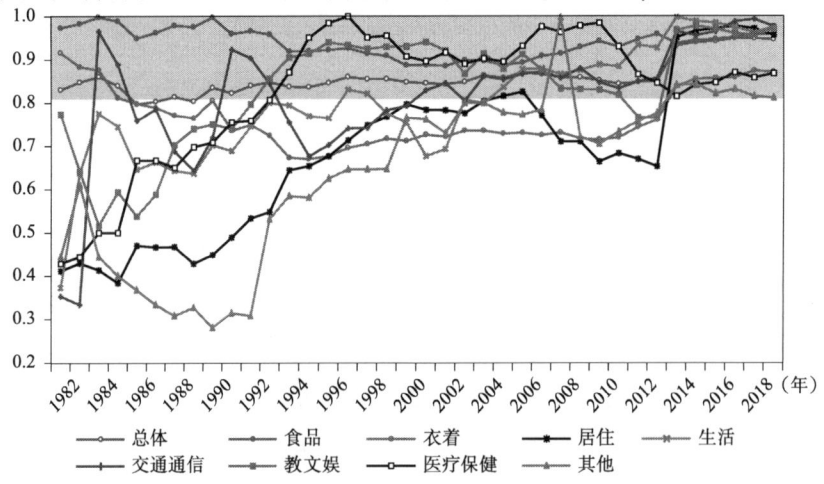

图 6 – 6　城乡居民总体消费结构和各项消费支出的相似性变化路径

第6章
城乡居民消费结构的趋同特征及阶段转变

从图6-6中可以看出,城乡居民总体消费结构和各项消费支出BC_t指数随时间推移发生明显变化,总体上各BC_t指数呈上升趋势,城乡居民消费结构相似性显著增强。城乡居民总体消费结构BC_t指数由1981年的0.831上升至2018年的0.946,平均增长幅度为0.003,这说明我国城乡居民消费结构的总体相似性逐步增强,具有σ趋同性特征。各项消费支出BC_t指数的总体变化区间,从1981年的0.353至0.973(分别为交通通信和食品)上升至2018年的0.812至0.977(分别为其他支出和交通通信),各种消费支出相似性提升,推动了整体居民消费结构相似性提升。BC_t指数平均值较高的前三项消费支出依次为食品、教育文化娱乐和医疗保健支出,平均值分别为0.939、0.834和0.823。BC_t指数波动性较强的前三项消费支出依次为其他支出、医疗保健和居住,BC_t指数标准差分别为0.196、0.183和0.156。

本章通过构建城乡居民消费结构的TBC_t和各项消费支出的$IBC_{n,t}$的非线性MS(M)-AR(p)模型分析城乡居民消费结构速度差异及σ趋同性的变化过程。ADF和PP单位根检验结果表明,城乡居民消费结构的TBC_t和各项消费支出的$IBC_{n,t}$序列在5%的显著性水平下均为平稳序列。综合考虑MS(M)-AR(p)模型的区制数量M为2或者3,滞后阶数p为1至8的不同情形,我们估计了TBC_t和$IBC_{n,t}$序列的MS(M)-AR(p)模型,并且根据AIC准则、对数似然值和参数显著性等选择模型的具体设定形式。比较而言,利用三区制MS(3)-AR(p)模型总体上相对较为适合刻画各个序列的非线性变化过程。表6-5为模型的参数估计结果。

表6-5　城乡居民消费结构相似性变化的MS(3)-AR(p)模型估计结果

参数\对象	总体 TBC_t	食品 $IBC_{1,t}$	衣着 $IBC_{2,t}$	居住 $IBC_{3,t}$	生活 $IBC_{4,t}$	交通通信 $IBC_{5,t}$	教文娱 $IBC_{6,t}$	医疗保健 $IBC_{7,t}$	其他 $IBC_{8,t}$
$\nu(1)$	-0.0016 (0.0002)	-0.0040 (0.0002)	-0.0065 (0.0005)	-0.0020 (0.0006)	-0.0184 (0.0020)	-0.0136 (0.0011)	-0.0078 (0.0014)	-0.0038 (0.0008)	-0.0097 (0.0012)
$\nu(2)$	0.0003 (0.0001)	-0.0007 (0.0002)	0.0007 (0.0002)	0.0066 (0.0006)	-0.0010 (0.0009)	0.0013 (0.0005)	-0.0006 (0.0003)	0.0036 (0.0007)	0.0027 (0.0006)
$\nu(3)$	0.0029 (0.0008)	0.0020 (0.0002)	0.0063 (0.0010)	0.0140 (0.0013)	0.0199 (0.0018)	0.0227 (0.0040)	0.0082 (0.0010)	0.0155 (0.0021)	0.0201 (0.0024)

续表

对象 参数	总体 TBC_t	食品 $IBC_{1,t}$	衣着 $IBC_{2,t}$	居住 $IBC_{3,t}$	生活 $IBC_{4,t}$	交通通信 $IBC_{5,t}$	教文娱 $IBC_{6,t}$	医疗保健 $IBC_{7,t}$	其他 $IBC_{8,t}$
$A_1(1)$	1.7915 (0.0227)	1.6954 (0.0234)	1.6482 (0.0351)	1.7941 (0.0450)	0.9253 (0.0268)	1.6503 (0.0164)	1.6942 (0.0257)	1.7359 (0.0549)	1.3964 (0.0232)
$A_2(1)$	-0.9306 (0.0235)	-0.9635 (0.0235)	-0.9175 (0.0320)	-0.9922 (0.0477)	—	-0.8335 (0.0145)	-0.8511 (0.0257)	-0.8891 (0.0511)	-0.6700 (0.0216)
$A_1(2)$	同区制1	1.6231 (0.0223)	1.7330 (0.0574)	1.3420 (0.0264)	0.8847 (0.0201)	同区制1	同区制1	1.5642 (0.0348)	1.6289 (0.0232)
$A_2(2)$	同区制1	-0.8749 (0.0178)	-0.9150 (0.0595)	-0.6077 (0.0207)	—	同区制1	同区制1	-0.7906 (0.0307)	-0.8078 (0.0217)
$A_1(3)$	同区制1	1.6677 (0.0372)	1.7118 (0.0593)	1.9844 (0.0315)	0.8750 (0.0464)	同区制1	同区制1	1.7705 (0.0776)	1.8564 (0.0289)
$A_2(3)$	同区制1	-0.9333 (0.0415)	-0.9122 (0.0633)	-1.3345 (0.0391)	—	同区制1	同区制1	-1.0593 (0.0900)	-1.2858 (0.0348)
$\varepsilon(1)$	0.0009	0.0011	0.0026	0.0047	0.0096	0.0042	0.0058	0.0034	0.0040
$\varepsilon(2)$	0.0007	0.0008	0.0017	0.0029	0.0052	0.0044	0.0017	0.0028	0.0046
$\varepsilon(3)$	0.0046	0.0011	0.0036	0.0043	0.0090	0.0122	0.0058	0.0056	0.0081

从表6-5中可以看出，大部分参数估计结果显著，模型的总体效果较好，能够刻画城乡居民消费结构趋同性的变化情况。根据模型估计结果，可以计算不同区制下各项消费支出的 TBC_t 和 $IBC_{n,t}$ 均值作为趋同系数，度量城乡居民总体消费结构和单项消费支出变化的 σ 趋同性[①]。如果趋同系数为正值则具有 σ 趋同性，并且其绝对值越大 σ 趋同性越强。根据 σ 趋同系数由负值向正值的变化次序，本章从 σ 趋同视角出发，将各项消费支出的变化描述为"σ 趋异区制""σ 稳定区制"和"σ 趋同区制"。三种 σ 趋同区制的趋同系数（分别表示为 σ^D、σ^S 和 σ^C）的计算结果，如表6-6所示。

---

① 文中将计算结果称为趋同系数。

表6-6　城乡居民消费结构不同 σ 趋同区制的趋同系数

趋同系数	总体	食品	衣着	居住	生活	交通通信	教文娱	医疗保健	其他
σ^D	-0.0115	-0.0149	-0.0241	-0.0101	-0.2463	-0.0742	-0.0497	-0.0248	-0.0355
σ^S	0.0022	-0.0028	0.0038	0.0248	-0.0087	0.0071	-0.0038	0.0159	0.0151
σ^C	0.0208	0.0075	0.0314	0.0400	0.1592	0.1239	0.0523	0.0537	0.0468

从表6-6中可以看出，城乡居民总体消费结构和各项消费支出的 σ^D、σ^S 和 σ^C 具有明显差异，体现了各项消费支出 σ 趋同性及其强度在不同区制中的转变。城乡居民总体消费结构和各项消费支出的 σ^D 均为负值，σ^C 均为正值，并且对比 σ^D 和 σ^C 的绝对值可以看出，多数消费支出的 σ^C 绝对值大于 σ^D 绝对值，说明城乡居民消费结构在"σ 趋同区制"中的变化强度大于"σ 趋异区制"，具有非对称性。

生活用品及服务、交通通信和教育文化娱乐等支出的 σ^D 绝对值相对较大，说明这些消费支出处于"σ 趋异区制"的趋异强度相对较大，可能会引起城乡居民消费结构差异性增强。生活用品及服务、交通通信和医疗保健等支出的 σ^C 值相对较大，说明这些消费支出处于"σ 趋同区制"的趋同强度相对较大，可能会引起城乡居民消费结构相似性增强。衣着、居住、交通通信和医疗保健支出的 σ^S 为正值，说明这些消费支出在"σ 稳定区制"中仍然具有趋同性，但相对于"σ 趋同区制"的趋同性较弱。食品、生活用品及服务和教育文化娱乐支出的 σ^S 为负值，这些消费支出在"σ 稳定区制"中，不具有趋同性。

6.5.2　城乡居民消费结构 σ 趋同性的区制划分

利用 MS(M)-AR(p) 模型可以计算城乡居民消费结构不同 σ 趋同区制的平滑概率。图6-7为"σ 稳定区制"的平滑概率。

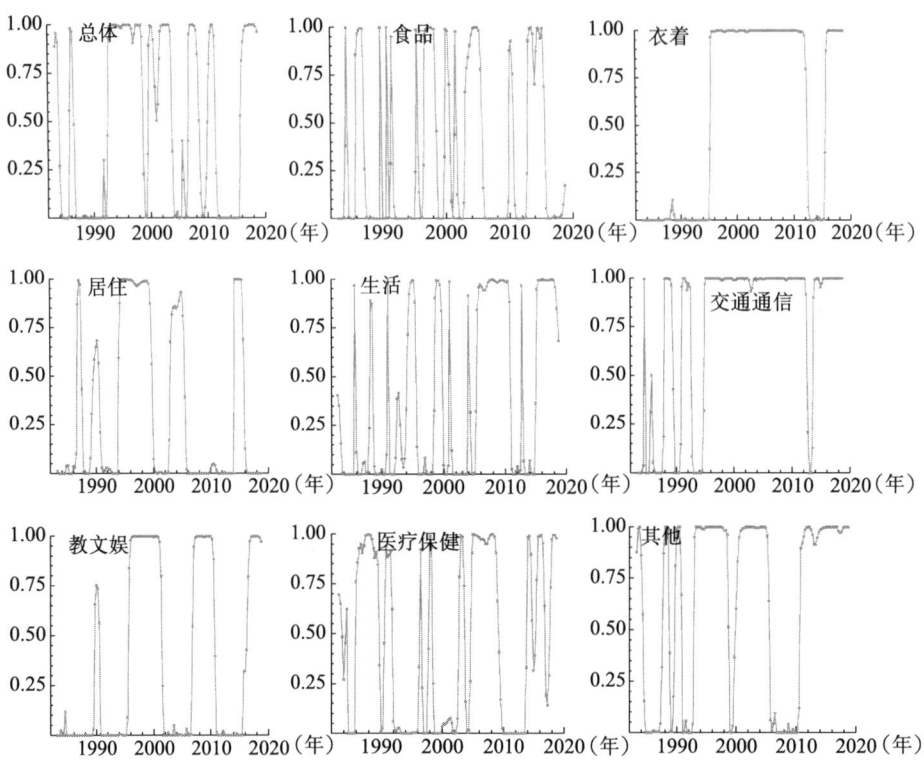

图6-7 城乡居民各项消费支出"σ稳定区制"的平滑概率

根据平滑概率的估计结果，可以进行各项消费支出σ趋同区制的时间性划分。城乡居民总体消费结构具有σ趋同性的时间长于不具有σ趋同性的时间。衣着、交通通信和医疗保健支出具有σ趋同性的时间长于不具有σ趋同性的时间，食品、生活用品及服务、居住和教育文化娱乐支出则相反。从变化趋势来看，除食品支出外，城乡总体居民消费结构以及各项消费支出基本上从变化强度相对较大的"σ趋异区制"和"σ趋同区制"状态逐步转向"σ稳定区制"，城乡居民消费结构整体具有趋同性，以及衣着、居住、交通通信和医疗保健支出具有趋同性。食品支出则逐渐转变为处于"σ趋同区制"状态。各项消费支出的σ趋同区制划分及涵盖时间长度为：

城乡居民总体消费结构大体在1984年、1986~1987年、1998年、2003年、2005年、2008~2009年和2011年处于"σ趋异区制"；在1983年、

1985年、1992~1997年、1999~2002年、2006~2007年、2010年和2015~2018年处于"σ稳定区制";在1988~1991年、2004年和2012~2014年处于"σ趋同区制"。城乡居民总体消费结构具有趋同性的时间("稳定"和"趋同"区制)长于不具有趋同性的时间("趋异"区制)。

食品支出大体在1984~1985年、1991~1994年和1998~2000年处于"σ趋异区制";在1986年、1989~1990年、1996~1997年、2003~2004年和2013~2014年处于"σ稳定区制";在1983年、1987~1988年、1995年、2001~2002年、2005~2012年和2015~2018年处于"σ趋同区制"。城乡居民食品支出具有趋同性的时间("趋同"区制)短于不具有趋同性的时间("趋异"和"稳定"区制)。

衣着支出大体在1983~1987年、1989年和1991~1994年处于"σ趋异区制";在1995~2011年和2015~2018年处于"σ稳定区制";在1988年、1990年和2012~2014年处于"σ趋同区制"。城乡居民衣着支出具有趋同性的时间("稳定"和"趋同"区制)长于不具有趋同性的时间("趋异"区制)。

居住支出大体在1983~1985年、1987~1988年、2000~2002年、2005-2011年和2016~2018年处于"σ趋异区制";在1986年、1989年、1994~1999年、2003~2004年和2014~2015年处于"σ稳定区制";在1990~1993年和2012~2013年处于"σ趋同区制"。城乡居民居住支出具有趋同性的时间("稳定"和"趋同"区制)短于不具有趋同性的时间("趋异"区制)。

生活用品及服务支出大体在1983~1984年、1987年、1990年、1992~1993年、1997年、2000年、2003年和2014年处于"σ趋异区制";在1985年、1994年、1998~1999年、2005~2010年、2012年和2015~2018年处于"σ稳定区制";在1986年、1988~1989年、1991年、1995~1996年、2001~2002年、2004年、2011年和2013年处于"σ趋同区制"。城乡居民生活用品及服务支出具有趋同性的时间("趋同"区制)短于不具有趋同性的时间("稳定"和"趋异"区制)。

交通通信支出大体在1986~1987年和1992~1994年处于"σ趋异区

制"；在1985年、1988年、1991年、1995~2011年和2013~2018年处于"σ稳定区制"；在1983~1984年、1989~1990年和2012年处于"σ趋同区制"。城乡居民交通通信支出具有趋同性的时间（"稳定"和"趋同"区制）长于不具有趋同性的时间（"趋异"区制）。

教育文化娱乐支出在1983~1984年、2001年、2003年、2005年和2010~2011年处于"σ趋异区制"；在1989年、1995~2000年、2006~2009年和2016~2018年处于"σ稳定区制"；在1985~1988年、1990~1994年、2002年、2004年和2012~2015年处于"σ趋同区制"。城乡居民教育文化娱乐支出具有趋同性的时间（"趋同"区制）短于不具有趋同性的时间（"趋异"和"稳定"区制）。

医疗保健支出在1983年、1996~1997年、1998~2001年、2003~2004年和2009~2013年处于"σ趋异区制"；在1986~1988年、1990~1991年、2002年、2004~2008年和2014~2018年处于"σ稳定区制"；在1984~1985年、1989年和1992~1995年处于"σ趋同区制"。城乡居民医疗保健支出具有趋同性的时间（"稳定"和"趋同"区制）长于不具有趋同性的时间（"稳定"区制）。

6.5.3 城乡居民消费结构σ趋同性的区制状态

利用MS(M)-AR(p)模型可以计算到城乡居民消费结构不同σ趋同区制的转移概率矩阵。表6-7为转移概率矩阵计算结果。

从表6-7可以看出，城乡居民总体消费结构和各项消费支出不同σ趋同区制的自身持续概率均较高，达到0.75以上，高于区制间的转移概率，因此三种区制均具有一定的稳定性。总体消费结构相邻区制间的转移概率大于非相邻区制间的转移概率，由"σ稳定区制"向"σ趋异区制"转移的概率大于向"σ趋同区制"转移的概率，说明如果城乡居民消费结构如果出现σ趋同状态，那么这种趋同更可能进一步弱化而不是强化。多数情况下，各项消费支出相邻σ趋同区制间的转移概率大于非相邻区制间的转移概率。食品、居住、交通通信和医疗保健支出相邻区制间的转移概率大于非相邻区制

第6章
城乡居民消费结构的趋同特征及阶段转变

表6-7　城乡居民消费结构不同 σ 趋同区制的转移概率矩阵

总体	食品	衣着	居住	生活
$\begin{bmatrix} 0.7603 & 0.1570 & 0.0827 \\ 0.1058 & 0.8921 & 0.0021 \\ 0.0425 & 0.0608 & 0.8966 \end{bmatrix}$	$\begin{bmatrix} 0.8356 & 0.1644 & 0.0000 \\ 0.1086 & 0.7296 & 0.1619 \\ 0.0000 & 0.1171 & 0.8829 \end{bmatrix}$	$\begin{bmatrix} 0.9283 & 0.0263 & 0.0454 \\ 0.0000 & 0.9851 & 0.0149 \\ 0.1026 & 0.0533 & 0.8441 \end{bmatrix}$	$\begin{bmatrix} 0.9437 & 0.0379 & 0.0184 \\ 0.0953 & 0.8869 & 0.0178 \\ 0.0001 & 0.1073 & 0.8926 \end{bmatrix}$	$\begin{bmatrix} 0.7911 & 0.2072 & 0.0017 \\ 0.0447 & 0.8092 & 0.1461 \\ 0.1618 & 0.0433 & 0.7949 \end{bmatrix}$

	交通通信	教文娱	医疗保健	其他
	$\begin{bmatrix} 0.8365 & 0.1633 & 0.0001 \\ 0.0142 & 0.9545 & 0.0313 \\ 0.0868 & 0.1571 & 0.7561 \end{bmatrix}$	$\begin{bmatrix} 0.7498 & 0.0550 & 0.1952 \\ 0.0482 & 0.9373 & 0.0145 \\ 0.0788 & 0.0403 & 0.8809 \end{bmatrix}$	$\begin{bmatrix} 0.8592 & 0.1385 & 0.0022 \\ 0.1095 & 0.8417 & 0.0488 \\ 0.0021 & 0.1172 & 0.8806 \end{bmatrix}$	$\begin{bmatrix} 0.8178 & 0.1162 & 0.0659 \\ 0.0465 & 0.9391 & 0.0143 \\ 0.0456 & 0.1133 & 0.8411 \end{bmatrix}$

间的转移概率。食品和交通通信支出由"σ 稳定区制"向"σ 趋同区制"转移的概率大于向"σ 趋异区制"转移,趋同性变化具有强化趋势;居住和医疗保健支出由"σ 稳定区制"向"σ 趋异区制"转移的概率大于向"σ 趋同区制"转移,趋同性变化具有弱化趋势。但是,衣着、生活用品及服务和教育文化娱乐支出的 σ 趋同性变化可能出现跨区制转移的情况,由"σ 趋同区制"向"σ 趋异区制"转移的概率大于向"σ 稳定区制"转移的概率。同时,衣着和教育文化娱乐支出由"σ 趋异区制"向"σ 趋同区制"转移的概率同样大于向"σ 稳定区制"转移的概率。

表 6-8 为根据 (6.12) 式计算得到的城乡居民消费结构不同 σ 趋同区制的持续期。

表 6-8　　城乡居民消费结构不同 σ 趋同区制的持续期

	总体	食品	衣着	居住	生活	交通通信	教文娱	医疗保健	其他
σ 趋异区制	4.17	6.08	13.95	17.76	4.79	6.12	4.00	7.10	5.49
σ 稳定区制	9.27	3.70	67.17	8.84	5.24	22.00	15.95	6.32	16.43
σ 趋同区制	9.67	8.54	6.41	9.31	4.88	4.10	8.40	8.38	6.29

从表 6-8 中可以看出,与 β 趋同类似,城乡居民总体消费结构和各项消费支出不同 σ 趋同区制的持续期同样具有明显差异。城乡居民总体消费结构的"σ 趋同区制"和"σ 稳定区制"的持续期大体相当,并且均长于"σ 趋异区制"。居住支出的"σ 趋异区制"持续期最长,"σ 趋同区制"持续期居中,"σ 稳定区制"持续期最短。衣着、生活用品及服务、交通通信和教育文化娱乐支出的"σ 稳定区制"持续期最长。衣着和交通通信支出的"σ 趋异区制"持续期长于"σ 趋同区制",生活用品及服务和教育文化娱乐支出的"σ 趋同区制"持续期长于"σ 趋异区制"。食品和医疗保健支出的"σ 趋同区制"持续期最长"σ 趋异区制"持续期居中,"σ 稳定区制"持续期最短。

6.6 城乡居民消费结构趋同性变化的成因

我国城乡居民消费平均消费倾向存在一定的联动机制，城镇居民消费对农村居民具有示范效应（谢子远等，2007）。城乡居民平均消费倾向变化不仅会引起城乡居民消费差异，而且是城乡居民消费与收入演化路径存在差异的重要成因（陈宗胜和吴志强，2017）。我们以平均消费倾向作为切入视角，进一步检验与分析我国城乡居民消费结构趋同性变化的原因。从城乡居民平均消费倾向的变化路径来看，随着时间推移，农村居民居住支出的平均消费倾向高于城镇居民，衣着支出的平均消费倾向低于城镇居民，剩余支出的平均消费倾向与城镇居民交替处于高位且在近期基本高于城镇居民，并且城乡居民平均消费倾向与消费结构变化与路径具有一定相似性。进一步地，基于城乡居民消费结构趋同性的区制划分结果，借鉴 Kauppi 和 Saikkonen（2005）等学者的思路，本章构建动态 Probit 模型检验城乡居民平均消费倾向变化与消费结构趋同性变化的相关性。模型的基本形式为：

$$\Pr(CR_t = 1) = \Phi\left(\alpha + \sum_{l=0}^{L} \phi_{l+1} CR_{t-l-1} + \sum_{g=0}^{G} \gamma_g PCG_{t-g}\right) \quad (6.15)$$

其中，$\Phi(\cdot)$ 为标准正态分布的累计分布函数；CR_t 为取值为 0 或 1 二值变量，当城乡居民消费结构或单类别消费支出具有趋同性（β 趋同或者 σ 趋同）时设定取值为 1，反之则设定取值为 0；PCG_t 为城乡居民消费倾向差异变量，用城乡居民总体消费支出和各项消费支出占收入比重之差衡量；α，ϕ_l 和 γ_g 为参数。本章利用极大似然方法对模型进行估计，并且根据对数似然值、参数显著性等确定动态 Probit 模型的具体形式。表 6-9 为模型的估计结果（CRA 和 CRB 分别为根据 β 趋同和 σ 趋同区制划分设定模型被解释变量模型）。

表6-9 城乡居民消费结构趋同性与消费倾向的动态 Probit 模型估计结果

CRA	—	食品	衣着	居住	生活	交通通信	教文娱	医疗保健	其他
α	—	-1.0610 (0.2922)	-0.9991 (0.3017)	—	-0.1622 (0.2219)	-2.0262 (0.7372)	0.4410 (0.2431)	-0.6012 (0.3399)	-1.0914 (0.3497)
ϕ_1	—	—	—	0.3126 (0.1543)	—	2.8880 (0.9313)	—	—	1.4741 (0.5302)
γ_0	—	-0.4927 (0.2747)	0.8265 (0.4653)	-0.0953 (0.0371)	0.6876 (0.3274)	2.7006 (1.4771)	0.6312 (0.3709)	—	-1.8851 (1.0068)
γ_1	—	—	1.1368 (0.5220)	—	—	—	0.8669 (0.3829)	-6.4301 (2.0008)	—
CRB	总体	食品	衣着	居住	生活	交通通信	教文娱	医疗保健	其他
α	—	-05897 (0.3143)	-1.8484 (0.8928)	—	-0.5277 (0.3117)	—	-0.7742 (0.3022)	-0.7904 (0.4172)	—
ϕ_1	0.5426 (0.2658)	1.2850 (0.4787)	5.1896 (1.5887)	0.6177 (0.3651)	—	1.6936 (0.4407)	1.1808 (0.4708)	2.1231 (0.6067)	1.0330 (0.3173)
γ_0	—	-0.3199 (0.1764)	-1.7030 (0.8355)	-0.6337 (0.3027)	1.0482 (0.4284)	1.3033 (0.7229)	—	-1.5796 (0.9641)	—
γ_1	0.1543 (0.0897)	—	—	—	-1.6534 (0.8200)	—	0.4886 (0.2737)	1.5840 (0.8827)	2.4019 (1.1408)

从表6-9中可以看出，大部分参数估计结果显著，模型的总体效果较好，说明城乡居民消费倾向变化对消费结构趋同具有影响，城乡居民消费结构趋同性的区制转移过程体现了城乡居民消费倾向比较关系的阶段性变化。同时，这也体现了随着居民收入水平的提高，由社会环境和心理偏好所决定的消费行为动机是居民消费结构具有趋同性的重要内在驱动要素（Cahlik 等，2005）。自2012年以来，我国农村居民平均消费倾向持续高于城镇居民，两者之间差距从2012年的1.3个百分点上升至2019年的16.9个百分点。城乡居民消费倾向的变化说明农村居民对于高层次消费品的消费偏好逐步增强，新增购买力更倾向于相对高层次的消费品，推动了农村居民消费需求的多样化和高端化，也促进了城乡居民消费结构持续的升级与趋同。因此，提高并正确引导城乡居民特别是农村居民的消费倾向，不仅是缩小城乡

居民消费差距的重要途径，而且对于消费结构升级和产业结构优化具有积极的推动作用。

收入水平是影响我国城乡居民消费倾向的关键性因素，同时社会保障体制、宏观经济波动、消费观念等因素也会对城乡居民消费倾向产生影响（杭斌，2010；陈宗胜和吴志强，2017）。自2008年起，农村居民人均可支配收入实际增速持续高于城镇居民。从我国发展实践来看，随着中央一系列支农惠农政策贯彻落实，农民的收入稳步增加。收入增加带来的，是农民的购买能力和消费意愿进一步增强。我国城镇和农村统筹、以工补农、以城促乡等新农村建设政策促进了农村经济的发展和农民收入水平提升，为农村居民消费倾向增强奠定了基础。流通基础设施建设、消费政策和收入分配政策等方面对农村地区支持力度的加大也促进了农民的购买能力和消费意愿的增强。特别是，互联网信息技术的快速发展，有力推动了我国以电子商务为代表的互联网经济的快速发展，居民消费的选择更具多元化、消费理念和消费模式发生显著变化，也为居民消费结构升级与趋同提供新的动力。同时，城镇化持续推进、非农产业反哺农业、财政政策有效实施等也将为城乡居民收入差距不断缩小提供保障，也促进了城乡居民消费结构在升级与趋同。从国际经验来看，波兰等国家加入欧盟之后，虽然农村居民在基本生活需求方面的消费支出（如食品和非酒精饮料等）所占比重相对较高，而在高层次需求方面的消费支出（通信、娱乐和文化、教育等）所占比重相对较低，但是由于农村地区居民收入的增长速度明显快于城市地区，形成了相对更强的消费倾向和消费能力，农村居民消费模式明显向更具可持续性的城市居民消费模式变化（Mikua，2017）。因此，提高城乡居民收入水平、提高城乡居民消费倾向，是促进消费结构趋同、生活水平趋同的必要途径。

6.7 城乡居民消费结构：进入稳定升级趋同阶段

本章对我国城乡居民消费结构趋同演化的非线性特征进行研究。城乡居民消费结构具有显著的从生存型向发展型过渡的持续升级特征，高层消费支出比重逐渐增加，并且城镇居民消费结构升级先行于农村居民。城乡居民消费结构的总体差异呈缩小趋势，结构相似性显著增强，总体上具有 β 趋同和 σ 趋同性，两种趋同性变化均具有非线性的区制转移特征。在两种趋同视角下，多数消费支出在"趋同区制"下的变化强度大于"趋异区制"，具有非对称性；各项消费支出随时间推移基本上逐步转向变化强度较小的"稳定区制"，并且总体上具有趋同性；各项消费支出的"趋异区制""稳定区制"和"趋同区制"具有一定稳定性，并且多数情况下区制间更可能发生相邻区制转移。城乡居民消费倾向变化对消费结构趋同具有影响，城乡居民消费结构趋同性的区制转移过程体现了城乡居民消费倾向比较关系的阶段性变化。提高城乡居民收入水平、增强并正确引导城乡居民特别是农村居民的消费倾向，是促进消费结构趋同、生活水平趋同的必要途径。

从发展趋势来看，我国城乡居民消费结构具有"稳定趋同"的总体趋势。农村居民的总体平均消费倾向高于城镇居民并且两者差距具有扩大趋势。农村居民消费倾向增强，将进一步推动农村居民消费需求的多样化和高端化，促进城乡居民消费结构持续的升级与趋同。同时，根据经济学家钱纳里的研究，发展中国家人均 GDP 处于 6000 美元 – 12000 美元时，金融、信息、房地产等新兴服务业将快速发展，居民消费快速增长；人均 GDP 高于 12000 美元时，居民消费会呈现出多样化特征。我国人均 GDP 逐年攀升。2019 年，我国 GDP 比上年增长 6.1%，明显高于全球经济平均增速，按汇率法计算的人均 GDP 超过 1 万美元。城镇居民人均可支配收入实际增长 5.0%，农村居民人均可支配收入实际增长 6.2%。随着收入水平的增加，我国城乡居民的消费倾向和消费能力将会增强，消费潜力进一步释放，发展型、享受型消费支出比重持续增大，消费水平和生活质量将不断提高，消费结构也将持续升级与趋同。同时，我国科技创新实力快速提升、城镇化持续推进、产业结构不断优化等因素也会为城乡居民消费需求释放创造良好条件，促进城乡居民消费结构升级与趋同。

我国需要构建以消费为主导的经济增长方式，不断优化需求结构，形成以消费升级引领供给创新、以供给提升创造消费新增长点的持续循环动力。

以提高居民收入水平、缩小城乡收入差距、扩大消费需求为导向,通过调整收入分配格局,完善收入分配机制、建立健全社会保障体系、增强消费者预期和调整消费观念等途径,不断增强城乡居民消费倾向和消费能力、释放农村消费市场潜力。强化正确消费文化的宣传和教育,合理调整居民消费预期和倾向,为居民消费行为的有效引导创造良好环境。促进城乡居民消费结构升级与趋同,为经济增长注入新动能,充分发挥消费对经济增长的"压舱石"作用。

第 7 章 恩格尔系数与区域居民生活质量均衡发展

7.1 恩格尔系数的理论内涵

居民消费结构,特别是恩格尔系数(Engels Coefficient)是能够真实衡量居民生活水平的标准之一。恩格尔系数是根据恩格尔定律而得出的比例数。十九世纪中期,德国统计学家和经济学家恩格尔对比利时不同收入的家庭的消费情况进行了调查,研究了收入增加对消费需求支出构成的影响,提出了带有规律性的原理,由此被命名为恩格尔定律。恩格尔定律的主要内容是,一个家庭收入越少,家庭收入中(或总支出中)用来购买食物的支出所占的比例就越大,随着家庭收入的增加,家庭收入中(或总支出中)用来购买食物的支出比例则会下降。推而广之,一个国家越穷,每个国民的平均收入中(或平均支出中)用于购买食物的支出所占比例就越大,随着国家的富裕,这个比例呈下降趋势。

在总支出金额不变的条件下,恩格尔系数越大,说明用于食物支出的所占金额越多;恩格尔系数越小,说明用于食物支出所占的金额越少,二者成正比。反过来,当食物支出金额不变的条件下,总支出金额与恩格尔系数成反比。因此,恩格尔系数是衡量一个家庭或一个国家富裕程度的主要标准之

第7章
恩格尔系数与区域居民生活质量均衡发展

一。一般来说,在其他条件相同的情况下,恩格尔系数较高,作为家庭来说则表明收入较低,作为国家来说则表明该国较穷。反之,恩格尔系数较低,作为家庭来说则表明收入较高,作为国家来说则表明该国较富裕。

恩格尔系数的计算公式为:

食物支出变动百分比÷总支出变动百分比×100% = 食物支出对总支出的比率 (7.1)

或者:

食物支出变动百分比÷收入变动百分比×100% = 食物支出对收入的比率

(7.2)

根据联合国粮农组织提出的标准,以恩格尔系数为标准,可以将居民生活水平分为五个阶段,更富裕阶段(恩格尔系数小于30%),富裕阶段(恩格尔系数在30%~40%)、小康阶段(恩格尔系数在40%~50%)、勉强度日或温饱阶段(恩格尔系数在50%~60%)、绝对贫困阶段(恩格尔系数高于60%)。

中国是一个人口众多、地域辽阔、发展极不平衡的大国,也是世界上实行单一制的十几亿人口大国,地区发展不平衡性是中国国情的基本特征之一。随着居民收入水平的大幅提高,以及不同区域居民收入差距的不断趋同,各区域居民的消费结构出现显著的变化。本章将着重讨论如下几个基本问题:各地区恩格尔系数的变化趋势如何?按照恩格尔系数标准,居民生活水平的人口分布如何?中央政府需要做什么,地方政府需要做什么?如何充分调动中央与地方"两个积极性"?

7.2 省际居民恩格尔系数的差异变化

我们首先计算了全国各省份的城镇和农村居民恩格尔系数(表7-1)。从整体上看,中国各个省份的城镇和农村居民恩格尔系数持续下降,居民生活水平不断升高。中国改革开放四十年,第一个十年(1980~1990年),中国基本完成了从贫困到温饱的转变；第二个十年（1990~2000年），城镇人口基本完成了从温饱到小康的转变；第三个十年（2000~2010年），农村人口基本完成了从温饱到小康的转变；第四个十年（2010~2020年），城镇与农村人口富裕水平进一步趋同，城镇与农村人口生活水平差距缩小，全面进入小康生活水平。衡量社会发展水平的城乡恩格尔系数，其差异水平在地区间都出现明显的下降。未来一段时期，我国城镇恩格尔系数都在30%以下，将进入更富裕的阶段。

表7-1　　　　全国及各地区分城镇农村居民家庭恩格尔系数

地区	城镇家庭恩格尔系数						农村家庭恩格尔系数					
	1980年	1990年	2000年	2010年	2015年	2020年	1980年	1990年	2000年	2010年	2015年	2020年
北京	55.3	54.2	36.3	32.1	30.7	29.4	54.1	50.7	36.7	32.4	30.9	29.5
天津	54.9	57.9	40.1	35.9	33.1	29.7	56.7	54.0	42.6	41.7	37.5	33.2
河北	60.1	51.2	34.4	32.3	31.6	30.8	56.1	49.1	39.5	35.1	33.5	31.8
山西	54.6	49.0	34.9	31.2	30.1	29.8	59.9	52.9	48.6	37.5	33.9	30.3
内蒙古		43.3	34.5	30.1	28.5	27.0	64.9	59.2	44.8	37.5	33.9	30.3
辽宁		55.3	40.7	35.1	33.5	29.0	56.3	54.1	46.5	38.2	36.0	33.9
吉林	59.2	52.4	39.4	32.3	30.9	29.5	65.3	56.7	45.0	36.7	34.1	31.5
黑龙江	56.9	51.4	38.6	35.4	33.3	29.9	57.7	56.6	44.3	33.8	32.4	31.1
上海	56.0	56.5	44.5	33.5	30.9	28.3	51.7	46.4	44.0	37.3	33.9	30.6
江苏	55.1	55.5	41.1	36.5	34.0	31.4	58.0	52.3	43.5	38.1	35.4	32.6
浙江		55.1	39.2	34.3	32.0	29.8	56.8	46.1	43.5	34.2	32.1	29.9
安徽		57.8	45.7	38.0	36.0	34.0	59.8	58.3	52.5	40.7	38.3	35.9
福建		63.5	44.7	39.3	37.0	34.7		60.0	48.7	46.1	42.9	39.6
江西		59.1	43.0	39.5	36.8	34.1	62.4	63.1	54.5	46.3	42.3	38.2
山东	57.7	51.1	34.7	32.1	30.4	28.7	60.1	54.3	44.2	37.5	34.2	30.9
河南	57.5	54.8	36.2	33.0	31.5	30.0	57.9	55.0	49.7	37.2	35.0	32.8
湖北	57.0	53.5	38.3	38.7	36.6	34.5	64.4	61.9	53.2	43.1	39.6	36.0
湖南	57.4	55.7	37.2	36.5	34.0	31.5	66.2	63.5	54.2	48.4	43.1	37.7
广东	65.5	57.2	38.6	36.5	33.9	31.3	60.4	57.7	49.8	47.7	42.1	36.6
广西	63.5	64.4	55.4	38.1	33.9	29.8	57.3	58.6	39.9	48.5	42.3	36.1
海南		60.7	49.3	44.8	41.5	38.5		63.5	56.9	50.0	45.1	40.2
重庆		54.6	42.2	37.6	34.7	31.8		63.6	53.6	48.3	43.1	38.0
四川	58.5	53.8	41.5	39.5	36.9	34.4	70.0	64.8	54.6	48.3	43.6	38.9

第 7 章
恩格尔系数与区域居民生活质量均衡发展

续表

地区	城镇家庭恩格尔系数						农村家庭恩格尔系数					
	1980年	1990年	2000年	2010年	2015年	2020年	1980年	1990年	2000年	2010年	2015年	2020年
贵州	60.5	56.6	43.2	39.9	38.1	36.3	69.3	69.9	62.7	46.3	42.0	37.8
云南	62.2	53.4	40.3	41.5	39.6	37.7	70.3	63.3	59.0	47.2	43.3	39.5
西藏				50.0	48.0	46.0				49.7	47.6	45.4
陕西		51.9	35.8	37.1	35.5	34.0	59.8	58.5	43.5	34.2	34.6	35.0
甘肃	53.1	54.0	37.6	37.4	35.9	34.4	64.8	60.0	48.4	44.7	41.8	39.0
青海		63.4	40.9	39.4	37.5	35.6		59.5	57.9	38.2	36.4	34.6
宁夏	54.8	52.7	35.7	33.2	32.1	31.0		56.6	48.8	38.4	36.2	34.0
新疆	57.3	47.8	36.4	36.2	31.4	31.4	60.8	53.7	50.0	40.3	37.5	34.7
全国	56.9	54.2	39.4	35.7	34.6	32.5	61.8	50.7	49.1	41.1	38.2	35.0

从各省份间的实际差距来看，如表7-1所示，省际的城镇和农村居民恩格尔系数分别具有趋同的变化趋势。物资、人才、信息等要素的省际间流动，促使发展水平较低省份居民消费状况明显好转，商业设施分布及配套环境得到提高、居民潜在消费意愿得到鼓励、居民消费环境得到改善、居民消费潜力得到激发。省际消费需求呈现协同发展趋势，主要消费指标差距逐渐缩小，产生"拉动效应"。

第一，各省份城镇居民恩格尔系数趋同如表7-2所示。1980年，所有省份城镇居民恩格尔系数均处于50%以上，8个省份镇居民恩格尔系数大于60%，21个省份镇居民恩格尔系数处于50%~60%。到2000年，中国经过20年的发展，所有省份城镇居民恩格尔系数均低于60%，人民生活全面摆脱贫困。有两个省份城镇居民恩格尔系数处于50%以上，13个省份城镇居民恩格尔系数处于40%~50%，16个省份城镇居民恩格尔系数已经处于30%~40%，居民生活水平进入富裕阶段。到2010年，更多省份城镇居民的生活水平进入富裕阶段，有28个省份城镇居民恩格尔系数处于30%~40%，3个省份城镇居民恩格尔系数处于40%~50%。到2020年，城镇居民恩格尔系数进一步趋同，居民生活水平将大幅度提高，大体有30个省份城镇居民的恩格尔系数低于40%，基本实现所有省份城镇居民的生活水平进入富裕阶段。

表 7 – 2　　　　　　　城镇居民省际恩格尔系数变化

年份	绝对贫困阶段（大于60%）	温饱阶段（50%~60%）	小康阶段（40%~50%）	富裕阶段（30%~40%）	更富裕阶段（小于30%）
1980	冀、粤、滇、黔、闽、皖、桂、藏	沪、京、津、辽、浙、苏、吉、鲁、蒙、黑、晋、鄂、秦、湘、新、宁、赣、豫、川、青、甘			
1990	闽、琼、桂、藏、青	沪、京、津、辽、浙、苏、粤、吉、鲁、冀、黑、鄂、秦、豫、湘、宁、桂、赣、皖、川、甘、黔	晋、蒙、新		
2000	桂、藏	津、辽、沪、苏、皖、闽、赣、琼、渝、川、黔、滇、青	京、冀、晋、蒙、吉、黑、浙、鲁、豫、湘、鄂、粤、秦、甘、宁、新		
2010			琼、滇、藏	沪、京、津、辽、浙、苏、粤、吉、鲁、蒙、冀、黑、闽、晋、渝、鄂、秦、豫、湘、新、宁、桂、赣、皖、川、青、甘、黔	
2020			藏	冀、闽、渝、鄂、秦、豫、湘、新、宁、桂、赣、皖、川、青、甘、黔、琼、滇	沪、京、津、辽、浙、苏、粤、吉、鲁、蒙、黑、晋

第7章
恩格尔系数与区域居民生活质量均衡发展

第二，各省份农村居民恩格尔系数趋同，如表 7-3 所示。1980 年，15个省份农村居民恩格尔系数大于 60%，人民生活水平处于绝对贫困阶段；14个省份农村民恩格尔系数处于 50%～60%。到 2000 年，省际农村居民恩格尔系数的差距有所拉大，恩格尔系数的分布覆盖了所划分的所有生活水平阶段。两个省份农村居民恩格尔系数均仍处于 60% 以上、9 个省份农村民恩格尔系数处于 50%～60%、17 个省份农村民恩格尔系数处于 40%～50%、3个省份农村民恩格尔系数已经低于 40%。到 2010 年，省际农村居民恩格尔系数的差距显著缩小，16 个省份农村民恩格尔系数处于 40%～50%、15 个省份农村民恩格尔系数已经低于 40%。到 2020 年，与城镇居民类似，农村居民恩格尔系数将进一步趋同。大体有 29 个省份农村居民的恩格尔系数低于 40%，居民生活水平进入富裕阶段。

表 7-3 　　　　　　　　　农村居民省际恩格尔系数变化

年份	绝对贫困阶段 （大于60%）	温饱阶段 （50%～60%）	小康阶段 （40%～50%）	富裕阶段 （30%～40%）
1980	蒙、吉、赣、鄂、鲁、湘、粤、川、黔、滇、甘、青、宁、新、藏	沪、京、津、辽、浙、苏、黑、闽、晋、秦、豫、桂、皖、冀		
1990	赣、鄂、湘、琼、川、黔、滇、藏	京、津、辽、苏、粤、吉、鲁、蒙、黑、闽、晋、秦、豫、新、宁、桂、皖、青、甘	沪、浙、冀	
2000	黔、藏	皖、赣、鄂、湘、琼、渝、川、滇、青	沪、津、晋、蒙、辽、吉、黑、苏、浙、闽、鲁、豫、陕、秦、甘、宁、新	京、冀、桂

续表

年份	绝对贫困阶段 （大于60%）	温饱阶段 (50%~60%)	小康阶段 (40%~50%)	富裕阶段 (30%~40%)
2010			津、皖、赣、闽、鄂、湘、桂、粤、琼、渝、川、黔、滇、藏、甘、新	沪、京、辽、浙、苏、吉、鲁、蒙、冀、黑、晋、豫、秦、青、宁
2020			琼、藏	沪、京、津、辽、浙、苏、粤、吉、鲁、蒙、冀、黑、闽、晋、渝、鄂、秦、豫、湘、新、宁、桂、赣、皖、川、青、甘、黔、滇

7.3 四大地区居民恩格尔系数的差异及变化

根据上面计算结果，可以进一步按照东部、中部、西部和东北地区的区域划分，对我国居民的消费结构进行对比分析。① 四大地区间居民恩格尔系数仍然存在一定差距。由于自然、地理条件等的不同，我国居民生活水平的区域差异较大。从恩格尔系数的绝对数值来看，区域居民生活水平的发展呈阶梯型，由高到低依次为东部地区、东北部地区、中部地区和西部地区，这也体现出区域消费水平分布不平衡，居民在消费意愿、消费内容及结构上具有区域性差异。

但是，四大地区间的居民恩格尔系数差距呈现缩小趋势。以生活水平最

---

① 各区域中所包括的具体省、自治区、直辖市参见《中国统计年鉴》。

高的东部地区的恩格尔系数为基准，对各区域恩格尔系数的相对差距进行比较，可以看出各区域与东部地区恩格尔系数的差距均具有先增大而后缩小的变动趋势。同时，区域间恩格尔系数差距的变动还具有一定的时间性差异。东部与东北部地区恩格尔系数的相对差距最小、东部与中部地区恩格尔系数的相对差距居中、东部与西部地区恩格尔系数的相对差距最大。四大地区的消费支出差异与恩格尔系数差异具有相似性。东部地区是我国最发达地区，居民收入水平远高于其他三个地区，因此东部地区居民的消费支出水平也是四大区域中最高的。

四大地区耐用消费品差距也呈现逐渐缩小的变动趋势。如用城镇居民家庭平均每百户耐用消费品的拥有量来衡量，我国经济发展水平最高的东部地区，同样也是耐用消费品拥有量水平最高的区域。在东部地区一些发达城市，汽车、电子信息产品等消费品的消费量和家庭普及水平要高于其他区域。在一些传统的彩电、冰箱等家庭耐用消费品上，东、中、西、东北部居民消费比较接近，反映出这些类型的消费品已经在全国城镇地区基本得到了普及。享受型、发展型消费品在东部地区的比重相对更大，这是东部地区的居民消费结构相对其他区域的主要区别。同时，从发展趋势来看，虽然耐用消费品相对差距仍然存在，但是与东部地区相比，其他地区耐用消费品消费量增长相对更快，因此这种差距有逐渐缩小的变动趋势。

7.4 不同恩格尔系数组的人口变化

7.4.1 富裕人口比重不断扩大

根据省际居民恩格尔系数的计算结果，可以进一步计算处于不同生活水平的人口比重。

从城镇恩格尔系数的来看，1978年中国所有省份城镇地区都处于贫困和温饱阶段。1980年,全国有21个省份城镇地区处于温饱阶段,有8个省份城镇地区处于贫困阶段。其中,温饱水平人口占全国总人口的79.6%,贫困水平人口占全国总人口的20.4%。到2010年,中国已有28个省份进入富裕阶段,3个省份处于小康水平,城镇人口全面进入富裕阶段,到2020年将有99.9%的人口进入富裕阶段,城镇居民生活水平极大提高,如表7-4所示。

表7-4　　　　不同恩格尔系数组城镇人口占全国比重

恩格尔系数组	1980年	1990年	2000年	2010年	2020年
更富裕阶段（小于30%）					55.5
富裕阶段（30%~40%）			58.9	96.9	44.4
小康阶段（40%~50%）		7.0	38.2	3.2	0.1
温饱阶段（50%~60%）	79.6	87.7	2.9		
绝对贫困阶段（大于60%）	20.4	5.3			

从农村居民生活水平看来,1978年中国的所有省份农村地区都处于贫困和温饱阶段,1980年,只有14个省份的农村地区进入温饱阶段,其他15个省份的农村地区都处于贫困阶段。到2010年中国已经有15个省份农村地区进入富裕阶段,16个省份农村地区进入小康阶段。富裕水平农村人口比重达到45.4%,小康阶段农村人口比重达到54.6%,到2020年,29个省份的农村居民将达到富裕水平,农村人口全面进入小康水平,如表7-5所示。

表7-5　　　　不同恩格尔系数组农村人口占全国比重

恩格尔系数组	1980年	1990年	2000年	2010年	2020年
富裕阶段（小于40%）			10.5	45.4	98.9
小康阶段（40%~50%）		9.7	51.7	54.6	1.1
温饱阶段（50%~60%）	47.9	47.7	34.2		
绝对贫困阶段（大于60%）	52.1	32.6	3.6		

在衡量地区经济社会发展水平方面,恩格尔系数是基于家庭消费的微观数据,而基于人类发展的宏观数据——HDI,可以从另一个角度反映地区发展水平,也是衡量小康社会的重要指标。1990年联合国开发计划署（UNDP）提出的人类发展指数（Human Development Index，HDI），被广泛应用

于测度和比较各国的相对人类发展水平。作为综合指数，HDI用于衡量一个国家在人类发展的三个基本方面所取得的成就：健康长寿的生活，用出生时的预期寿命来衡量；知识的获取，用平均受教育年限和预期受教育年限来衡量。体面的生活，用人均GDP指标来衡量（UNDP，2011）。我们也计算了中国各省份的HDI，通过恩格尔系数与HDI的比较，更加全面地描述区域居民生活水平变化。

HDI指数表明，如表7-6所示，改革开放以来，我国的人类发展地区格局发生根本性的变化，从主要集中在"低人类发展水平"转向集中在"中等人类发展水平"和"高人类发展水平"。从1982年到2020年的近40年的时间里，"极高人类发展水平"人口比重大致增加了4.4%，"高人类发展水平"人口比重增加了约87%，"中等人类发展水平"人口比重减少了8.6%，"低人类发展水平"人口比重由97.2%减少到0。这一格局的变化促进我国整体人类发展水平的跃迁，每隔一个时期（10年左右）上一个台阶。

表7-6　　　　　　　不同HDI组人口占全国总人口比重

HDI组	1982年	1990年	2000年	2010年	2020年
极高人类发展水平（HDI>0.8）	0.0	0.0	0.0	4.2	4.4
高人类发展水平（0.7<HDI≤0.8）	0.0	0.0	4.9	32.5	87.0
中等人类发展水平（0.5≤HDI≤0.7）	2.8	26.7	86.3	63.3	8.6
低人类发展水平（HDI<0.5）	97.2	73.3	8.8	0.0	0.0
全国合计	100.0	100.0	100.0	100.0	100.0

到2020年，黑龙江、福建、山西、河北等地区有可能从"中等人类发展水平"进入"高人类发展水平"，"高人类发展水平"人口将占全国总人口比重的87.3%。到2020年时全国约有91.4%的人口属于世界高（极高）人类发展水平组，处在中上等人类发展水平组人口比重还会大幅度减少。在恩格尔系数角度，到2020年，城镇和农村居民将分别由99.9%和98.9%人口进入富裕生活水平阶段。因此，恩格尔系数和HDI所传递的信息是一致的：中国各地区的人民生活表现为不断走向共同富裕、共同发展、共同繁荣的发展趋势。

7.5 恩格尔系数：区域发展政策制定的必要依据

地区差距缩小，一方面是经济发展的自然趋势。中西部地区的投资模式向东部沿海地区趋同，并出现结构更为优化的投资模式，对人力资本和生态资源的投资将是驱动中西部地区缩小与东部沿海地区差距的重要动力。地区发展差距趋同的另一个主要原因在于一系列政府措施推动下的产业布局调整、人口经济地理变革，主要表现在西部大开发战略（1999）、东北等老工业振兴战略（2004）和中部崛起战略（2006），以及在具体的区域一体化政策框架下实施的财政转移支付政策、基本公共服务均等化政策、大规模的基础设施建设和生态建设与生态安全屏障建设。

从近期看，在不改变政府层级和财政体制条件下，可有如下改革措施：以恩格尔系数作为对各地区（指省级政府）发展规划和发展绩效评价的核心指标之一，也作为国家指导、国家财政转移支付、国家公共投资各地区发展的主要依据。按照恩格尔系数，中央政府对不同地区采取不同原则。"有所为，有所不为"；"有所大为，有所小为"。凡恩格尔系数低于40%的富裕地区（城镇或者农村），国家应当"有所不为"，基本上是以发挥地方的积极性，中央起着指导作用，对地方以激励为主，干预为辅；恩格尔系数高于40%的地区，国家应当"有所为"，要发挥中央和地方两个积极性；其中恩格尔系数越高的地区，国家要"有所大为"，以中央的积极性（投入）为主，地方积极性（投入）为辅；凡恩格尔系数相对较低的地区，国家要"有所小为"，以地方积极性（投入）为主，中央积极性（投入）为辅。

第8章 "需求创造"与消费结构升级的经济效应

8.1 研究背景与文献回顾

随着经济体制改革的不断深化，我国经济增长的主要源泉从生产领域向消费领域过渡，消费结构呈现持续升级态势。消费结构升级是人们生活水平提高、消费需求扩大、消费质量改善的重要表现，反映出人民生活水平从绝对贫困到温饱再到富裕的社会演进过程，是中国构建共同富裕社会之路的重要特征。

我国消费需求对经济社会发展的作用日益凸显。首先，我国居民恩格尔系数持续下降，消费结构将全面加速升级。迈入21世纪至今，中国正在经历以汽车、住房、通信为主导的享受型消费结构升级，汽车、住房、投资等过万元的消费成为主体，随着中国向高收入过渡，居民消费还会经历第四次升级，更多地转向享受型的服务消费，教育、医疗、保健、体育、文化、娱乐、环保等将成为新兴的消费需求。其次，我国消费规模仍然存在较高提升空间，消费增长潜力巨大。按照世界银行的统计数据，2015年居民消费率的世界平均值为58%，低收入组别国家的平均值为78%，中低收入组别国家的平均值为66%，中高收入组别国家的平均值为51%，高收入组别国家的平均值为60%。

消费结构和生产结构转变是经济长期增长的驱动源泉，与一国宏观经济运行态势具有密切关联（Foellmi，2005）。国内外学者对消费结构及其对经济社会发展的作用进行了持续研究。从国外研究来看，近期研究主要聚焦于消费结构与人口结构、食品质量等的互动机理。例如，Biljana 和 Petar（2012）以塞尔维亚为例，从人口统计学角度进行研究，认为人口年龄结构是影响消费结构的重要变量；Kuhn 和 Prettner（2015）从多国视角分析，认为代际更替特征和数量对消费结构和消费增长具有显著影响，并且不同国家的人口比率和消费结构关系具有较大差异。

近年来，随着我国居民生活水平的不断提高，国内学者对我国的居民消费结构在经济增长中的作用进行研究。同时，城乡二元结构是分析我国居民消费结构主要视角之一，很多研究都围绕城镇或者农村的相关问题展开，并且得到了一些有价值的经验结论。例如，鲁万波和李竹渝（2002）的研究表明，我国城乡居民消费结构逐步合理，但是在消费结构的城乡差距、消费倾向和社会预期等方面仍然存在一些需要改进的问题；查道中和吉文惠（2011）运用向量自回归模型进行研究，发现我国城市居民消费结构升级对产业结构升级具有较弱的正向诱导效应，而农村居民消费结构则不具备这种效应；陈建东等（2009）的研究表明，1995～2007年我国城镇居民生活水平正从小康阶段向富裕阶段过渡，医疗卫生、住房、教育等方面的制度改革对城镇居民人均消费具有显著影响。在典型地区层面，例如，李一鸣和袁中华（2010）的研究表明，西部大开发以来，四川省城镇居民的消费结构发生了较大变化，发展型、享受型消费的比例逐年提高并反超温饱型消费；蒋勇和杨巧（2010）对福建省进行分析，认为消费结构与产业结构间存在单向Granger因果关系，但与经济增长间不存在明显的双向Granger因果关系；王怡和李树民（2012）对我国东部十个省市进行分析，认为城镇居民消费结构的升级能够有力的促进经济增长；赵婉男等（2016）的研究表明，北京市农民工消费观念正在发生变化、消费水平有所提高，但消费结构仍处于较低层次，同时其消费仍具有暂时性、维持性、最小化等特点。

传统的新古典经济增长理论认为经济增长是由供给方面所决定的，资本积累、劳动力增加以及技术变动的长期作用决定着经济增长的变动。与传统理论不同，Aoki 和 Yoshikawa（1999）从需求角度经济增长进行解释，提出了"需求创造"（Demand Creation）经济增长理论。该理论认为经济增长受需求饱和的约束，新需求的出现是推动经济长期增长的根本动力。日本学者吉川洋和松本和幸（2001）基于"需求创造"理论对日本的产业结构变化和经济增长的关系进行研究，认为该理论可以较好解释日本经济的发展情况。然而，目前鲜有研究基于"需求创造"理论性对居民消费结构升级对消费增长的影响进行分析，进而为消费支撑经济增长的前景提供依据。因此，我们在"需求创造"理论的框架下，对我国城镇和居民消费结构升级所带来的经济效应进行研究。

8.2 "需求创造"经济增长理论框架

根据 Aoki 和 Yoshikawa（1999）的需求创造理论，经济环境中各种产品或者产业的需求变化过程是一个开始需求迅速增加，随着时间的推移需求的增长速度会逐渐降低，进而需求不再增长达到饱和的过程。由于每种产品或产业需求的变动过程是一致的，这里仅基于一种产品或产业进行考虑。需求的这种变化过程可以用逻辑增长曲线（logistic curve）刻画：

$$D(t) = \frac{\mu D_0}{[\delta D_0 + (\mu - \delta D_0)e^{-\mu t}]} \tag{8.1}$$

其中，$D(t)$ 为全社会对一种产品或产业的需求，D_0 为 $D(t)$ 的初始值。μ 和 δ 为参数，$D(t)$ 的饱和值为 μ/δ。若假设 $y(t)$ 为产品或产业的最终产量，则应有：

$$y(t) = D(t) \tag{8.2}$$

这样产品或产业的成长过程同样为逻辑增长过程。

假设新产品或产业基于已有产品或产业而产生，产生过程为泊松过程（poisson process）。若 λ（$\lambda > 0$）表示产品或产业的更新强度，N 表示已有产品或产业的数量,则从时刻 t 到 $t + \Delta t$ 新产品或产业出现的概率为 $\lambda N \Delta t$。这样,在 t 时刻产品或产业的数量为 $N(t) = N$ 的概率 $Q(N,t)$ 应该满足如下方程:

$$\frac{dQ}{dt} = -\lambda N Q(N,t) + \lambda (N-1) Q(N-1,t) \tag{8.3}$$

在初始条件 $Q(N,0) = \delta(N - N_0) = \delta(N - 1)$ 下,根据方程 (8.3) 可以得到:

$$Q(N,t) = e^{-\lambda t} (1 - e^{-\lambda t})^{N-1} \tag{8.4}$$

这样在 t 时刻产品或产业的数量为 N,并且在 $t + \Delta t$ 时刻产品或产业数量为原有数量与新出现数量之和的概率为:

$$\lambda N Q(N,t) \Delta t = \lambda N e^{-\lambda t} (1 - e^{-\lambda t})^{N-1} \Delta t \tag{8.5}$$

同时,根据 (8.1) 式和 (8.2) 式,若假设 $D_0 = 1$,则在 $\tau (\tau < t)$ 时刻出现的产品或产业的产量 $y_\tau(t)$ 的变化仍然可以用逻辑增长曲线刻画:

$$y_\tau(t) = \frac{\mu}{\delta + (u - \delta) e^{-\mu(t-\tau)}} \tag{8.6}$$

全社会的总产量 $Y(t)$ 由所有产品或者产业的产量构成,则:

$$\begin{aligned} Y(t) &= \sum_{N=1}^{\infty} \int_0^t \lambda N e^{-\lambda \tau} (1 - e^{-\lambda \tau})^{N-1} y_\tau(t) d\tau + \frac{\mu}{(\delta + (\mu - \delta) e^{-\mu t})} \\ &= \sum_{N=1}^{\infty} \int_0^t \lambda N e^{-\lambda \tau} (1 - e^{-\lambda \tau})^{N-1} \frac{\mu}{[\delta + (\mu - \delta) e^{-\mu(t-\tau)}]} d\tau + \frac{\mu}{(\delta + (\mu - \delta) e^{-\mu t})} \end{aligned} \tag{8.7}$$

因为 $\lambda N e^{-\lambda \tau} (1 - e^{-\lambda \tau})^{N-1} = \frac{d}{d\tau} (1 - e^{-\lambda \tau})^N$ 以及 $\sum_{N=1}^{\infty} (1 - e^{-\lambda \tau})^N = e^{\lambda \tau} - 1$,这样可以得到:

$$\begin{aligned} Y(t) &= \int_0^t \frac{[\frac{d}{d\tau}(e^{\lambda \tau} - 1)] \mu}{[\delta + (\mu - \delta) e^{-\mu(t-\tau)}]} d\tau + \frac{\mu}{(\delta + (\mu - \delta) e^{-\mu t})} \\ &= \lambda \int_0^t \frac{e^{\lambda \tau} \mu}{[\delta + (\mu - \delta) e^{-\mu(t-\tau)}]} d\tau + \frac{\mu}{(\delta + (\mu - \delta) e^{-\mu t})} \\ &= \lambda \int_0^t \frac{e^{\lambda(t-u)} \mu}{[\delta + (\mu - \delta) e^{-\mu u}]} du + \frac{\mu}{(\delta + (\mu - \delta) e^{-\mu t})} \end{aligned} \tag{8.8}$$

根据 (8.8) 式可以将经济增长率 g_t 表示为：

$$g_t = \frac{\dot{y}(t)}{y(t)} = \lambda + \left(\frac{f(t)}{y(t)}\right)\left(\frac{\dot{f}(t)}{f(t)}\right) \tag{8.9}$$

其中，$f(t) = \dfrac{\mu}{\delta + (\mu - \delta)e^{-\mu t}}$

这样 g_t 的变化过程为：

$$\dot{g}_t = (g_t - \lambda)[2(\mu - \delta)e^{-\mu t} f(t) - \mu - g_t] \tag{8.10}$$

根据 (8.10) 式可以得到：

$$g_0 = \left.\frac{\dot{y}(t)}{y(t)}\right|_{t=0} = \lambda + \mu - \delta \tag{8.11}$$

$$\lim_{t = \infty} g_t = \frac{\dot{y}(t)}{y(t)} = \lambda \tag{8.12}$$

可以看出，经济增长率从 $\lambda + \mu - \delta$ 随时间延长逐渐收敛为 λ，经济增长率的变化路径取决于 λ，μ 和 δ。根据"需求创造"理论的假设，某种消费需求在初始时期将迅速扩大，随着时间推移扩大速度逐步减慢，最终达到饱和。用参数 λ 可以刻画某种居民消费品的更新强度，其大小取决于居民对该项消费品的需求程度。这种新需求的出现在长期上正是推动消费增长的根本动力，并且这种新需求的出现表现为经济中新消费品的出现。用参数 μ 和 δ 可以刻画某种消费品的成长周期，能够体现出该种消费品的需求变化过程。随着需求变化，消费品在居民总体消费的角色也发生转变，直接体现为该项消费支出在总消费支出比重的改变。消费品的生命周期由需求决定，与需求变化过程具有一致性。消费者对不同商品消费需求的变化将引起各项消费支出占总消费支出比重的变化，直接表现为消费结构的逐步升级。正是"需求创造"过程推动了消费结构升级推动了产业结构演进，而这种产业结构的演进则构成了消费增长的实质内容，进而贡献于经济总量的增长。只有新的消费需求出现才能不断推动产业演化和经济增长，消费需求是经济增长的源泉。

8.3　消费结构升级强度的量化测度

吉川洋和松本和幸（2001）提出了基于"需求创造"经济增长理论，利用产业的产值、劳动力就业人数、资产和技术等要素占经济中各要素总量的比重来测度经济结构变动的方法。这为定量研究消费结构变动与消费增长、经济增长变动的关系奠定了基础。借鉴他们的思路，我们利用各项消费支出占总消费支出比率的变化来度量消费结构变动幅度。消费结构变动幅度的计算公式如下：

$$\sigma = \frac{\sqrt{\sum_{i=1}^{n}(w_i^{t2} - w_i^{t1})^2}}{T} \tag{8.13}$$

其中，σ 为消费结构变动的强度，n 为消费支出项目的数量，w_i^{t1} 和 w_i^{t2} 分别为 t_1 和 t_2 时刻第 i 项消费支出占总消费支出的比重，T 为 t_1 和 t_2 之间的时间跨度。我国的经济发展趋势是由自然发展趋势、战略规划引导和规划指导下的市场驱动相结合的综合表现（胡鞍钢等，2011）。按照小康生活消费结构的要求来调整产业结构，是实现宏伟战略目标的重要条件（杨圣明和李学曾，1984）。[①] 因此，我们将我国发展规划的具体实施时间跨度，即 5 年为时间跨度，作为消费结构分析的对比参考。按照（8.13）式选取的时间跨度为 5 年，即 $T = 5$。根据《中国统计年鉴》的居民消费项目划分标准，选取 8 个消费项目，即 $n = 8$。因此，例如在计算 1981～1985 年城镇居民消费结构的 $\sigma_{1981-1985}$ 值时，可以设定 t_1 和 t_2 分别为 1981 和 1985；w_i^{1981} 和 w_i^{1985} 分相应时点的第 i 项消费支出所占比重，其中 $i = 1,2,\cdots,8$。依次类推，可以得到如图 8-1 和图 8-2 所示的城镇和农村居民消费结构升级的强度变化过程（图中的年份对应每一阶段的最终时点，下同）。

---

① 国内市场繁荣活跃 消费结构转型升级，人民网，2018 年 9 月 7 日。

第 8 章
"需求创造"与消费结构升级的经济效应

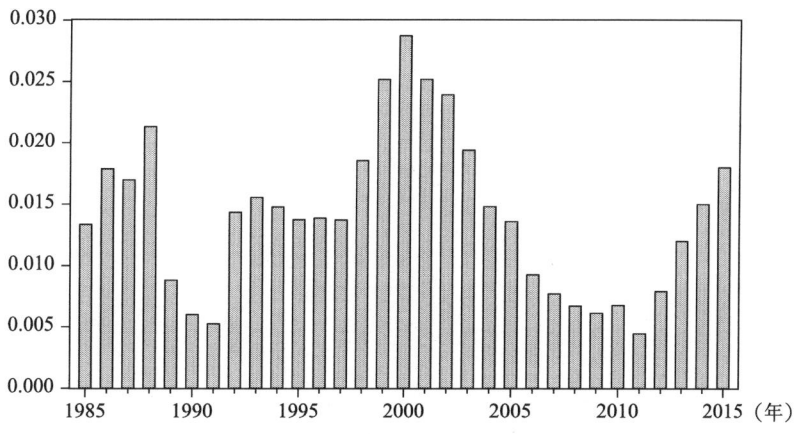

图 8-1　城镇居民消费结构升级的强度变化

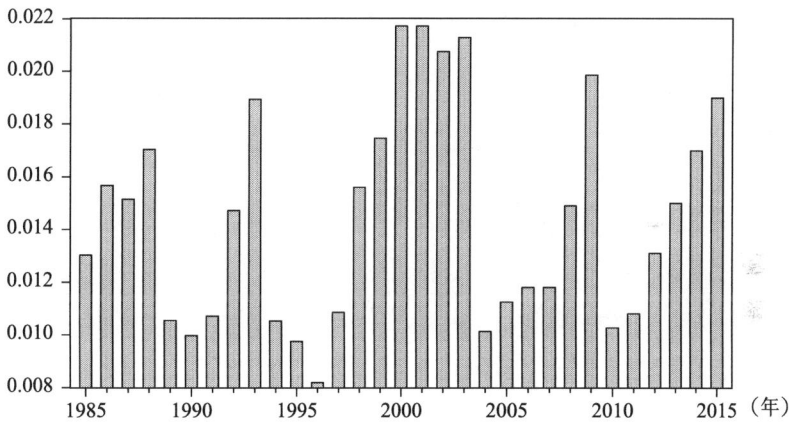

图 8-2　农村居民消费结构升级的强度变化

如图 8-1 和图 8-2 所示，随时间的持续推移，城镇和农村居民消费升级的强度发生显著变化。σ 值的变化路径表明，城镇居民在 1996~2000 年间的 σ 值最大，消费结构升级的强度最大；1987~1991 年间的 σ 值最小，消费结构升级的强度最小。农村居民在 1996~2000 年间的 σ 值最大，消费结构升级的强度最大；1991~1996 年间的 σ 值最小，消费结构升级的强度最小。城镇居民的 σ 值大致在 2000 年之后开始总体上的弱于农村居民，表明农村居民消费结构升级的强度开始大于城市居民，消费需求加快扩大。在需求创造经济增长的理论框架下，消费结构的阶段性变化体现了消费需求的阶段性变化。消费结构变动幅度，衡量了消费结构的变化速度，因此，可以看出目前我国消费结构升级的速度具有减慢趋势，有效消费需求具有上升空间，进一步引导消费结构升级、促进消费增长，势在必行。表8-1和表8-2为"六五"到"十二五"每五年规划时期城镇和农村居民各项消费支出的比率变动情况。

表8-1　　　　　　城镇居民各项消费支出的比重变动情况

指标	"六五"时期	"七五"时期	"八五"时期	"九五"时期	"十五"时期	"十一五"时期	"十二五"时期
食品	-4.5	1.8	-3.9	-9.4	-1.2	0.2	0.1
衣着	-0.2	-0.7	-0.2	-3.5	0.0	0.8	0.5
家庭	1.1	-1.0	-1.2	1.2	-2.7	0.5	0.0
医疗保健	0.6	0.8	0.9	2.7	1.1	-0.4	0.3
交通通信	-0.3	0.1	3.4	2.8	4.0	0.8	1.4
娱教文	2.2	-0.4	-0.1	3.0	0.8	-2.3	1.0
居住	1.3	-0.4	1.1	2.3	-0.1	0.0	0.8
杂项	-0.2	-0.2	0.0	0.8	-1.9	-0.2	0.1

注：家庭费用指家庭设备用品及服务支出；娱教文指娱乐教育文化支出，下同。

表8-1显示，城镇居民的食品、衣着消费支出的增长速度大体上慢于消费支出总额的增长速度；家庭设备用品及服务、娱乐教育文化消费支出的增长速度与消费支出总额的增长速度大体一致；医疗保健、交通通信和居住消费支出的增长速度大体上快于消费支出总额的增长速度。

表8-2　　　　　　农村居民各项消费支出的比重变动情况

指标	"六五"时期	"七五"时期	"八五"时期	"九五"时期	"十五"时期	"十一五"时期	"十二五"时期
食品	-2.0	2.3	0.7	-7.2	-2.2	-3.5	-2.1
衣着	-2.8	1.4	-1.3	-1.5	0.1	0.3	0.4
家庭	2.9	-0.2	-0.5	-0.9	0.0	0.7	0.8
医疗保健	0.2	0.9	-0.4	1.5	1.1	0.7	0.5
交通通信	1.5	-0.3	0.9	2.6	3.3	1.1	1.7
娱教文	-1.4	1.4	1.9	2.8	0.5	-2.7	-0.5
居住	1.6	-2.4	-2.6	1.6	-1.5	3.7	2.1
杂项	-0.3	-0.1	1.2	1.1	-0.9	0.0	0.1

第 8 章
"需求创造"与消费结构升级的经济效应

表 8-2 显示,农村居民的食品消费支出的增长速度大体上慢于消费支出总额的增长速度;衣着、家庭设备用品及服务、居住消费支出的增长速度与消费支出总额的增长速度大体一致;医疗保健、交通通信、娱乐教育文化消费支出的增长速度大体上快于消费支出总额的增长速度。

根据需求创造经济增长理论,消费支出比重增长较慢消费项目的需求是趋于饱和的,这些项目对于经济增长的贡献将会逐渐变小;而那些消费支出比重增长速度等于甚至快于总消费支出的项目则是维持和促进经济继续增长的支撑力和驱动力。我们进一步计算了城镇和农村居民各项消费支出对消费结构更新强度的贡献率,结果如图 8-3 所示。

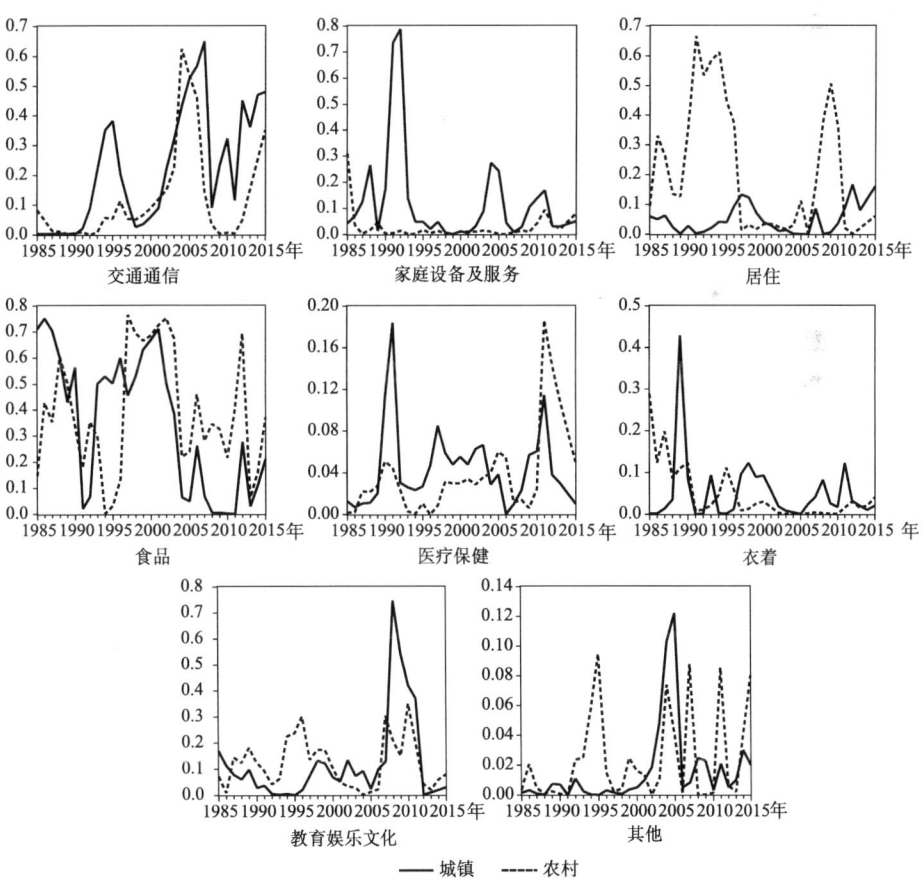

图 8-3 城镇和农村居民消费结构升级强度的驱动来源

从图 8-3 中可以看出，城乡居民各项消费支出对消费结构变化的贡献发生显著改变，高层次消费支出逐步转化为主要贡献源。从各项消费支出对消费结构变化贡献来看，城乡居民食品支出的贡献总体均较大，教育文化娱乐支出的贡献先减小而后逐步增大，交通通信和医疗保健和支出的贡献总体上逐渐变大，家庭设备及服务、衣着支出的贡献逐步变小；城镇居民居住支出的贡献总体上逐渐变大，农村居民居住支出的贡献相对其他支出较大且具有波动性。城乡居民交通通信、医疗保健和教育文化娱乐支出逐步转化为主要贡献源，家庭设备及服务、衣着支出的贡献作用逐步弱化。消费结构变化的主要驱动力是消费需求的扩大或者更新，各项消费支出比重贡献变化体现了居民消费需求的转变，体现出城乡居民的需求意愿和消费能力的同步性增强或者加快接近，农村居民消费结构升级与消费市场扩大的潜力可能相对更大。

综合分析，随着居民收入水平的提高，我国城镇和农村居民高层次消费支出的比重逐渐加大，居民消费结构具有显著的从生存型向发展型过渡的持续升级特征，居民消费从对"量"需求逐步转向为对"质"的需求。城镇和农村居民消费层次由"吃饱穿暖"为代表的传统消费模式向"医疗保健+教育文化娱乐"为代表的新兴消费模式逐渐转变。从总体上看，城镇居民消费结构的层次高于农村居民，并且升级过程先行于农村居民。同时，虽然城镇居民消费结构升级先行与农村居民，但是农村居民消费结构升级的强度大于城镇居民，说明农村居民高层次消费支出可能增加更快，城镇和农村居民消费结构在共同升级的同时，两者间的相似程度会进一步加强。根据 Aoki 和 Yoshikawa (1999) 的理论，从消费结构层面来看，居民对不同消费项目的需求变化会引起各项消费支出比重的变化，推动消费结构演进，从而对消费增长做出贡献。如果一项消费支出比重增长较快，则该消费项目的需求扩大较快，可能成为消费增长乃至经济增长的增长点；反之，如果一项消费支出比重增长较慢甚至出现下降，则该消费项目需求开始缩小甚至饱和。因此，城镇和农村居民消费结构的同步升级，也为我国消费增长和经济增长带来了新的驱动力。

与之对应的消费增长变动可以用如下公式度量：

第8章
"需求创造"与消费结构升级的经济效应

$$\rho = \left(\frac{Y_2}{Y_1}\right)^{\frac{1}{T}} - 1 \tag{8.14}$$

其中，ρ 为在时期 T 内的平均消费增长率，Y_1 和 Y_2 分别为时刻 t_1 和 t_2 所对应的实际消费量，并且 $T = t_2 - t_1 + 1$。

利用（8.14）式可以计算与我国消费结构变动幅度相对应的平均消费增长率。例如计算城镇居民 1981~1985 年的平均消费增长率 $\rho_{1981-1985}$：设定 t_1 和 t_2 分别为 1981 年和 1985 年，时间跨度 T 为 5；Y_{1981} 和 Y_{1985} 分别为 1981 年和 1985 年的实际消费总额。依次递推可以得到城镇和农村居民消费支出总额的阶段性平均增长率的变化过程。根据计算结果，对于城镇居民，1987~1991 年城镇居民消费支出总额的平均增长率最低，为 2.29%；2002~2006 年消费支出总额的平均增长率最高为 9.01%。大致在 1999 年以后，消费支出总额的平均增长率维持 8.47% 以上，一直处于较高水平；对于农村居，1988~1992 年农村居民消费支出总额的平均增长率最低，为 1.08%；1981~1985 年消费支出总额的平均增长率最高为 12.85%。大致在 1997 年以后，消费支出总额的平均增长率呈持续上升态势。

8.4 消费结构升级对消费增长的影响

8.4.1 消费结构对消费增长的先行性

从需求创造经济增长理论的分析可以看出，如果消费结构变化对消费增长有影响，那么消费结构的变化可能是先行与消费增长变化的，因此我们首先分析消费结构变化与消费增长的先行性。

时差相关分析是利用相关系数检验经济时间序列先行、一致或者滞后关系的一种常用方法。选用消费增长指标（CG_t）为基准指标，则其与消费结构（SC_t）之间时差相关系数的计算公式为：

$$r(j) = \frac{\text{cov}(CG_t, SC_{t+j})}{\sigma(CG_t)\sigma(SC_{t+j})} \tag{8.15}$$

其中，$j = 0, \pm 1, \pm 2, \cdots, \pm p$，$\text{cov}(CG_t, SC_{t+j})$ 是两个变量的协方差，$\sigma(CG_t)$ 和 $\sigma(SC_{t+j})$ 分别为两个变量的标准差。$j > 0$ 表示当期平均消费增长率与滞后 j 期消费结构变动率的相关系数，$j < 0$ 表示当期平均消费增长率与超前 j 期消费结构变动率的相关系数。通过计算样本协方差和样本标准差可以得到如表 4-5 所示的城乡居民消费增长和消费结构之间时差相关系数。按照需求创造经济增长理论框架，消费结构变化将影响消费增长的变化，因此本文仅研究消费结构变化对经济增长的影响，这里仅给出 $j < 0$ 的计算结果。

表 8-3　城乡居民消费增长和消费结构之间时差相关系数

时期（j）	0	-1	-2	-3	-4
城镇	0.0818	0.2426	0.3630	0.3481	0.2660
农村	-0.2739	-0.2883	-0.1227	0.1358	0.2449

从表 8-3 可以看出，城镇居民平均消费增长率与当期或者超前消费结构变动率的相关系数均为正，并且与超前 2 期消费结构变动率的相关系数最大，为 0.3630。超前 2 期的消费结构的变动对消费增长的影响最大，消费结构的变动对消费增长具有先行性。同时，农村居民平均消费增长率与超前 3 期消费结构变动率的相关系数开始为正值并且具有增大趋势，因此也需要进一步检验与揭示其对消费增长的影响。这说明对城乡居民消费结构来说，检验结果总体符合需求创造经济增长理论所描述的理论规律

8.4.2　消费结构对消费增长的冲击效应

向量自回归（VAR）模型考虑了模型中各个变量之间的相互作用，是处理多个相关经济指标分析与预测的实用工具。脉冲—响应分析是 VAR 模型的重要应用之一。假设变量 x_t 和 y_t 分别表示消费结构与消费增长的变动，可以构建二元 VAR 模型。假定上述模型系统从 $t = 0$ 开始活动，设 $x_{-1} = x_{-2} = y_{-1} = y_{-2} = 0$，于第 0 期设定扰动项 $\varepsilon_{10} = 1$，$\varepsilon_{20} = 0$，并且其后均为 0，称

第 8 章
"需求创造"与消费结构升级的经济效应

此为第 0 期给 x 以脉冲。因此初期给予的扰动将在系统中不断传递,通过迭代计算则可以得到 $x_0, x_1, \cdots$,称为由 x 的脉冲引起的 x 的响应函数。同样,可以求得 $y_0, y_1, \cdots$,称为由 x 的脉冲引起的 y 的响应函数。

我们通过计算脉冲响应函数,模拟了城乡居民消费结构变化对消费支出总额增长率的冲击效应。图 8-4 和图 8-5 分别给出了消费支出总额增长率对城、乡居民消费结构的冲击反应曲线。

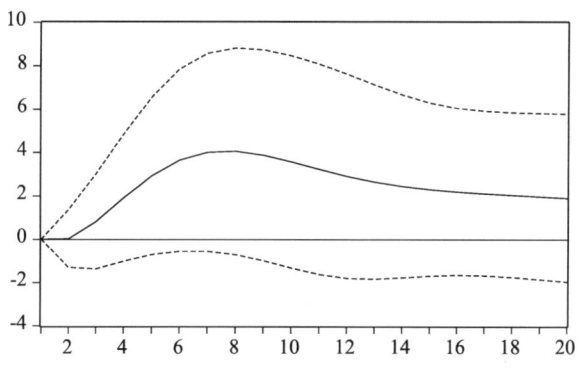

图 8-4 城镇居民消费增长的结构冲击反应

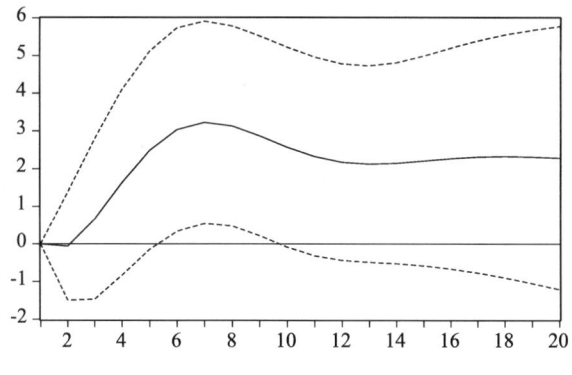

图 8-5 农村居民消费增长的结构冲击反应

图 8-4 和图 8-5 显示,城乡的居民消费结构冲击均会对消费增长产生、持续的、较强的正向影响,这种影响大致在第二期之后开始逐渐增大。这说明,消费结构的优化对我国的消费增长具有显著的推动作用,但是这种推动作用虽然具有一定的时滞性,但是影响的时间较长,具有持续性。

8.4.3 消费结构对消费增长的动态影响

随着时间的推移,原有的经济结构由于经济改革、各种各样的外界冲击和政策变化等因素的影响发生了很大的变动,因此需要考虑应用可变参数模型。我们构建消费增长为被解释变量,消费结构为解释变量,消费结构系数具有时变性质的可变参数模型,并应用模型分析消费结构调整对消费增长的时变影响。模型的状态空间形式如下:

量测方程:$y_t = \alpha + \beta_t x_t + \varepsilon_t$ (8.16)

状态方程:$\beta_t = \psi \beta_{t-1} + \eta_t$ (8.17)

其中,α 为常数项;β_t 是状态向量,称为可变参数,刻画了城乡居民消费结构对消费增长的动态影响过程。β_t 是不可观测变量,必须利用可观测变量 y_t 和 x_t 来估计。在 (8.17) 式中假定参数 β_t 的变动服从于 AR(1) 过程。ε_t 和 η_t 分别是量测方程和状态方程的扰动项。

根据计算结果,在所考察的各段时期中,城乡居民消费结构变动对消费增长的影响基本为正向影响,这说明消费结构调整对消费增长具有显著的推动作用。城乡居民的消费结构影响曲线分别在 2014~2018 年和 2012~2016 年达到最大值,这说明城、乡居民的消费结构分别在这两段时期内,对各自消费增长的推动作用最大;城乡居民的消费结构影响曲线分别在 1987~1991 年和 1981~1985 年为最小值,这说明城、乡居民的消费结构分别在这两段时期内,对消费增长的推动作用最小,消费结构需要进一步优化。

8.5 消费结构升级对产业结构和经济增长的影响

8.5.1 模型构建

根据"需求创造"理论思路,本文从消费结构的整体相似度和更新强度,两个角度度量我国城乡居民消费结构的趋同性。该理论认为需求饱和是经济持续增长的约束条件,经济增长的来源则是新需求出现,可以通过逻辑增长曲线刻画经济系统中的产业或者产品需求的变化(Aoki 和 Yoshikawa,1999)。在居民消费层面,逻辑增长曲线刻画了一项消费需求从初期出现到迅速扩大再到逐渐饱和的"S"形变化路径。

按照逻辑曲线的"S"形形态,具体消费项目在居民消费中的所处阶段随着需求变化而发生转变,表现为在居民总体消费中该项消费支出比重的动态变化。基于各项消费支出比重,城乡居民消费结构的整体相似度可以利用 Bray – Curtis 指数进行度量(Utzig, 2017)。Bray – Curtis 指数的计算公式为:

$$BC = 1 - \frac{\sum_{i=1}^{m} |w_{1,i} - w_{2,i}|}{\sum_{i=1}^{m} |w_{1,i} + w_{2,i}|} \tag{8.18}$$

在(8.18)式中,$w_{1,i}$ 和 $w_{2,i}(i = 1, \cdots, m)$ 为每个观测对象的单独结构因子,即城乡居民各项消费支出占总消费支出的比重。m 为结构性因子数目,即城乡居民消费支出的项目数。BC 为 Bray – Curtis 指数值,BC 的取值范围在 0 和 1 之间。BC 值越接近于 1,表示城乡居民消费结构相似性越强;BC 值越接近于 0,表示城乡居民消费结构相似性越弱。$BC = 0$ 时,表示城乡居民消费结构完全不同;$BC = 1$ 时,表示城乡居民消费结构完全相同。假定时点 t_1 和 t_2 所对应的 BC 值分别为 BC_{t1} 和 BC_{t2},如果 $BC_{t1} < BC_{t2}$,则城乡居民消费结构趋同性增强,反之则减弱。

某种居民消费项目的需求增大或缩小程度,表现为该项消费支出的更新强度,可以用该项消费支出比重增加或减少速度衡量。居民消费结构的更新强度可以看成各种消费项目更新强度的累积(吉川洋和松本和幸,2001)。如果农村居民消费结构升级相对滞后于城镇居民,并且两者的趋同性增强,那么农村居民消费结构的更新强度可能强于城镇居民。按此思路,本文构建 DC 指数度量与分析城乡居民消费结构的趋同性。DC 指数的计算公式为:

$$DC = \frac{\sqrt{\sum_{i=1}^{m}(w_{1,i}^{t+k} - w_{1,i}^{t})^2}}{\sqrt{\sum_{i=1}^{m}(w_{2,i}^{t+k} - w_{2,i}^{t})^2}} \tag{8.19}$$

在（8.19）式中，$w_{1,i}$和$w_{2,i(i=1,\cdots,m)}$分别为城乡居民各项消费支出在t时刻占总消费支出的比重，m为消费支出的项目数。k为考察时期跨度。DC指数值衡量了城乡居民消费结构更新的速度比较情况。如果$DC<1$，城镇居民消费结构升级速度慢于农村居民，则城乡居民消费结构趋同性可能增强，反之则减弱。

居民消费结构升级不仅是居民生活水平提高的表现，对消费增长也具有促进作用（孙皓和胡鞍钢，2013）。本文通过构建城乡居民消费结构趋同变量（用BC和DC指数衡量）与经济增长、产业结构变量的向量自回归模型（VAR模型），分析城乡居民消费结构趋同的经济效应。VAR模型是分析多个经济变量协同动态作用的有效工具（高铁梅，2009）。在VAR模型中，每个系统变量均表示为其他系统变量滞后变量的函数形式，模型的基本结构为：

$$Y_t = A_1 Y_{t-1} + \cdots + A_p Y_{t-p} + BX_t + \varepsilon_t, t = 1,2,\cdots,T \tag{8.20}$$

在（8.20）式中，Y_t是k维内生变量向量，X_t是d维外生变量向量，p是滞后阶数，T是样本个数，$k \times k$维矩阵$A_1,\cdots,A_p$和$k \times d$维矩阵B是系数矩阵，ε_t是k维扰动向量。基于VAR模型，本文利用Granger因果关系检验和脉冲响应函数方法分析城乡居民消费结构趋同的经济效应。Granger因果关系检验主要是检验VAR模型中系统变量是否受到其他变量滞后值的影响；脉冲响应函数刻画了VAR系统受到冲击时，一个系统变量对其他系统变量的影响效果。

8.5.2 实证研究

在进行实证研究时，我们根据《中国统计年鉴》，将城乡居民消费支出划分为八类，即交通通信支出、家庭设备用品及服务支出、居住支出、食品支出、医疗保健支出、衣着支出、教育娱乐文化支出和其他支出。图 8-6 为城乡居民各项消费支出比重及差距的变化路径。

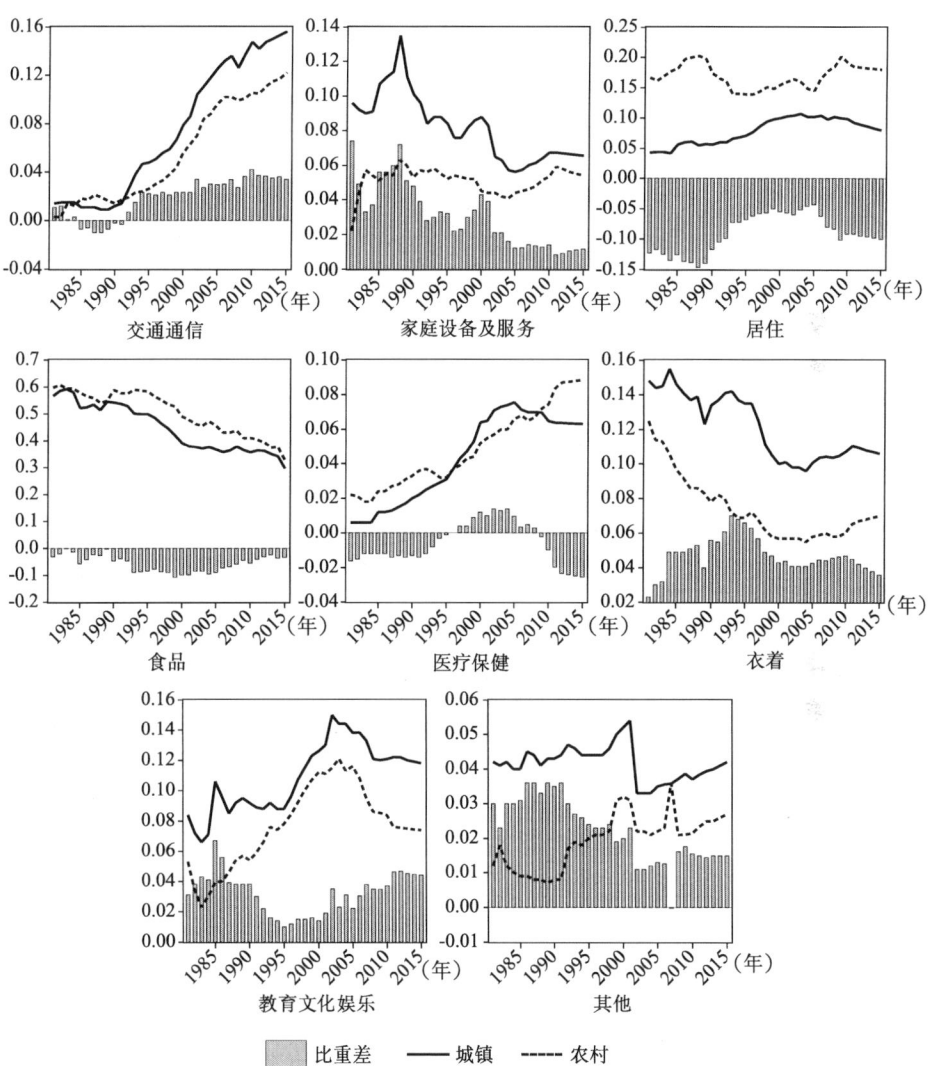

图 8-6 城乡居民各项消费支出比重及差距的变化

从图 8-6 可以看出，城乡居民高层消费支出比重逐渐增加，消费结构持续升级；城镇居民消费结构升级先行于农村居民，但是趋同特征显现。城镇居民的食品、衣着和家庭设备及服务支出的初始比重相对较高，但逐渐减少；交通通信、医疗保健等支出现相反方向变化，比重逐渐增加。农村居民食品、居住和衣着支出的初始比重相对较高，但逐渐减少；交通通信、医疗保健等支出现相反方向变化，比重逐渐增加。城镇居民交通通信、家庭设备及服务、衣着和教育文化娱乐支出比重基本高于农村居民，居住和食品支出比重基本低于农村居民，城乡居民医疗保健支出交替处于相对高位。在城乡居民各项消费支出差距趋势方面，交通通信支出比重差距逐步扩大；家庭设备及服务支出比重差距逐步缩小；食品和衣着支出比重差距先扩大后缩小；居住和教育文化娱乐支出比重差距先缩小后扩大；医疗保健支出差距出现正负方向逆转，现阶段具有扩大趋势。

　　城乡居民的恩格尔系数（食品支出总额占个人消费支出总额）的比重持续降低，更高层次消费支出的比重逐步增加，体现出城乡居民消费结构的变化符合恩格尔定律的基本规律。同时，根据联合国粮农组织提出的标准，恩格尔系数低于30%即为非常富裕，30%~40%即为富裕，40%~50%即为小康，50%~59%即为温饱，59%以上即为绝对贫困。2018年，我国城乡居民恩格尔系数分别为27.7%和30.1%，全国居民的恩格尔系数为28.4%。城乡居民生活水平逐步提高，并且同步提高至富裕阶段。

　　基于各项消费支出比重的变化，根据（8.18）式可以计算得的城乡居民消费结构BC指数，计算结果如图8-7所示。

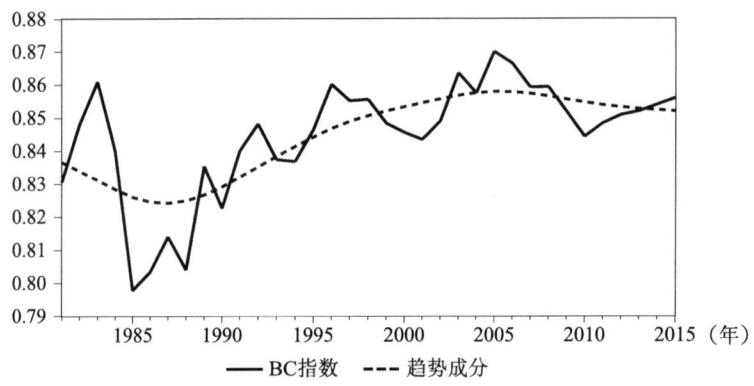

图8-7　城乡居民消费结构BC指数的变化

第 8 章
"需求创造"与消费结构升级的经济效应

从图 8-7 中可以看出,BC 指数总体上呈现先下降而后上升的变动趋势。1981~1988 年,BC 指数的变动幅度较大,并且于 1985 年达到最低点,为 0.80。此后,BC 指数波动上升。我们利用 HP 滤波方法得到 BC 指数的长期趋势成分。长期趋势成分表明,BC 指数长期具有较明显的上升趋势,因此城乡居民消费结构的趋同具有较强的持续性。时间序列的 HP 滤波趋势成分可以作为划分时间序列波动的基准(刘金全和范剑青,2001)。时间序列高于其趋势成分为时间序列的相对快速变化阶段,反之则为时间序列的相对缓慢变化阶段。BC 指数在未来一段时期将会高于其趋势成分,城乡居民消费结构将处于加速趋同阶段。同时,根据 Utzig(2017)的研究,2006~2015 年期间,波兰城乡居民消费结构的 PC 指数总体上达到 0.91 以上。我国城乡居民消费结构的 PC 指数处于 0.80-0.87,这也体现出城乡居民消费结构的趋同性还有提高空间。

城乡居民各项消费支出比重的速度变化是其动态路径形成的基础。我们用乡居民消费支出比重的一阶差分来刻画各项消费支出比重的变化速度情况,计算结果如图 8-8 所示。

从图 8-8 可以看出,城乡居民各项消费支出比重的变化速度的动态模式随时间推移也具有比较明显的变化,体现出城乡居民消费需求变化的阶段性特征。城乡居民的交通通信和医疗保健支出比重的波动幅度总体由小变大。近期阶段,城乡居民交通通信支出比重均持续增长,且城镇居民交通通信支出比重增长相对较快,农村居民医疗保健支出比重持续增长且速度较快,而城镇居民医疗保健支出比重小幅度降低。城乡居民的家庭设备及服务、衣着和教育文化娱乐支出的波动幅度由大变小,并且城乡居民这三项支出比重在近期阶段增长较为缓慢甚至有下降趋势。城乡居民的食品支出比重的波动幅度变化较为平均,食品支出比重持续较快减少并且农村居民食品支出比重减少速度相对较快。城镇居民居住支出比重的波动性相对农村居民总体较弱,并且城乡居民居住支出比重在近期阶段均较慢下降。城乡居民各项消费支出比重的变化速度,体现了居民消费结构升级的方向,并且农村居民食品支出比重的快速下降,为城乡居民消费结构的趋同提供了空间。基于各项消费支出比重的变化速度,根据(8.19)式可以计算得的城乡居民消费结

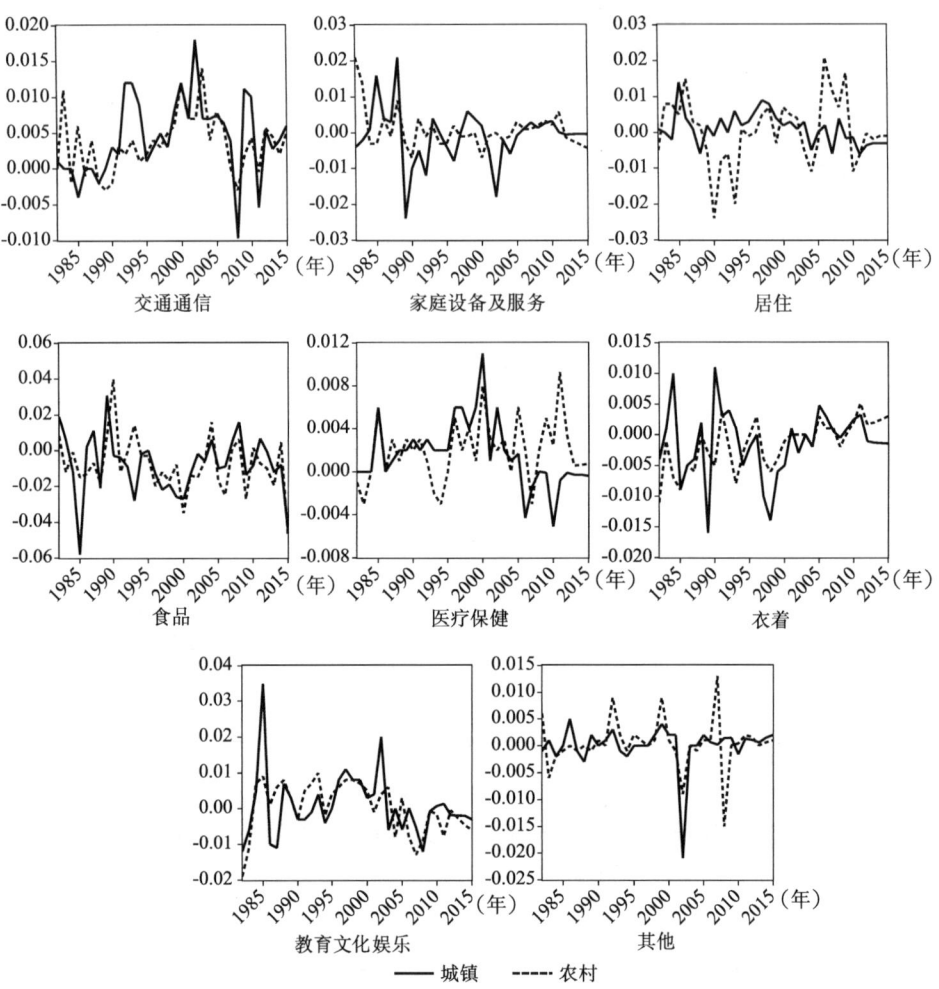

图 8-8　城乡居民各项消费支出比重的变化速度

构 DC 指数，计算结果如图 8-9 所示。①

从图 8-9 中可以看出，DC 指数总体上呈现先上升而后下降的变动趋势。1981~1990 年，DC 指数的变动幅度较大，并且于 1989 年达到最高点，为 3.67。此后，DC 指数呈波动下降，并且于 2003 年左右 DC 指数下降至 1 以下。DC 指数表明农村居民消费结构更新速度与城镇居民的差距逐渐缩小，

---

① 计算 DC 时设定时间跨度为 1 年。

第 8 章
"需求创造"与消费结构升级的经济效应

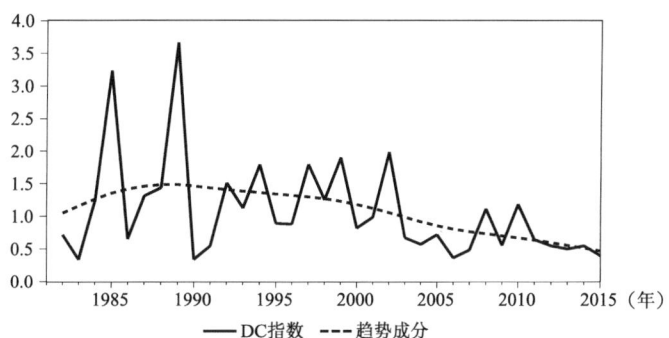

图 8-9　城乡居民消费结构 DC 指数的变化

并且已经进入超过城镇居民的阶段,城乡居民消费结构将会趋同。长期趋势成分表明,DC 指数长期具有较明显的下降趋势,因此农村居民消费结构更新强度长期上相对更大。BC 指数在未来一段时期将会低于其趋势成分,迎来新一个的农村居民消费结构更新速度的加快阶段,体现为农村居民消费需求加快扩大,消费多元化加强,消费结构与城镇居民加速趋同。

DC 指数和 PC 指数之间存在比较明显的负相关性,两者间的相关系数为 -0.42,趋势成分的相关系数为 -0.75。DC 指数越小表明农村居民消费结构更新强度相对城镇居民更大,BC 指数越大表明城乡居民消费结构的相似性越强。DC 指数和 PC 指数之间的负相关性,表明如果农村居民消费结构更新强度相对更大,农村居民消费需求扩大与消费结构升级的速度可能相对更快,对城镇居民消费结构升级"追赶"也开始加快。在消费需求变化的驱动作用下,城乡居民消费结构则可能出现趋同性。

居民消费结构加快升级不仅有助于促进消费增长和经济增长,而且对产业结构优化具有积极作用。① 我们根据 VAR 模型的估计结果,进一步分析城乡居民消费结构趋同对经济增长、居民消费水平和产业结构优化的影响效应。估计模型时,城乡居民消费结构趋同用 BC 和 DC 指数衡量,分别表示为 CBC 和 CDC;经济增长用 GDP 增长率衡量,表示为 EGR;居民消费水平用居民消费水平指数衡量,表示为 RCL;产业结构优化用第三产业增加值增长率

---

① 消费成为拉动经济增长的关键"引擎",中国经济时报,2019 年 7 月 24 日。

衡量，表示为 ISO。相关变量间的 Granger 因果关系检验结果如表 8-4 所示。

表 8-4　　　　　　　　　Granger 因果关系检验结果

原假设	χ^2 统计量	P-值
CBC 非 Granger 影响 EGR	9.584654	0.0020
CBC 非 Granger 影响 RCL	3.113282	0.0777
CBC 非 Granger 影响 ISO	7.617276	0.0058
CDC 非 Granger 影响 EGR	4.444163	0.0350
CDC 非 Granger 影响 RCL	3.717137	0.0539
CDC 非 Granger 影响 ISO	10.57945	0.0011
CBC 和 CDC 非同时 Granger 影响 EGR	16.93497	0.0002
CBC 和 CDC 非同时 Granger 影响 RCL	11.18447	0.0037
CBC 和 CDC 非同时 Granger 影响 ISO	23.05132	0.0000

从表 8-4 中可以看出，BC 指数和 DC 指数均为 GDP 增长率、居民消费水平指数、第三产业增加值增长率变化的 Granger 原因，这说明城乡居民消费结构的趋同对我国经济增长、居民消费水平和产业结构优化具有显著影响。相关变量间的脉冲响应函数曲线，如图 8-10 所示。

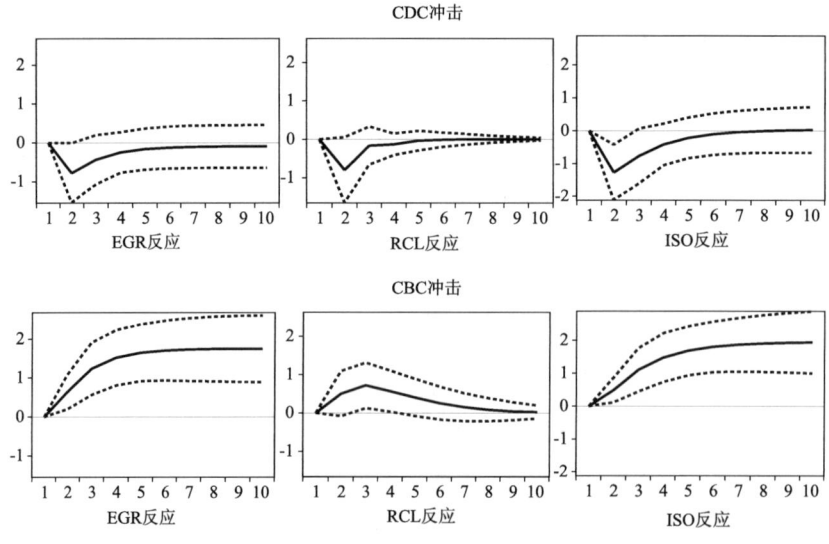

图 8-10　城乡居民消费结构趋同的经济效应

从图 8-10 可以看出，BC 指数冲击会对各个经济变量具有明显的正向影响。BC 指数冲击冲击在滞后 3 期内对 GDP 增长率和第三产业增加值增长率的影响强度持续增加，此后影响强度比较稳定；对消费水平指数的影响在滞后 2 期内的影响持续增大，此后逐步减弱。DC 指数冲击则对相应变量具有明显的负向影响，滞后 2 期内对的影响强度持续增加，此后影响逐步减弱并趋于稳定。脉冲响应分析结果体现出需求变化到结构变化再到经济效应的传导过程，最终效果是伴随经济结构优化的经济持续增长，经济质量逐步提升。

城乡居民消费结构的趋同，将会进一步激发我国居民消费潜力，对经济增长、居民消费水平提升和产业结构优化具有积极的促进作用。我国城乡居民消费结构的升级与趋同过程，不仅是居民生活质量提升过程，同时也是一个以多元化和高端化为特征的需求扩大过程。有效需求扩大从需求层面形成了经济持续增长和产业结构优化的驱动动力，进而促进经济发展质量的提升。2016 年，中国人均消费支出为 2506 美元，略高于中等收入国家的 2485 美元，但是低于世界平均水平的 5914 美元。[①] 我国居民消费在迅速增长的同时也体现出较强的增长潜力。随着城镇和农村居民收入差距缩小，城镇和农村居民消费结构将进一步趋同，农村居民消费潜力仍然会更加体现，在消费支出、耐用消费品拥有量等方面不断提升，消费总体规模持续扩大，对我国经济质量提高的驱动效应也将增强。

8.6 消费结构升级：引领经济转型发展

"需求创造"能够推动我国城镇居民消费结构的演进，进而贡献于经济总量的增长。按照"需求创造"理论，消费品的生命周期由需求决定，与需求变化过程具有一致性。消费者对不同商品消费需求的变化将引起各项消费

---

① 按 2010 年价格计算。

支出占总消费支出比重的变化，直接表现为消费结构的逐步升级。中国居民整体生活水平大致划分为贫困转向温饱、温饱转向小康和小康转向富裕三个阶段，居民消费结构不断升级。城镇和农村居民的医疗保健、交通通信等消费支出的增长速度大体上分别快于城镇和农村消费支出总额的增长速度，是消费增长驱动力。与城镇居民相比，农村居民消费结构升级速度加快，开始了新一轮的"追赶"。城镇和农村居民消费结构变动对消费增长具有显著的冲击效应和时变性影响。未来我国居民消费结构将迎来持续升级的黄金发展时期，对经济增长、居民消费水平提升和产业结构优化具有积极的促进作用。

我国采取进一步扩大内需，通过刺激居民消费来维持经济增长的政策是必要和有效的。我国需要进一步加快转变经济发展方式，建立以消费，特别是绿色消费为主导的经济增长模式，推动需求结构的不断转变。需求结构转变，就是要坚持扩大国内需求（特别是消费需求）的方针，促进经济增长由主要依靠投资、出口拉动向依靠消费、投资、出口协调拉动转变，要以提高居民收入水平和扩大最终消费需求为重点，调整国民收入分配格局，提高居民收入（尤其是从业人员工资收入）在国民总收入中的比重，不断增强最终消费能力。同时，需要进一步加强对正确消费文化的宣传、教育和引导，合理调整居民的边际消费倾向，并且加强对居民消费弹性的识别与判断，有效利用供给与需求管理政策调控居民的消费行为，推进消费结构持续升级、人民生活水平提高。

不断缩小城乡差距是居民消费水平趋同的重要保障。城乡居民消费结构趋同具有四大传导途径。第一，农业生产、农民生活、农村发展和农业劳动力转移正在"四化"，即农业现代化、农民兼业化、农村工业化、农民工城镇化。第二，农业在国民经济中的比重越来越小，使得占90%以上的非农业可以大力支持和反哺农业。第三，城镇人口已经超过并将大大超过农村人口，使得城市可以大力扶助和带动农村；第四，政府财政收入大幅度增加，既增加对农业、农村、农民的支出，又减少对农业、农民的税费，进而合力促进城乡差距不断缩小，城乡居民实现共同富裕。因此，要在农村建立公共财政体系、公共服务体系，为农民提供均等化的基本公共服务；加强投资农村人口和农业劳动力的人力资本，包括教育、医疗、卫生等，提高他们的发展能力；提高农民在非农产业的就业能力，创造良好的人口流动、迁移、就业、居住的政策环境；把减少农业劳动力、农村人口作为各地区重要的发展目标和发展政策，加快城市化进程；提高农业劳动生产率，增加非农收入比例，进而提高农民总收入。

第三部分

中国发展绿色消费：
经济转型的必然之路

第9章 经济发展的生态环境效应：基于产业结构视角

9.1 研究背景与文献回顾

9.1.1 研究背景

环境是人们赖以生存、发展和繁衍的基本要素，也是人类经济生产活动的物质提供者。随着社会生产力的提高和生产规模的扩大，人类社会对生态环境和自然资源的攫取愈发超出自然界的承受力。以高投入、高消耗、高排放为特征的社会大生产，伴随着对不可再生资源的消耗、生态环境的恶化、生态平衡的失调、生态危机的频发。

新中国成立以来，中华民族以崭新的姿态重新屹立于世界民族之林，工业发展成为支撑国民经济高速增长和国家实力显著提升的关键力量，推动中国实现了从农业文明时代到工业文明时代转变的过程。这种快速的转变得益于生产要素市场化发展、生产力水平的不断提高、生产关系的不断协调，有力地激发了产业的发展活动，使产业分工、产业规模、产业实力等得到了前所未有的发展，社会财富得到了极大丰富，人民生活水平得到了极大改善，社会文明程度得到了极大提升。但是在发展的过程中，资源、生态和环境与经济发展的矛盾也日益凸显。

北京市在改善生态环境方面做出了许多努力，并且取得了显著成效。但受到诸多因素的限制，诸如经济发展方式不科学、产业布局不合理等，使得环境污染的压力日益凸显，产业与生态协同发展的问题亟待解决。明确北京市的产业结构与生态环境的协调性，可以为打破北京市传统的经济发展路径，提升北京市经济发展的质量提供了新的方向和思路，有利于全面提升北京市经济发展层次和质量水平。本章对北京产业结构与生态环境的协调发展进行研究，并且探索了北京产业结构的调整策略，丰富了北京有关经济发展和产业结构调整的理论与实证研究。研究结果可以为北京市的产业结构的发展提供有利的思路，为实现产业结构的转型升级提供科学参考。

9.1.2 文献回顾

Meadows 和 Randers 等学者于 1972 年发表经典著作《增长的极限》。他们选择了对人类命运具有决定性意义的五个参数：人口，工业发展，粮食，不可再生的自然资源和污染。由于这五个参数呈指数增长，这种指数增长将使人类走向世界的尽头。由于粮食短缺和环境破坏，未来 100 年内经济增长将达到极限。因此，他们提出了"零增长理论"即限制增长，以避免由于超过地球资源的限制而导致全球崩溃。经典的库兹涅茨曲线是研究经济增长与收入分配两者之间的关系，是一个呈倒"U"形的曲线，即随着经济增长，收入不均水平先增后减。Grossman 和 Krueger（1995）创造性地提出了经济结构效应、技术效应和规模效应，从这三个方面来研究经济增长、产业转移对环境的影响。他们在分析经济增长与环境质量两者的关系时，运用借鉴了库兹涅茨曲线的思想，提出了环境库兹涅茨曲线。环境库兹涅茨曲线也呈现倒"U"形，描述了随着经济增长，环境质量呈现先恶化再改善的趋势。Smarzynska（2004）着眼于多个国家对东欧和前苏联 25 个经济体的投资流动，提出"污染避难所"这一概念，即产业转移的过程和污染转移的过程是相伴相随的。

自 20 世纪 80 年代起，国内学者对环境与经济关系的研究开始逐步深入。总体来看，我国产业结构与生态环境之间关系的研究，大致包括三方面内容：

一是特定产业对于生态环境的影响。Cui 等（2015）为了研究评价 2000 年至 2011 年济南市的生态状况，建立了生态环境质量评价模型。经过实证分析作者发现，降水和日照时数等气象条件与生态环境质量相关性较高，同时产业结构也就是第一产业在国民经济中的比重与生态环境质量也存在着较高的相关性。也就是意味着，充足的降水量，较短的日照时间，以及第一产业占比低的产业结构，往往伴随着良好的生态环境。王菲和董锁成等（2014）为了研究工业结构变迁和污染变化两者的相关性，收集了各省 1995 年到 2010 年二十九个制造业行业的数据，采用工业结构特征偏向指数来进行实证分析。根据实证分析的结果，认为影响区域环境质量的关键因素是工业结构。蔺雪芹和方创琳（2010）以自然资源的使用和生态环境的质量为逻辑起点，对三次产业内部的具体门类进行划分，并在产业结构的基础上构建生态环境影响指数，对产业对生态的破坏程度进行了定量研究。作者以武汉市城市群 1997 年到 2006 年的具体数据为研究样本，分析发现，研究年份期间，该地的生态环境影响指数先呈下降趋势，然后呈上升趋势。这与重工业在第二产业中的比重过大息息相关，也和工业持续规模化紧密相关。刘德光和屈小爽（2016）构建了旅游经济与生态环境协调发展模型，定量分析了 2005 年至 2014 年间 31 个省、市、自治区旅游经济的耦合协调程度。按照旅游经济综合指数和生态环境综合指数两个维度，把 31 个省、市、自治区划分成四种类型：高旅游、高环境型；高旅游、低环境型；高环境、低旅游型；低环境、低旅游型。

二是产业结构对于生态环境的影响。林翊和刘倩（2014）运用典型性相关分析及 Johansen 协整检验等方法对福建省产业结构调整与生态环境质量变化进行分析。通过实证研究发现，第二产业和第三产业是水环境污染的罪魁祸首，大气环境的污染要归罪于第三产业的发展，而第一产业却和水环境污染和大气环境污染都呈现负相关。龚新蜀和达月霞（2015）运用生态足迹模型研究新疆产业结构变化对生态环境的影响。根据分析结果显示，在 2000

年到 2012 年的 13 年间，新疆产业结构的演变使环境质量朝着好的方向变化，并且环境压力也有所减轻。第二产业的生态环境影响指数持续上升，第一产业和第三产业的生态环境影响指数逐步减少，第二产业的环境资源利用效率变得越来越低。李鹏（2015）构建了产业结构演变与环境污染的数理模型，并且构建面板数据模型进行实证研究。实证分析发现，我国产业结构演变和污染物排放总量两者呈现一条倒"U"形的曲线。我国的主导产业截至2012 年，已经实现了从第一产业到第二产业的过渡。环境污染排放在 2004 年至 2012 年期间逐年增加，我国的主导产业在 2012 年之后逐步向第三产业过渡，环境污染排放 2012 年之后会逐步减少。徐君（2015）结合运用典型相关性法、脉冲响应函数、协整检验以及方差分析法，研究呼包银榆经济区产业结构与其生态环境效应。研究发现，对水环境影响程度较大的是第二产业和第三产业；对大气环境影响程度较大的是第一产业和第二产业，特别是后者在生产过程中会向空气中排放大量的污染气体；对固体环境影响程度较大的是第二产业和第三产业，它们在发展过程中都会制造出大量的固体废弃物。由于经济区是"二三一"的产业结构布局，所以受到影响程度最高的是大气环境和固体环境，而水环境受到的影响较前两者较小。李霞等（2016）用典型相关分析、IISNE 及空间分析方法研究榆林市产业结构对生态环境的影响，研究发现，对环境总体影响程度最大的是第二产业，影响程度最小是第三产业。产业结构的总体生态环境影响指数空间差异显著，北高南低，北部是煤炭资源富集区，数值较高且呈现加速集中态势。刘嬉和文彦君（2016）构建产业结构对生态环境的影响指数对陕西省的产业结构演变对环境造成的影响进行分析，研究发现，陕西省产业结构的变化对于生态环境的影响处于一个中等的程度，而这种影响有着变强的趋势。

三是产业结构与生态环境间的协调发展研究。产业结构和生态环境协调发展的相关概念界定和机理分析是国内学者研究的重点。在定量研究方面，主要采用耦合协调模型来进行时空演变分析。万永坤和董锁成（2012）研究甘肃省产业结构和环境质量两者间的耦合协调关系，认为虽然产业结构的调整有利于经济的发展，但副作用是环境压力逐步增加，并且产业对环境压力的强弱取决于产业的类别。邹伟进等（2016）对我国产业结构与生态环境间的耦合协调关系进行分析，认为在产业结构转型的大背景下，2000~2013年，生态环境各个评价指标的数值都呈现上升的趋势，产业结构和生态环境间的耦合协调度由极端不协调转变为失调状态最后稳定为弱协调水平，这说明产业结构和生态环境的协调性稳步向好。王彦（2018）建立河北省产业结构与生态环境两个方面的指标体系，通过主要成分分析确定指标权重，再计算耦合度和耦合协调度，认为2005~2016年间河北省的产业结构系统和生态环境系统的耦合协调度的总趋势是一直增长的，经历了极不协调到优质协调的变化过程。

9.2 核心概念及理论基础

9.2.1 主要概念

1. 产业结构

结构一词的含义，从产业经济学的角度讲，是指产业经济系统各个组成要素间的相互作用、相互搭配和排列状态。产业结构是产业经济系统中，各产业部门间和产业部门内部的构成、各产业间的关联和比例关系，产业结构内涵涉及产业的构成和构成比关系。目前，产业结构内涵一般是指产业体系中不同产业间的关系结构，可以从两个角度来理解产业结构内涵。从"定性"的角度来看，产业结构动态地揭示了一个国家或地区在社会再生产过程中资源之间的分配以及产业之间的技术经济联系的状况，表明了产业之间的相互作用、相互依存的方式。从"定量"的角度来看，产业结构揭示了不同时期和地区不同产业部门的比例以及每个产业中技术经济的比例。

产业分类是研究产业结构、产业关联和产业布局的前提和基础。产业分类要根据其特征和功能按照不同标准进行归类。由于产业分类受到多种因素影响，在国际上存在各式各样的产业分类标准。目前，世界各国存在不同的产业分类方法，三次产业分类是国内外普遍采用的方法。英国经济学家费歇尔提出，在世界经济发展史上，人类社会经济活动经历了三个发展阶段。第一阶段是初级生产阶段，材料直接来源于自然，人类基本上从事农业生产；第二阶段是第二产业，以英国工业革命为起点，当时制造业发展迅速，人类越来越多投身于机器大生产；第三阶段是第三产业，以20世纪初为起点，资本和劳动力越来越多从物质物质生产部门转移出来，向不直接生产商品的部门汇集。在我国，国家统计局印发了《三次产业划分规定》，为我国三次产业划分提供了标准。

2. 生态环境

"生态环境"一词在我国已有60多年的历史。随着经济的发展和生态文明的兴起，人们越来越频繁地提到生态环境。生态环境是指从数量和质量上影响人类生存和发展的自然要素的总称。它可以分为两个方面：一是指自然要素之间的相互组合；二是指人与自然要素之间的具体关系的组合。具体地说，是指生活或人口周围的生活和非生活要素的总和。一般来说，它将包含影响生物生存、繁殖和进化的因素。生态环境按其自身属性可分为海洋环境、大气环境和陆地环境。

生态环境是人类生存、繁衍和发展的平台，保护生态环境我们义不容辞、刻不容缓。良好的生态环境是人与社会持续发展的基础，也是生态文明建设的内在要求和立足点。自然生态是人类社会的生存之基，自然环境是人类社会的发展之本。"加快生态文明体制改革，建设美丽中国"在党的十九大报告中被明确提出，只有在人与自然和谐的社会中，人们才能共享安全的资源和美好的环境。

为了更近一步具体的探讨北京市生态环境的变化情况，从数据的可获得性角度出发，本章用工业废水的排放、工业废气的排放、工业固体废弃物的排放、工业二氧化硫排放总量、城市园林绿化覆盖面积、造林面积、人均水资源拥有量、一般工业固体废弃物综合利用量等数据，来反映北京市生态环境的变化情况。

9.2.2 理论基础

1. 可持续发展理论

1987年，世界环境与发展委员会在《我们共同的未来》报告中，首次阐述了"可持续发展"的概念。对可持续发展进行定义："既能满足当代人的需求，又不对后代人满足其需要的能力构成危害的发展。" 1992年6月，在巴西里约热内卢召开的联合国环境与发展大会，通过和签署了《全球21世纪议程》《里约热内卢环境与发展宣言》等重要文件。《全球21世纪议程》并不具备法律约束力，但为采取措施保障人类共同的未来建立了一个全球性框架，明确了发展与环境的联系，使可持续发展走出了理论探索阶段，提出了可持续发展战略，并将其付诸于全球行动。可持续发展是一种多要素的、全方位的、综合的发展，它不仅取决于经济因素，而且取决于与经济因素有紧密联系的非经济因素，涉及人口、科技、教育、政治、制度、资源、环境等许多领域。不同的产业结构具有不同的经济发展能力、资源利用效率能力和环境保护能力。合理的产业结构不仅可以促进经济协调发展，而且可以减少环境污染。

2. 生态经济理论

1989年，美国著名的生态经济学家Costanza在《生态经济学》杂志提出生态经济学的概念，认为生态经济学是研究经济系统和生态系统的关系，特别是将多学科、跨学科的方法加以运用来研究当前的生态经济问题。进入20世纪90年代，Costanza等生态经济学家认为，现有学科没有很好地研究经济系统和生态系统的关系，生态经济学更广泛地论述了经济系统与生态系统之间的关系，鼓励把现代经典环境经济学与受到生态学的影响的诸多学科都纳入其子学科，并且提倡创新地考虑经济系统和生态系统两者之间的关系。

生态经济学对经济与生态的关系展开重新思考，修正和创新相关理论。从整体上看，生态经济学正视人们对生态环境的需求，认识到自然资源的有限性。它的目标是不超过生态环境承载能力的经济发展，而不是片面的经济增长。生态经济的核心问题主要包括两个方面：一是经济效益和生态需求的最大化；二是资源的无限性和生态资源的有限性。与简单的经济评价标准相比，生态经济评价指标评价的是生态经济的综合效应，衡量生态系统服务价值也涵盖在其中。货币评价标准体系一方面包括绿色GDP评价和生态系统服务价值评价，另一方面包括正影响分析和负影响分析。

3. 产业生态理论

产业生态的概念并没有被国外学者专门研究，而其基础和应用研究是国外学者的重点聚焦领域，并在这一领域取得了丰硕成果。1989年，美国科学家Frosch和Nicholas在他们的文章《可持续工业发展战略》中指出，"新的工业生产方式可以减轻对环境的影响"，并在真正意义上提出了工业生态学的概念。同时，产业生态系统的概念也被提出，他们认为把自然界生态原理如物质循环、能源层递等应用到产业系统中，可以对产业发展起到持续的促进作用。此后，学者们开始聚焦产业生态学的研究，并取得了大量研究成果。

产业生态学是生态学和产业经济学之间相互交叉、融合、渗透而形成的新兴学科。它把产业系统视作一个人工的可持续的生态系统，用生态学的思路和工具来加以研究分析，对产业系统的生态表象、演进方向和深层规律进行研究，改变了对产业经济进行研究长期形成的思维习惯。

产业生态系统与自然生态系统的运行也存在着相似之处，各个企业与产业各就各位、各负其责，分工明确，在系统中每个部分承担着自己应有的角色，主要包括：生产者、消费者、分解者等，依据产业种群、产业集群、企业物种、产业系统而构成不同的层次结构，具有"共生互惠、协同竞争、领域共占、结网群居"等特点，形成企业—企业、产业—产业、产业—环境的联系链，相互作用，相互贯通，并就特定的物质、能量和信息流进行必要的交换。生态产业理论重视物质能量的循环流动，位于生态系统内的企业、产业依据各自的生态位形成了生态链，在该生态链下，能够实现资源的循环利用，降低污染物的排放，在一定程度上对生态环境起到保护作用，提供了优化产业系统与生态系统的可持续发展的实现路径。

4. 协同理论

H. Haken在1970年创立了协同理论，也称为"协同论"或"调和论"。

1977年，他出版了《协同学概论》，建立了协同学的基本理论结构。协同是协同理论的主要内涵，对系统中每个子系统在相互协同作用下如何从无序变为有序的研究是协同理论的本质。协同理论一般认为，社会的或自然界的，宏观的或微观的，无生命的或有生命的，这些各种各样的系统都是由各种子系统组成的复杂系统。而系统内部处于一种混沌的状态，存在着有序或无序的联系和发展。在特定条件下，这种有序或无序的联系和发展可以发生转变。有序的联系与发展可以达到向无序的联系与发展的转变，无序的联系与发展反之也可以实现向有序的联系和发展的转变。协同理论的意义在于研究如何协调系统的各个要素，让无序的联系和发展转化为有序的联系和发展，以使系统的整体效率大于系统中各个要素功能的简单相加的总和。按照协同理论，区域经济的系统化发展，是指在一定条件下，构成一定区域的个体经济要素相互协调，实现区域经济的有序发展。通过各个经济要素之间的协调，可以实现一个经济区域的经济系统、生态系统和社会系统的可持续发展。

9.3 产业结构演化的生态环境效应

9.3.1 产业结构的演变

2008年国际金融危机之后，北京市社会经济发展的态势总体良好，GDP总量增长的趋势明显。2008年北京市的GDP是10488.03亿元，年均增14.4%，到2018年底，北京市共有人口2154万人，GDP总量达30320亿元，人均GDP达30319元，高于全国平均水平，如图9-1所示。

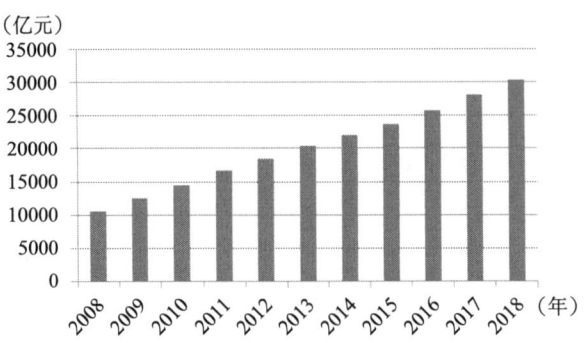

图 9－1　北京市 GDP 总量的变化

产业结构是指产业经济体系中各个产业部门的构成和相互之间的关系，是各个产业之间的相关关系和比例关系。产业结构的变化既包括在发展规模方面的产业之间数量关系的变化，也包括产业之间相互关系的变化。通常用每个行业的增加值占 GDP 的比率和每个行业的就业比例来衡量。从图 9－2 中可以看出，北京市三次产业 GDP 总量以不同的幅度在变化，第一产业处于一个平稳的状态，第二产业和第三产业 GDP 总量以明显的幅度增长，尤其是 2016 年之后，第三产业上升幅度变得更快。

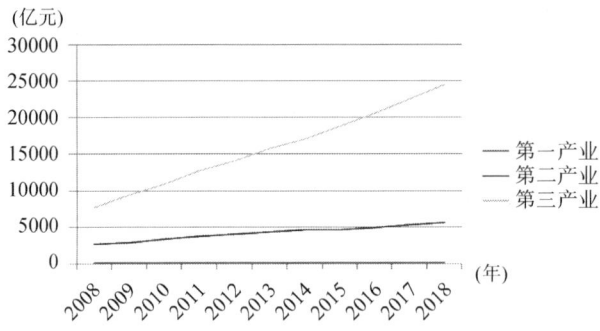

图 9－2　北京市三次产业增加值的变化

从图 9－3 可以看出，2008 年到 2018 年，第一产业和第二产业产值占 GDP 的比重一直在下降，三次产业结构比重的变动幅度不一，其中第三产业等相关产业拉动是北京市三次产业结构比重变动的主要驱动力，第一产业和第二产业以相对缓慢的速度在发展。北京市想要优化产业结构，就要把重点放在第三产业的深化上,同时延长第二产业的产业链,增加第一产业的附加值。以"三、二、一"产业结构为基础,实现第一产业、第二产业和第三产业的协调发展。2018 年,三次产业结构比例为 0.39:18.63:80.98。从整体上而言,北京市产业结构的变化是合理的,第一和第二产业占比稳步下降,第三产业占比稳步上涨,而且以是以一种较快的速度增加,在北京市 GDP 总量中占比甚至达到了 80%。北京市已经处于典型的后工业社会结构。

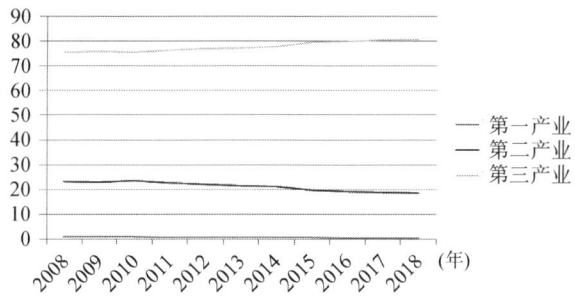

图 9-3 北京市三次产业结构比重变化

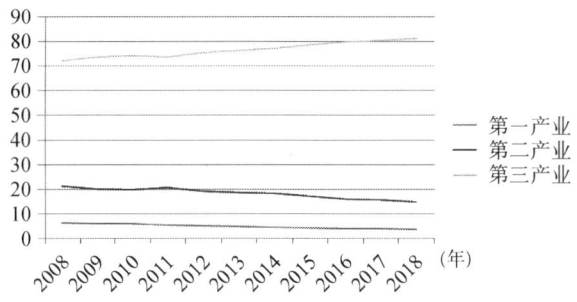

图 9-4 北京市三次产业就业结构变化

从图 9-4 可以看出,在 2008 年到 2018 年,北京市三次产业就业人口比重变得越来越分散。第三产业就业人数占总就业人数的比重以较快的速度增长,达到了 80% 以上,第一、二产业就业人数的比重持续减少。随着生产力发展,第一产业从业人口在全部劳动力中的比重和第一产业实现的 GDP 在整个北京市 GDP 中的比重,都呈现不断下降的趋势;第二产业在北京市收入中的比重呈下降趋势,第二产业劳动力比重偶有波动但大体上呈现轻微下降的态势;第三次产业就业人口比重和世界上绝大多数国家相似都在稳步增加。

9.3.2 生态环境的演变

人类的经济活动和生态环境之间存在着极为密切的关系。经济生产活动和生态环境质量两者紧密相关。开展经济生产活动时，产业结构和生态环境是一对对立统一的矛盾，一方面，生态环境也会随着产业结构的变化而变化；另一方面，生态环境的变化反过来又会对产业结构的变化造成影响。

按照一定的标准，生态环境划分为水环境、大气环境、固体环境。根据该标准，学者们通常采用废水排放量、废气排放量和固体废弃物的产生量等指标来对环境质量进行评价。本章以 2008 年到 2018 年北京市的废水排放量、二氧化硫排放量以及工业固体废弃物的产生量为研究样本，来分析北京市这三种污染物排放的变化过程。在此基础上，我们能够看出北京市生态环境的变化情况。

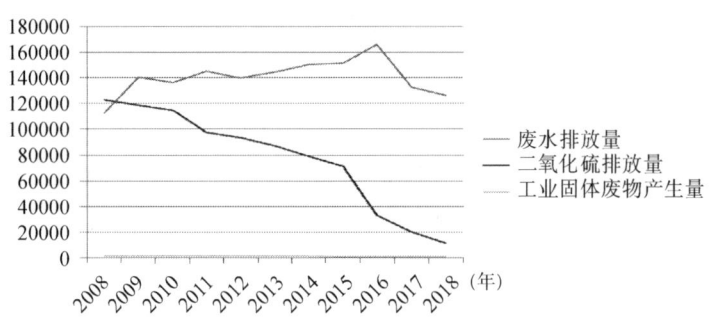

图 9-5　北京市环境污染物排放量的变化

由图 9-5 可以看出，北京市的废水排放基本上呈逐年上升的态势，且 2008 年至 2016 年呈现较大幅度的上升，但 2017 年有所回落；二氧化硫排放量从 2008 年大幅锐减，这表明北京市近十年的空气质量稳步向好；工业固体废物的产生量基本上保持稳定。从总体上看，北京市的环境质量总体较好，但水环境依旧堪忧，环境保护任重道远，北京市依旧要加大对水环境的治理力度。

9.3.3 不同产业发展对生态环境的影响

1. 第一产业发展对生态环境的影响

第一产业的生产活动是一把双刃剑，对生态环境既有促进的方面，也有阻碍的方面。第一产业对生态环境的积极影响在于：第一产业的主要生产对象是蔬菜水果等绿色植物。这些植物可以通过光合作用吸收二氧化碳、释放出大量的氧气，涵养水源、防风固沙，保持生态平衡。消极影响在于：农业生产大量使用化肥农药，这些化肥农药进入生态系统后，会对水环境和大气环境造成污染，同时农业生产对水资源的需求量巨大，消耗大量的水资源，使当地水资源十分紧张，地下水也在不断减少。

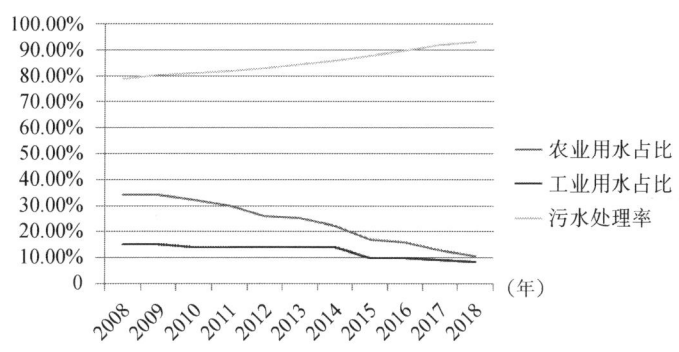

图 9-6 北京市用水情况与污水处理率的变化

由图 9-6 可以看出，北京市农业用水占比在本章研究时段的第一年即 2008 年是最高的，达 35%，但在这十一年间下降态势明显，在 2018 年减少到 13%。但工业用水占比一直很高，比工业用水占比高出两倍多，这种情况在 2011 年才有所扭转。而在北京市水资源越来越匮乏的背景下，北京市可持续健康发展显然受到了制约，生态受第一产业的影响程度越来越凸显。

2. 第二产业发展对生态环境的影响

第二产业的生产活动伴随着石油、天然气等不可再生资源的大量消耗，同时也伴随着许多工业废水、工业废气、工业固体废弃物的排放，环境污染的罪魁祸首就是工业污染物。与此同时，工业高速发展会对工业用地的需求变大，工业用地规模扩张，大量农田、林地、牧场等优质土地资源被开发为柏油、水泥地面，农林牧等土地资源对生态环境的正向影响减少了。

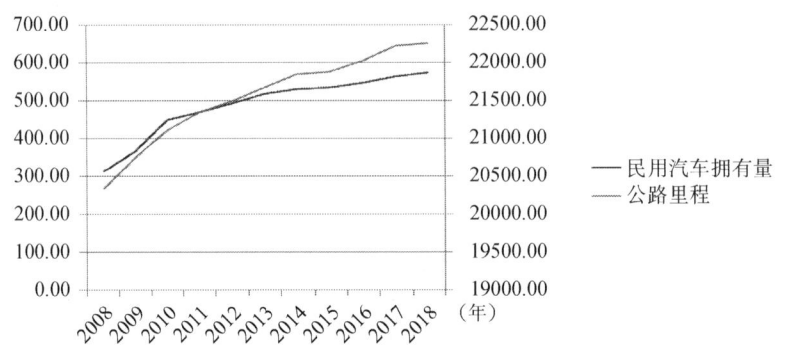

图 9-7 北京市电力消费量的变化

如图 9-7 所示，2008~2018 年，北京市的能源消费总量逐年攀升，其中 2008 年的电力消费量为 689.72 亿千瓦小时，2018 年已是 2008 年的 1.66 倍，高达 1142.38 亿千瓦小时。

3. 第三产业发展对生态环境的影响

从整体上而言，对自然资源的依赖程度，第三产业发展是在三次产业中是最低的，因此第三产业较第一产业和第二产业来说，对生态环境的负面影响较小。交通运输业的发展要求大量修建公路、铁路、桥梁、轨道等基础设施，不可避免地占用和分割土地，破坏土壤和植被。所以交通运输业是对生态环境的影响程度和破坏力比较大的第三产业门类。此外，交通建设各阶段及运营期造成了严重的大气污染，机动车辆的增加也意味着石油、天然气等不可再生资源的消耗速度加快。

由图 9-8 可知，2008 年到 2018 年北京市公路里程呈现持续增加的趋势，2008 年是 20340 公里，2018 年达到了 22256 公里，是 2008 年的 1.09 倍。民用汽车拥有量也持续增加，2008 年是 313.68 万辆，2018 年达到了 574.04 万辆，是 2008 年的 1.83 倍。马路上行驶的每一辆汽车都会给环境造成潜在的污染。公路里程和民用汽车拥有量剧增，必然意味着碳氢化物、氮氧化物、二氧化硫等汽车尾气的大量排放，不但会直接危害人体健康，而且对北京市市民生活的生态环境造成了严重的破坏。

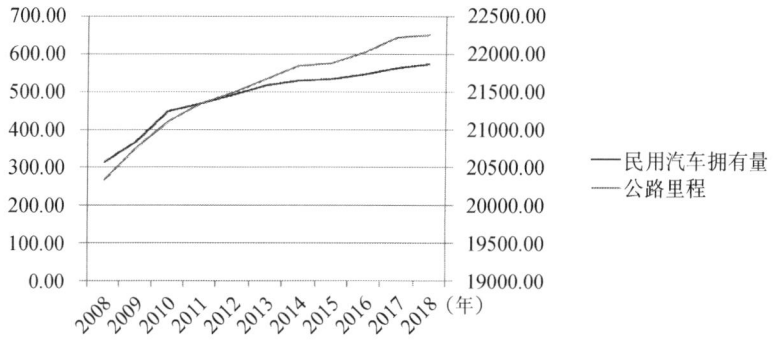

图 9-8　北京市公路里程和民用汽车拥有量的变化

9.4　产业结构与生态环境的耦合协调度

9.4.1　指标体系的构建

产业结构和生态环境是截然不同的两个系统。产业结构系统和生态环境系统两者之间会产生相互作用，而且这两个系统内部各个要素也会产生相互影响。这给我们研究产业结构和生态环境两者之间的关系的工作增加了难度。所以，要选取科学而合理的指标，构建严谨而可靠的指标体系，来提升实证分析的信度和效度，为研究产业结构和生态环境的耦合协调打下坚实的基础。本章以综合性、独立性、可量化性等原则为指导，参照国内外学者有益的研究成果，以2019年中国统计年鉴和北京市统计年鉴的相关数据为样本，构建了北京市产业结构和生态环境协调发展的指标体系如表9-1所示。

表 9-1　　　　　产业结构和生态环境评价指标体系

目标层	指标层	单位	正负
产业结构评价指标体系	第一产业增加值/第二产业增加值	%	负
	第二产业增加值/第三产业增加值	%	负
	第一产业从业人数/第二产业从业人数	%	负
	第二产业从业人数/第三产业产业人数	%	负
	人均生产总值	元/人	正
	社会劳动生产率	元/人	正
生态环境评价指标体系	废水排放总量	万吨	负
	固体废弃物排放总量	万吨	负
	二氧化硫排放总量	万吨	负
	公园绿地面积	公顷	正
	造林面积	公顷	正
	人均水资源拥有量	立方米/人	正
	生活垃圾无害化处理率	%	正
	工业污染治理完成投资	亿元	正

产业结构评价指标体系的指标层涵盖以下六个具体指标：指标一，第一产业增加值/第二产业增加值（%）；指标二，第二产业增加值/第三产业增加值（%）；指标三，第一产业从业人数/第二产业从业人数（%）；指标四，第二产业从业人数/第三产业从业人数；指标五，人均生产总值（元/人）；指标六，社会劳动生产率（元/人）。

生态环境评价指标体系的指标层涵盖以下八个具体指标：指标一，废水排放总量（万吨）；指标二，固体废弃物排放总量（万吨）；指标三，二氧化硫排放总量（万吨）；指标四，公园绿地面积（公顷）；指标五，造林面积（公顷）；指标六，人均水资源拥有量（立方米/人）；指标七，生活垃圾无害化处理率（%）；指标八，工业污染治理完成投资（亿元）。

9.4.2　指标权重的确定

在指标权重的确定过程中，本章采用了熵值法。熵值法是一种客观赋权法，其根据各项指标的离散程度来确定指标的权重。下面是具体步骤：

第 9 章
经济发展的生态环境效应：基于产业结构视角

步骤 1：对各指标进行标准化处理，假设有 m 个对象，n 个指标。

正向指标：$X_{ij} = \dfrac{a_{ij} - \min\{a_{ij}\}}{\max\{a_{ij}\} - \min\{a_{ij}\}} (i = 1,2,\cdots m, j = 1,2,\cdots n)$

负向指标：$X_{ij} = \dfrac{\max\{a_{ij}\} - a_{ij}}{\max\{a_{ij}\} - \min\{a_{ij}\}} (i = 1,2,\cdots m, j = 1,2,\cdots n)$

步骤 2：计算第 i 个对象在第 j 项指标下所占的比重，$P_{ij} = \dfrac{x_{ij}}{\sum_{i=1}^{m} x_{ij}}$

步骤 3：计算第 j 项指标的熵值，$e_j = -\dfrac{1}{\ln m}\sum_{i=1}^{m}(P_{ij}\ln P_{ij}) e_j \in 1 - e_j$

步骤 4：计算差异性系数，$g_j = 1 - e_j$

步骤 5：计算第 j 项指标的权重，$W_j = \dfrac{g_j}{\sum_{i=1}^{m} g_j}$

步骤 6：计算各评价指标的综合得分，$U_j = \sum_{j=1}^{n} W_j X_j$

在产业结构和生态环境的评价体系的基础上，本章以北京市 2008 年到 2018 年评价体系中指标的具体数值为研究样本，按照上述步骤，分别计算出了产业结构和生态环境各评价指标权重，如表 9 - 2，表 9 - 3 所示。

表 9 - 2　　　　产业结构评价 8 个指标信息熵及权重

	第一产业增加值/第二产业增加值	第二产业增加值/第三产业增加值	第一产业从业人数/第二产业从业人数	第二产业从业人数/第三产业从业人数	人均生产总值	社劳动生产率
信息熵	0.8814	0.842	0.907	0.8923	0.8656	0.5448
差异系数	0.1186	0.158	0.093	0.1077	0.1344	0.4552
权重	0.1112	0.1481	0.0871	0.101	0.1259	0.4267

表 9 - 3　　　　生态环境评价 8 个指标信息熵及权重

	废水排放总量	固体废弃物排放总量	二氧化硫排放总量	公园绿地面积	造林面积	人均水资源拥有量	生活垃圾无害化处理率	工业污染治理完成投资
信息熵	0.9297	0.8514	0.8439	0.9226	0.8354	0.9027	0.9317	0.8522
差异系数	0.0703	0.1486	0.1561	0.0774	0.1646	0.0973	0.0683	0.1478
权重	0.0756	0.1597	0.1678	0.0832	0.1769	0.1046	0.0734	0.1588

9.4.3 耦合度及耦合协调度模型

耦合度反映了系统由无序转变为有序的过程，反映了系统要素之间的同步程度和相互作用，但这种相互作用是优还是劣，无法通过其得出。而耦合协调度能反映出这种相互作用的优劣情况，体现了系统之间的发展过程中的相互作用关系以及总体发展水平，产业结构与生态环境的相互作用的总体协调性可以被更好地分析。

产业结构和生态环境系统的综合得分：$U = au_1 + bu_2$

产业结构和生态环境系统的耦合度模型：$C = 2\sqrt{\dfrac{u_1 \times u_2}{(u_1 + u_2)^2}}$

产业结构和生态环境系统的耦合协调度模型：$D = \sqrt{C \times U}$

其中：U 为产业结构与生态环境系统的综合得分，C 是耦合度，D 是耦合协调度。其中 u_1 和 u_2 分别是产业结构和生态环境的评价得分。a 和 b 分别是产业结构与生态环境系统的得分系数，因为两者的重要性相当，即 a 和 b 的数值相同，都为 0.5，也就是 $U = \dfrac{u_1 + u_2}{2}$。

两系统的耦合协调度可以划分为 4 种类型，如表 9-4 所示。

表 9-4　　　　　　　　　耦合协调度等级划分

区间	耦合度 C	耦合协调度 D
[0.0, 0.3]	低度耦合	低度耦合协调
(0.3, 0.5]	拮抗阶段	中度耦合协调
(0.5, 0.8]	磨合阶段	高度耦合协调
(0.8, 1.0]	高度耦合	极度耦合协调

其中当耦合协调度的取值为 [0, 0.3] 时，说明产业结构系统和生态环境系统低度耦合协调；当耦合协调度的取值为 (0.3, 0.5] 时，说明产业结构系统和生态环境系统中度耦合协调；当耦合协调度的取值为 (0.5, 0.8] 时，说明产业结构系统和生态环境系统高度耦合协调；当耦合协调度的取值为 (0.8, 1.0] 时，说明产业结构系统和生态环境系统极度耦合协调。

将数据代入耦合度模型和耦合协调度模型,通过计算得到 2008~2018 年北京市的产业结构与生态环境的综合得分、耦合度及耦合协调度,如表 9-5 所示。

表 9-5　　　　　　产业结构与生态环境的耦合协调度

年份	U 产业结构	U 生态环境	C 耦合度	U 综合	D 耦合协调度	耦合类型
2008	0.0183	0.3012	0.4647	0.1598	0.2725	低度耦合协调
2009	0.0443	0.1772	0.8000	0.1108	0.2977	低度耦合协调
2010	0.5129	0.1178	0.7795	0.3154	0.4958	中度耦合协调
2011	0.1688	0.2409	0.9844	0.2049	0.4491	中度耦合协调
2012	0.2072	0.4474	0.9302	0.3273	0.5518	高度耦合协调
2013	0.2643	0.4703	0.9599	0.3673	0.5938	高度耦合协调
2014	0.3199	0.3961	0.9943	0.3580	0.5966	高度耦合协调
2015	0.4042	0.5278	0.9912	0.4660	0.6796	高度耦合协调
2016	0.4681	0.6139	0.9909	0.5410	0.7322	高度耦合协调
2017	0.5252	0.8378	0.9733	0.6815	0.8145	极度耦合协调
2018	0.6138	0.854	0.9865	0.7339	0.8509	极度耦合协调

两个系统的耦合程度以及协同关系可以通过耦合度判别,但耦合度却难以反映两个系统间相互作用的水平。也就意味着,即使产业结构评价得分和生态环境评价得分都比较低,但也存在着两者耦合度很高的可能性。因此我们重点关注耦合协调度的变化情况。从图 9-9 中,直观可见,北京市产业结构和生态环境的耦合协调度,随着时间的推移,数值越来越高,由 2008 年的低度耦合到 2018 年的极度耦合,表示两者的耦合协调越来越好。

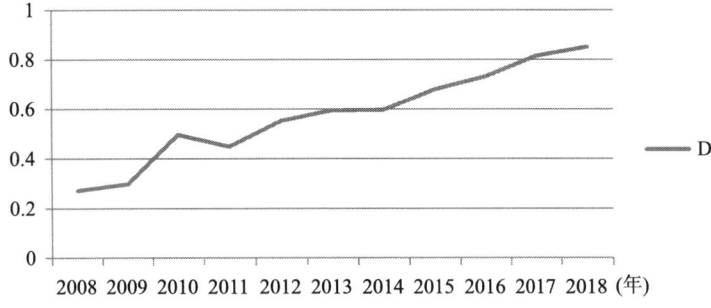

图 9-9　耦合协调度的变化趋势

北京市 2008 年第一占比 1.0%，第二产业占比 23.2%，第三产业占比 75.8%，该年第一产业比重和第二产业的比重处于 2008 年到 2018 年的最高值，而第三产业比重处于 2008 年到 2018 年的最低值。与此同时，工业污染治理完成投资处于最低峰，仅仅为 78475 亿元。在这种情形下，经济的发展是建立在破坏生态环境的基础上的，这种以牺牲生态环境为代价的经济发展方式，可以在耦合协调度上直观地反映，此时耦合协调度数值偏低，仅为 0.2725，耦合协调度等级为低度耦合协调。这一时期，北京市产业结构进行了持续优化调整，2018 年第一产业比重相比于 2008 年降低了 0.6%，第二产业占比降低了 4.6%，第三产业占比上升了 5.2%，产业结构进一步优化。另一方面，2018 年工业污染治理完成投资比 2008 年增加了近 2.24 倍，高达 176116 亿元。此外，北京奥运会的举办、党的十八大的召开、北京 APEC 会议的召开、新《环保法》的诞生等大事件，使得北京市加大了环境整治的力度。在产业结构优化和环境整治力度加大的双重作用下，北京市的生态环境稳步向好，产业结构和生态环境两者之间的耦合协调度由低度耦合协调转变为极度耦合协调。

9.5 绿色发展：产业结构调整的核心方向

9.5.1 产业结构升级层面策略

按照"中国制造 2025"和"互联网+"行动计划为指导，按照生态建设和经济发展协调促进的要求，着力推动京津冀协调发展，抓住北京市的机遇。以产业布局调整和产业链结构调整为契机发挥区位和资源优势，促进产业结构优化升级，形成以现代都市农业为基础，以环境友好型工业为重点、以现代服务业为支撑的高效生态产业体系。

1. 做优做强现代农业

没有满目的泥土灰飞,也看不见传统的人工耕作,智能自动化控制管理,精准量化科学种植,标准化、品质化的蔬食生产,自主性农业高新技术设备的研发随处可见,现代农业完全打破了人们对脚下土地和传统农业的印象,使人惊叹不已、耳目一新。

突出区域特色和创意创新,打造北京市现代都市农业品牌。品牌是信誉的凝结。当前,农业品牌政策环境日益优化,顶层设计更趋完善,中国农业正在进入品牌时代。近年来,北京市现代都市农业发展迅速,在促进传统农业转型升级、农民增收等方面成效显著,但也面临着产业质量档次不高、市场竞争实力不强、创新发展动能不足等一些问题。北京市要在品牌管理、品牌宣传、品牌培育等方面下功夫、出实招、见成效,明确企业社会责任、细化市场服务方式,形成动态的进出机制,进一步评定品牌影响力强度,构建北京农业品牌大数据监测,创建品牌咨询专家团队,为北京农业品牌化发展作出贡献。把昌平草莓、昌平苹果、大兴西瓜、平谷大桃、怀柔板栗等品牌发扬光大。

此外,引入"金三角"合作模式,推动智慧农业发展。在学习荷兰瓦赫宁根大学"政府+企业+科研机构"的"金三角"模式基础上,建立"政府—政府、企业—企业、院校—院校"的"双金三角"模式,整合"三农"土地、资金、技术等要素,基础研究、应用研究、商业推广、农业高新产业孵化等环节技术体系形成,打造北京市农业高精尖产业体系,推动农业科技创新示范区建设。要加强智慧农业的体系建设,强化政府的组织引导和协调作用,形成政府、高校、科研院所、企业协同创新机制,推动数字农业形成"一盘棋""一张网""一张表"。

2. 推动工业转型升级

北京市区的工业已经规模过大、过分集中,给城市造成了能源交通紧张、供水严重不足、工业污染严重、环境质量恶化等一系列问题,同时,这也与北京作为首都的城市职能不相符合的。因此,这种状况亟待改变。

如何摆脱依赖高能耗企业和传统产业为主的工业结构"瓶颈",如何实现传统工业转型发展的目标?是北京市必须面对的考题。坚守"发展和生态"两条底线，按照"工业生态化和生态工业化"要求，抢抓国家新能源新材料产业快速发展机遇，加快传统工业转型升级的步伐，加大对新兴绿色产业的培育力度，大力发展新能源新材料产业和劳动密集型轻工产业，培育战略竞争力。必须秉持着好的发展理念——以工业转型为重点，以生态改善为关键，按照"工业生态化和生态工业化"要求，保证人与自然和谐共生，在生态环境保护上制定最严格制度、执行最严密法治，大力推进传统工业转型升级，积极培育新兴绿色产业，助推辖区社会经济实现高质量发展。

北京市要加快绿色制造体系建设，推进工业绿色转型升级。北京市要在优势产业领域选择一批工作基础好、代表性强的优势骨干企业，创建一批具备用地集约化、生产洁净化、废物资源化、能源低碳化等特点的绿色工厂。在此基础上，逐步展开绿色设计产品、绿色供应链和绿色园区的建设。通过工业产业结构性调整，技改升级传统支柱产业，信息化升级改造新型科技企业，推动园区产业资源产出率、能源产出率均大幅提升，工业三废排放减少，循环利用率提高，处理成本降低，为绿色发展铺下坚实基础。

北京市工业体系完备、应用场景丰富，这必将引来更多的产业新要素，促进更多要素之间互动耦合。北京市要重点支持工业互联网基础设施、5G基站、人工智能等新型基础设施建设；促进大规模个性化定制、共享制造、供应链协同等新业态模式发展，以及"5G+工业互联网""人工智能+工业互联网""共性基础技术+工业互联网"等技术创新；服务以跨行业跨领域的工业互联网平台为核心的高端智能装备、电子信息等产业集群，智慧农业、智慧交通、智能制造等企业集群的培育，加快促进工业互联网、人工智能、5G产业实现集聚发展。

此外北京市要坚持区域联动，提升发展内生动力。一方面，北京市各区从空间布局优化、基础设施对接、产业协同运作、要素资源整合、公共服务共享等方面促进北京市产业协同发展和要素流通，实现联动发展，一体化发展。另一方面，北京市进一步强化与天津、河北等周边区域的产业分工协作，引导产业合理分工、配套、联动发展，推动产业有序转移集聚，联手打造区域合作产业链和优势产业集群。

3. 大力发展现代服务业

服务业的发展对于减缓经济下行压力、吸纳就业、促进传统产业转型和新动力发展具有重要作用。随着消费升级、技术进步、新型城镇化和产业结构调整，大量服务需求和服务创新将不断涌现。因此，规划做大做强服务业，努力构建以高质量发展为指导，以提高服务业质量和效益、实现发展倍增为目标的现代服务经济体系，是发展的必然方向。

受产业结构、发展周期等因素的影响，特别是跟纽约等同类城市相比，北京市服务业优势不显、特色不明，服务业国际化水平不高。未来，北京市要继续培育壮大新兴服务业，恢复发展传统服务业，构建优质高效、布局合理、融合共享的现代服务产业体系，形成各种业态"百花齐放"、各类企业"万马奔腾"的发展格局。

巩固发展好生产性服务业。发展服务业尤其是生产性服务业，对做大做强制造业、带动现代农业发展具有重要支撑作用。目前，全市生产性服务业增加值占服务业增加值的比重非常高，发展势头良好。下一步，北京市要千方百计扩大规模、提高质量、增加效益，把生产性服务业巩固好发展好，加快发展生产性服务业，重点是要做大做强软件及信息技术服务业、优化提升现代物流业、做特做优现代金融业、培育壮大高端服务业、创新发展现代会展业。同时，加强基于大数据、云计算、区块链、人工智能、5G等新一代信息技术的软件产品研发和应用，推动与社会各领域深度融合发展。

提升生活性服务业供给能力和水平。生活性服务业与民生特别是百姓的衣食住行密切相关。发展生活性服务业，有利于提高社会服务水平，改善百姓生活质量。北京市要聚焦文化旅游业、健康服务业、商贸服务业和社区服务业等重点领域，持续提升生活性服务业供给能力和水平，推动生活性服务业向高品质和多样化升级。以商贸服务业为例，要优化传统商贸业、扩大新兴商贸业、做大高端商业，推动商贸服务业转型增效。在社区服务业领域，要加快发展家政服务、突出发展社区便民服务、全力发展家庭用品配送服务。另外，还要搭建智慧社区服务平台，打造集生活服务和社区治理于一体的社区生活管家；激活社区商业，拓展精细化定制、"微生活""云社区"等新服务模式。

促进线上线下服务业深度融合。疫情防控下催生的服务业新需求、新供给,特别是社会生产服务活动加速"触网",线上线下深度融合,都倒逼我们要创新服务新业态、新方式。北京市要加快培育线上业态、加快发展线上服务、加快推动线上管理。大力培育重点产业互联网平台,积极培育发展新零售,注重发展数字化金融服务;探索发展"宅生活"服务模式、"在线医疗"服务模式、"在线教育"服务模式,提升商务活动线上服务能力;推进城市运行"一网统管"、政务服务"一网通办",推动基层服务"一网治理"。

9.5.2 生态环境保护侧面策略

坚持绿色富市、绿色惠民,把生态治理作为最大的民生,持续推进水土气污染防治,保障自然资本保值增值,加快生态文明制度建设,着力补齐生态短板。在人、自然和社会协调可持续发展的目标准绳指导下,开展一系列工作。

1. 持续推进水土气污染防治

蓝蓝天空,白云朵朵;悠悠碧波,鱼儿游过;莽莽大地,花木交错……青山、碧水、蓝天、净土是我们共同的理想。2020 年是打好污染防治攻坚战的决胜之年。2020 年《北京市污染防治攻坚战 2020 年行动计划》的发布,打响了蓝天、碧水、净土三大保卫战,坚持问题导向、目标导向,工程减排与管理减排并举、污染防治和生态扩容两手发力,措施细化、量化、具体化、责任化,让北京市天更蓝、山更绿、水更清、环境更优美,建设青山常在、绿水长流、空气常新的美丽北京。

蓝天保卫战要继续深入实施"一微克"行动,聚焦重型柴油车、扬尘、生产生活源治理等重点领域,进一步提升精细化、系统化、规范化管理水平。具体举措包括:创建城市精细化治理示范区;推进移动源低排放化;推进扬尘管控精细化;推进生产生活排放减量化;推进能源消费清洁化;加强区域联防联控;强化基础保障能力。

碧水保卫战要统筹推动水污染防治、水环境治理、水生态修复,持续改善本市水生态环境质量。具体举措包括:加强水源地保护;深化水环境治理;推进节水型社会建设;实施农业农村污染防治;开展水生态保护;深化区域流域协作；完善水环境管理机制。

净土保卫战要坚持预防为主、保护优先，聚焦农用地和建设用地两大领域，有效管控土壤环境风险，保障土壤环境安全。具体举措包括：继续推进详查监测；强化土壤污染源头管控；严控建设用地环境风险；实施农用地分类管理；加强措施保障。

环境一体，休戚相关。深化区域联防联控机制是打赢蓝天、碧水、净土保卫战的重要一环，也是当前应对区域性重污染状况的必要手段。从最初共同研究确定阶段性工作重点、互通工作信息，到开展环境重污染预警会商、区域环境联动执法，再到标准、政策、资金等领域的全面合作，京津冀合作领域逐步扩大。聚焦当下大气、水源、土壤污染治理难题，更需要握指成拳的制度合力，加强京津冀三地对水土气的协同治理。

2. 保障自然资本保值增值

自然资本是指自然资源（如土地和水）和环境服务（如水循环）的存量，从中可以获得有利于生计的资源流动和服务。自然资本涵盖了水资源、矿产、木材等为人类所利用的资源，还涵盖了森林、湖泊等生态系统及生物多样性。它有着巨大的经济价值，比全球的生产总值多得多。投资自然资本符合可持续发展的宗旨，既可以直接促进经济增长，又有非经济的作用。既能够提供水源、土地、能源等自然资源，又能够满足人们对良好生态环境的需要，使人们身心愉悦。

当前，中国面临着资源瓶颈、环境压力、生态多样性丧失、生态环境退化等一系列严峻问题。与此同时，中国的雾霾、水污染、土壤污染、食品安全等问题越来越突出，越来越依赖海外资源。在这种生态服务功能越来越透支的背景下，所有剩余的自然资源对人类社会都有着巨大的用处，存在着转变为资本的潜力。投资自然资本，能获得经济效益，并且能推动自然资本的增加。

在全市国土空间规划布局中，北京市要按照生产空间集约高效、生态空间山清水秀、生活空间宜居适度的原则，统筹好生态保护与资源合理开发的关系。一是摸清生态家底，做好"双评价"。扎实推进第三次全国国土调查，摸清全域137个细类自然资源本底信息，建设自然资源调查监测平台，并完成资源环境承载能力和国土空间开发适宜性双评价。二是优化生态保护布局，统筹生态空间、农业空间、城镇空间布局，划定生态保护红线、永久基本农田、城镇开发边界，构建全市"三带四屏多廊"复合型、立体化、网络化的生态空间。并以生态网为基底、城镇网为主体、功能网为纽带、交通基础设施网为支撑，形成既相对独立、又各具特色的城市群网络空间体系，兼顾生态保护、经济发展、民生改善。三是实施山水林田湖草系统治理、水土流失治理、岩溶石漠化治理、消落区综合治理、水域绿化提升、废弃园林地整治、遗留工矿废弃地复垦、入河排污口治理、江河自然岸线整治等一批重点生态工程，在保护修复中实现城乡自然资本的持续性增值。

3. 加快生态文明制度建设

生态文明建设是关系中华民族永续发展的千年大计。推进生态文明建设体系和能力现代化存在着紧迫性和必要性，北京市要沿着中央制定的顶层设计路线，加快推进生态文明建设各项既定工作，加强研究，加快补齐短板，提速推动生态文明建设体系和建设能力现代化。

加快构建现代环境治理体系，落实各方监管治理责任。加快构建现代环境治理体系，建立健全领导责任体系、企业责任体系、全民行动体系、监管体系、市场体系、信用体系、法律政策体系，令各类主体责任得到落实。特别要加快推进生态文明全民行动体系建设，研究在政府层面推行个人、企事业单位的生态账户，将公民日常绿色消费、绿色生活以及企事业单位绿色设计、生产、办公等纳入体系，并建立与之配套的激励约束机制，加快建设生态社会，形成社会文明和生态文明的良性互动。同时，进一步理顺生态环境监管执法体制、工作机制，切实提高市场主体和公众参与的积极性，形成导向清晰、决策科学、执行有力、激励有效、多元参与、良性互动的环境治理体系，来加快防范化解重大风险、确保生态环境质量提供有力的制度保障。

深入开展生态文明示范建设，引导全社会树立生态文明意识。一方面，从小处入手、点滴做起，推动形成时时、事事、处处、人人崇尚生态文明的社会风尚，汇聚建设生态文明、美丽中国的巨大力量。另一方面，要认识到生态文明建设的艰巨性、长期性，持续推进生态文明意识和生态生活行为的普及推广，引导全体北京市民成为生态文明的践行者和美丽中国的建设者。

第 10 章 绿色消费的理论逻辑

10.1 绿色消费的思想来源

10.1.1 中国古代哲学思想

绿色消费首先可以看成是中国古代"天人合一"哲学思想的扩展之一。"天人合一"的思想最早由庄子阐发,① 后被汉代思想家、阴阳家董仲舒发展为天人合一的哲学思想体系,并由此构建了中华传统文化的主体。② 中国古人的"天人合一"思想是人与自然和谐状态的高度概括,体现了中国传统文化中人与自然长久共存、永久共处的自然观、哲学观。"天人合一"哲学思想为绿色经济、绿色生产、绿色消费理论的创新和发展提供了传统的智慧源泉。

首先,中国古代的"天人合一"哲学思想认为人与自然是一体不可分的,而不是分割对立关系。例如,张载就明确提出"天地万物一体"的观

---

① 《庄子·齐物论》:"天地与我并生,而万物与我为一"。
② 任继愈,《中国哲学发展史》,583 页,人民出版社,1985。

点，认为人与万物是"一气相通"的有机系统，人只是宇宙的一分子，人与天地万物不是主人与奴仆、征服者与被征服者的关系，而是"民胞物与"的平等和谐的关系。

其次，"天人合一"的哲学思想进一步认为人应该与大自然和谐相处。人生的合理归宿在于遵循"天命"和践行"天命"，即《易传》所言"天道变化，各正性命"，这里的"天命"当然不仅是现代意义上的"自然规律"，但却不妨理解为人生所必须遵循的"宇宙自然法则"。

最后，作为"天人合一"思想一个重要部分，中国古人已经形成了朴素的保护大自然的思想，孟子提出了[①]"不违农时，各不可胜食……斧斤以时入山林，林木不可胜用也"思想。荀子也有相似的看法，他认为"草木荣华滋硕之时，则斧斤不入山林，不夭其生，不绝其长也;[②]……污池渊沼川泽，谨其时禁，故鱼鳖尤多，而百姓有余用也，斩伐养长不失其时，故山林不童，而百姓有余才也"。

10.1.2 马克思主义自然辩证法

绿色消费还可以在马克思主义自然辩证法中找到其思想来源。马克思主义自然辩证法最早是由恩格斯提出,[③] 并成为马克思主义的自然观和自然科学观。自然辩证法了体现马克思主义哲学的世界观、认识论、方法论的统一，构成马克思主义哲学的一个组成部分。马克思的消费观点认为"生产为消费创造的不只是对象，它也给予消费以消费的规定性、消费的性质，使消费得以完成，正如消费使产品得以完成为产品一样，生产使消费得以完

[①] 《孟子·梁惠王上》。

[②] 《荀子·礼论》。

[③] 事实上《自然辩证法》是恩格斯一部尚未完成的著作，是恩格斯多年来对自然科学研究的总结。在这本书中，恩格斯对19世纪中期的主要自然科学成就用辩证唯物主义的方法进行了概括，并批判了自然科学中的形而上学和唯心主义观念。自然辩证法在恩格斯生前从没有发表过，在他去世后1896年发表了其中一篇论文《劳动在从猿到人转变过程中的作用》，1898年发表了其中另一篇论文《神灵世界中的自然科学》。直到1925年才在前苏联出版的德文和俄文译本对照的《马克思恩格斯文库》中全文发表。

成。"① 可以看出，马克思的这一观点不仅体现出消费活动受到生产活动制约，而深层次的内涵则是消费活动受到资源、人口、环境等多种外界因素的约束。因此，马克思主义自然辩证法中的人与自然和谐观点，为绿色消费思想提供有力的理论支撑。

首先，自然辩证法认为大自然是人类的生命之源、生命之本。马克思从历史唯物论的视角，提出人类历史是自然史的延续，"历史本身是自然史的即自然界成为人这一过程的一个现实部分。"② 同时，马克思还认为，人类必须依赖于自然，"无论是在人那里还是动物那里，人类生活从肉体方面来说就在于人（和动物）一样靠无机界生活，而人和动物相比越有普遍性，人赖以生活的无机界的范围就越广阔。"③

其次，自然辩证法认为人和自然的关系是对立统一的关系。一方面人类能够认识自然、改造自然，在人和自然界的关系中，人类是主体，自然界是客体，人类通过实践发挥能动性来改变自然界。④

最后，自然辩证法认为人类必须尊重和遵循自然规律，才有可能改造自然。恩格斯指出："人类可以通过自然来使自然界为自己的目的服务，来支配自然界，但我们每走一步，都要记住人类统治自然界绝不是站在自然界之外的，人类对自然界的全部统治力量，就在于能够认识和正确运用自然规律。"⑤

10.1.3 可持续发展理论

绿色消费思想还可以在可持续发展理论中得以体现。在国外可持续发展理论提出的基础上，中国对可持续发展理论进行着不断的发展和创新。中国首次提出引导建立可持续的消费模式，已经触及资本主义发展道路的根本局

---

① 《马克思恩格斯全集》第46卷，人民出版社1979年版。
② 《马克思恩格斯全集》，第42卷，128页，北京，人民出版社，1972。
③ 马克思：《1844年经济学—哲学手稿》。
④ 《马克思恩格斯全集》，第20卷，519页，北京：人民出版社，1972。
⑤ 参见恩格斯：《自然辩论法》，《马克思恩格斯选集》第4卷，383-384页，北京，人民出版社，1995。

限所在,标志着中国的可持续发展实践已经逐步超越西方的可持续发展思想。绿色消费是可持续消费的进一步深化,也是中国进行绿色创新、绿色发展的重要内容。

可持续发展理论源于国外的环境保护问题。1972年,罗马俱乐部发布著名的题为《增长的极限》的文章,开始引发人类对于环境问题的普遍关注。同年,第一次联合国人类环境大会在瑞典斯德哥尔摩召开,通过了《人类环境宣言》。环境问题自此列入国际议事日程,人类开始认识到环境与发展之间的联系,呼吁各国就解决环境问题开展合作。在1980年联合国大会首次提出了可持续发展概念。其后1987年世界可持续发展委员会在题为《我们共同的未来》报告上对这一概念进行了的界定——"可持续发展是在满足当代人需要的同时,不损害人类后代满足其自身需要的能力"。

中国对可持续发展理论进行了不断发展和创新。1992年6月,联合国在巴西里约热内卢召开了全世界178个国家首脑高峰会议,时任国务院总理李鹏参加了此次会议,代表中国政府签署了环境与发展宣言。同年7月,由国家计划委员会和国家科学技术委员会牵头,组织52个部门、机构和社会团体编制《中国21世纪议程——中国21世纪人口、环境与发展白皮书》(以下简称《议程》)。1994年3月25日,国务院第16次常务会议讨论通过了《议程》,为推动《议程》的实施,同时制定了中国21世纪议程优先项目计划。1995年,中国正式将可持续发展作为国家的重大战略,号召全国人民积极参与这一伟大实践。从2003年以来,党中央提出了科学发展观,其中明确提出了统筹人与自然的和谐发展,形成有利于节约资源、减少污染的生产模式和消费方式,建设资源节约型和生态保护型社会,这就进一步深化了人与自然关系的认识。

10.2 绿色消费的一般含义

绿色消费是人类面临生存危机,针对以往不合理消费方式进行全面反思而提出的一种全新的现代消费方式,是环境意识日益深入人心,人们生活方式变革的产物。它是可持续发展在消费领域最本质的表现,它要求人们在满足自己的生产、生活需要时,具有强烈的环境保护意识,坚持购买和消费符合环境标准的商品;要求消费者不应该以大量消耗资源和环境来求得过上舒适的生活,应立足于节约资源和能源,使人们的消费心理和消费行为向热爱自然、追求健康、降低消耗、杜绝浪费的方式转变;要求消费者从关心和维护个人生命安全、身体健康、生态环境、人类社会的永续发展出发,以自己强烈的环境意识对市场形成巨大的环保压力,引导企业生产和制造符合环境标准的产品。

绿色消费体现了消费者科学的道德观、价值观和人生观。在对待自然处理人与自然的关系问题上,不仅承认人的价值和目的,认同人的整体性,而且承认人所面对的自然物尤其是有生命的自然物也具有相对独立的价值,所以它要求对其他生物抱有敬畏心理。它把包括人在内的所有自然物都看作一个统一的整体,强调该有机整体总是处于一定的生态平衡之中,反对人类破坏生态平衡的实践行为,这就从根本上区别于传统消费观那种片面的人类中心主义立场和对待自然的片面功利主义的态度,体现了人与自然"一体化"的意识。

绿色消费不仅注重生态系统的平衡与保护,还注重人与人相互关系的平衡。它不仅内在包含了对自然的独立价值的认同,而且在肯定不同消费者自我利益的同时,肯定他人和后代的利益,把不同的消费者视为人类大家庭的平等成员,超越了特定时代和群体,把具体消费纳入人类社会发展过程,协调了局部与整体、目前与长远的关系,这就克服了传统消费观中极端利己主义倾向。同样,绿色消费不仅肯定人具有生理需要,而且还肯定人具有心理、生态、发展等需要,把人从片面的物质欲望的满足中解放出来,这就克服了传统消费中人性、人的本质的单一化和片面化,强调了人的消费需要的多样性和人性的丰富化,这有利于人的整体素质的提高,促使人的全面发展。

绿色消费不仅是消费无污染、无公害、质量好、有利于消费健康的产品,而且是保护、培育一个优美的生态环境,协调人与自然的关系,是尊重自然、保护生态环境的观点体现。

10.3　绿色消费的本质内涵

绿色消费是人类面临生存危机，针对以往不合理消费方式进行全面反思而提出的一种全新的现代消费方式，是环境意识日益深入人心，人们生活方式变革的产物。它是可持续发展在消费领域最本质的表现，它要求人们在满足自己的生产、生活需要时，具有强烈的环境保护意识，坚持购买和消费符合环境标准的商品；要求消费者不应该以大量消耗资源和环境来求得过上舒适的生活，应立足于节约资源和能源，使人们的消费心理和消费行为向热爱自然、追求健康、降低消耗、杜绝浪费的方式转变；要求消费者从关心和维护个人生命安全、身体健康、生态环境、人类社会的永续发展出发，以自己强烈的环境意识对市场形成巨大的环保压力，引导企业生产和制造符合环境标准的产品。

绿色消费体现了消费者科学的道德观、价值观和人生观。在对待自然处理人与自然的关系问题上，不仅承认人的价值和目的，认同人的整体性，而且承认人所面对的自然物尤其是有生命的自然物也具有相对独立的价值，所以它要求对其他生物抱有敬畏心理。它把包括人在内的所有自然物都看作一个统一的整体，强调该有机整体总是处于一定的生态平衡之中，反对人类破坏生态平衡的实践行为，这就从根本上区别于传统消费观那种片面的人类中心主义立场和对待自然的片面功利主义的态度，体现了人与自然"一体化"的意识。

绿色消费不仅注重生态系统的平衡与保护，还注重人与人相互关系的平衡。它不仅内在包含了对自然的独立价值的认同，而且在肯定不同消费者自我利益的同时，肯定他人和后代的利益，把不同的消费者视为人类大家庭的平等成员，超越了特定时代和群体，把具体消费纳入人类社会发展过程，协调了局部与整体、目前与长远的关系，这就克服了传统消费观中极端利己主义倾向。同样，绿色消费不仅肯定人具有生理需要，而且还肯定人具有心理、生态、发展等需要，把人从片面的物质欲望的满足中解放出来，这就克服了传统消费中人性、人的本质的单一化和片面化，强调了人的消费需要的多样性和人性的丰富化，这有利于人的整体素质的提高，促使人的全面发展。

绿色消费不仅是消费无污染、无公害、质量好、有利于消费健康的产品，而且是保护、培育一个优美的生态环境，协调人与自然的关系，是尊重自然、保护生态环境的观点体现。

10.4 绿色消费的基本特征

绿色消费的重要特点是：人们不再为了生活的舒适，在消费过程中大量消耗资源、能源，而是自觉的节约资源和能源，以保障舒适生活的持久稳固；消费者在决定是否购买某种商品时，越来越多的考虑环境利益，因而绿色消费是一种有利于人类自身和环境的高层次的理性消费。绿色消费的特征具体体现在以下四方面：

第一，绿色消费是健康友好型、环境友好型消费。绿色产品作为绿色消费对象，生产、运输过程是无污染、无公害的，能达到人们的健康标准，是安全健康的产品。绿色消费要求在提高消费者的消费质量的同时，减少生产过程的过度开发及对环境的破坏，注重能源与环境的可持续发展，合理处理产生的垃圾、辐射、噪声、废水、废气等。

第二，绿色消费是公平消费。绿色消费的消费主体在消费活动过程中，要同时考虑自身的利益及其他消费主体的消费权益。包括代内公平和代际公平消费两大层次。绿色消费能够同时体现代内公平及代际公平的要求，倡导所有人共同履行对地球的责任，不把个人的消费享受，建立在对自然、环境的破坏浪费上；要求我们在进行生活消费时，以维持整个人类的持续发展为准则，保障后代能够享用持续生存下去的自然环境和资源。绿色消费是人类不断提高自觉意识,增强忧患意识的体现,是立足当代、放眼未来的明智之举。

第三,绿色消费是可持续消费。在消费的过程中不能超过生态环境的承载力,要有所节制,做到人与自然、社会经济发展与自然环境的协调发展,不能为了一方的发展而损害另一方的持续发展。绿色消费倡导克制不合理的消费欲望,要求消费者尊重自然、保护自然,将人类与自然融为一体,形成可持续发展意识,维护和实施与可持续发展相关的制度,最终有利于人类社会的进步与发展。

第四,绿色消费是适度消费。绿色消费是与现阶段生产力状况、社会经济发展和环境友好型消费相适应的消费观。倡导消费者在注重产品的节约和环保功效的同时,适度购买使用产品和服务,尽量在消费中满足自身基本生存和需要,拒绝浪费,做到消费的适度性。因而绿色消费符合道德原则,继承了中华民族节约的传统美德;有益于社会、环境的和谐;更是身心健康的需求,能够帮助消费者走出享乐主义等消费误区,提高生命质量,促进人的全面发展。

10.5 绿色消费的重要作用

绿色消费的影响对象是由社会、经济和社会三大系统所组成的复合系统。马世骏和王如松在1984年就指出社会、经济和自然是三个不同性质的系统,但其各自的生存和发展都受其他系统结构、功能的制约,必须当成一个复合系统来考虑。他们称其为社会—经济—自然复合生态系统,即以人为主体的社会、经济系统和自然生态系统在特定区域内通过协同作用而形成的复合系统。这是中国学者最早在可持续发展领域中的整体观、系统观。进入新世纪以来,系统论思想被引入可持续发展,可持续发展被认为是经济可持续、生态环境可持续、社会可持续的交集。但是并没有注意到三者之间具有极强的沟通性、替代性、整体性以及动态性、伸缩性。

第 10 章
绿色消费的理论逻辑

绿色消费的作用效应是社会系统、自然系统、经济系统全面公平和谐可持续的发展，最终实现"经济—自然—社会"系统的全面转型。绿色消费作用三大系统的目标包括：

经济系统目标是从增长最大化转向净福利最大化。在经济发展早期阶段，经济发展过于注重经济规模的扩张，忽视了增长质量和发展成本，片面追求经济系统增长最大化——物质数量的最大增长。而在经济发展后期阶段，经济系统发展目标将不在单纯注重物质数量的增长，而是需要综合考虑经济增长的质量和发展成本，发展目标将是经济系统净福利最大化——扣除各类发展成本（如资源成本、生态成本、社会成本等）情况下的增长数量与质量的最大化。通常可以用绿色 GDP 来表示。

自然系统目标从生态赤字转向生态盈余。在黑色发展模式中，人类经济系统高速发展依赖于对自然系统无节制的资源索取，并向自然系统排放大量污染物。导致了自然系统生态赤字——生态系统中物质和能量损耗速度高于生态自愈和修复速度而产生的自然资本不断衰减的情况。在绿色发展中，人类经济系统的增长与资源消耗及污染排放增长完全脱钩。同时，人类将通过生态规划，污染治理，林业水利建设等多种方式，投资自然资本，从而显现生态盈余——生态系统中物质和能量消耗低于生态自愈和修复速度而产生的自然资本不断增加的情况。通常用生态环境指标的改善来表示。

社会系统目标是从不公平发展转向公平发展。社会系统的发展归根到底是人的发展。人既是发展的动力，也是发展的目的。但是在发展中，社会系统发展会呈现出不公平发展现象——当代人发展以损害下代人发展为代价，同代人之间发展严重不均衡。而在发展的新阶段中，社会系统发展将着重照顾弱势群体，实行公平发展——兼顾当代人与下代人，同代人横向之间的发展公平。通常可以用不平等调整后人类发展指数（HDI）来表示，与总人口数相乘，构成总人类发展指数（GHDI）。

绿色消费的作用过程就是不断推动绿色增长、绿色福利、绿色财富的交集（指两者或三者相交）和并集不断扩张的过程，如图 10-1 所示。

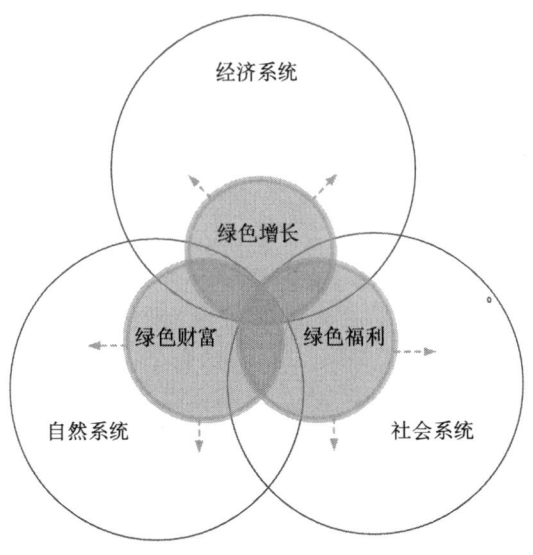

图 10－1　绿色消费的作用效应

10.6　绿色消费：经济绿色发展的根本动力

绿色消费思想来源于三个方面：一是几千年来的中国传统文化中的"天人合一"思想；二是一百多年来的马克思主义自然辩证法；三是当代的可持续发展理论。这三者都是人类思想的优秀成果，共同构成了绿色发展理论的三大来源与基础，绿色消费是对这三大人类优秀思想和理论的再集成与再创新。

绿色消费是一种为了实现经济发展和环境保护的双重目标而提出的以遵循生态规律为基础的消费方式，涵盖衣、食、住、行、用等人类生活的各个领域和方面。绿色消费不仅是消费无污染、无公害、质量好、有利于消费健康的产品，而且是保护、培育一个优美的生态环境，协调人与自然的关系，是尊重自然、保护生态环境的观点体现。绿色消费是健康友好型和环境友好型消费、是公平消费、是可持续消费还是适度消费。

绿色消费的作用效应是社会系统、自然系统、经济系统全面公平和谐可持续的发展，最终实现"经济—自然—社会"系统的全面转型，即从增长最大化转向净福利最大化；从生态赤字转向生态盈余；从不公平发展转向公平发展。因此，绿色消费符合世界和中国绿色发展的需求，体现了生态伦理所要求的消费理念，是实现资源优化利用、应对气候变化等绿色发展目标的重要途径。

第 11 章 发展绿色消费的意义与前景

11.1 中国发展绿色消费的意义

11.1.1 绿色消费推动中国实现绿色发展

人类对自然规律的认识和把握,是一个永不停息的过程,规律性的东西往往要通过现象的不断往复和科学技术的不断发展才能更明确地被人们认知。只要我们坚定不移地走科学发展道路,锲而不舍地探索和认识自然规律,坚持按自然规律办事,不断增强促进人与自然相和谐的能力,就一定能够不断有所发现、有所发明、有所创造、有所前进,就一定能够做到让人类更好地适应自然、让自然更好地造福人类。

我国将建成生态文明型社会,形成人与自然和谐共生的社会形态,人类的生产和消费活动与自然生态系统协调绿色发展,全社会形成资源节约的增长方式和健康文明的消费模式。基本形成节约能源、资源和保护环境的产业结构、增长方式、消费模式,坚持环境保护与经济发展相协调,使经济增长与主要资源消耗量和主要污染物排放量脱钩将经济社会发展的环境代价降到

第 11 章
发展绿色消费的意义与前景

最小程度,统筹安排生活、生态、生产,寻求最佳的生态效益、社会效益、经济效益,实现环境保护与经济社会发展相融合的永续发展。

绿色消费推动生态环境改善。"十三五"时期中国主要资源、环境指标开始好于"十二五"时期,耕地减少的势头得到有效遏制,单位工业增加值用水量继续下降。① 环境保护综合效益显现,大气环境质量和水环境质量初步改善。七大水系国控断面好于Ⅲ类比例大幅度提高;空气质量标准达到二级以上城市比例持续增加。生态环境保护进展顺利,生态环境总体恶化趋势得到初步遏制。森林覆盖率稳步增加,自然生态保护区有效保护,自然湿地保护得到加强,生态退化现象逐步得到治理和恢复,水土流失面积,草地"三化"(退化、沙化、盐渍化)面积扩大的趋势得到遏制,荒漠化土地面积开始减少。中国还将是世界森林资源增长最快的国家,与各森林大国的差距加速缩小,中国还将是世界森林资源增长最快的国家,与各森林大国的差距加速缩小,成为世界最大的人工森林碳汇国。

绿色消费促使产业结构绿色升级。中国的七大战略性新兴产业占 GDP 比重由 2010 年的 4% 左右提高到 2015 年的 8% 左右,在 2020 年进一步提高到 15% 左右,形成 4 个国民经济支柱产业(节能环保、新一代信息技术、生物、高端装备制造业)和 3 个先导产业(新能源、新材料、新能源汽车)。以战略性新兴产业为核心,着力引导、形成符合经济可持续发展方式需求的产业结构,知识密集型、资源集约型、生态友好型产业体系。

绿色消费推动绿色能源发展。中国国家"十二五"规划提出到 2015 年非化石能源消费占总能源消费的比例达到 11.2%,根据国务院 2009 年年底提出的目标,2020 年中国可再生能源比例要到达 15%。低碳产业方面,国际能源署(IEA)2010 年底出版的《世界能源展望 2010》预计,在"新政策情景"下 2008~2035 年期间全球天然气需求年均增长 1.4%,而中国增长最快,将高达 6%,并且占全球同期总需求增长量达到 23%。《展望》甚至认为"中国可能会带领全球进入天然气的黄金时代"。

---

① 数据资料来源:《中国统计摘要》,国家环保部网站,《中华人民共和国国民经济和社会发展第十三个五年规划》。

11.1.2 中国发展绿色消费为世界作出绿色贡献

1. 世界环境污染的控制需要绿色消费

根据世界银行《增长的质量》报告,世界各国为了追求短期的经济增长,都在过度开采它们的森林、鱼类和矿产,认为这样可以提高国民的福利水平。这就造成了大量自然资源被破坏,引发了全球范围的生态与环境问题。最近的一项估算显示,因巨大的环境危害引起的早亡和疾病,大约占发展中国家疾病总负担的五分之一。主要的环境危害包括洁净水缺乏、卫生设施不足、室内空气污染、城市空气污染、疟疾、农业化学物质和废物等,14%的疾病是由于洁净水缺乏、卫生设施不足和室内空气污染,它们主要影响贫困家庭的儿童和妇女。

2. 世界能源资源紧缺的缓解需要绿色消费

由于全球能源需求持续高涨,传统化石能源的供求关系将长期保持紧张局面,新兴国家对矿产资源的需求逐步增大,世界各国对资源的争夺加剧,原油、煤炭等主要资源价格总体上保持上涨趋势。根据国际能源署的研究,平均原油进口价格指数在2020年将达到每桶100美元,2030年达到每桶115美元,在此基础上计算的国际市场原油名义价格在2030年将可能上涨到每桶198美元。对转向发展绿色能源具有重要的推动作用。从人类整体的发展角度而言,人类已经占据了地球上人类可使用潜在光和作用的50%;人类消费的水平现在已经是整个地球所能承受的3倍之多,这种经济增长显然不可能继续维持。

3. 世界极端异常气候的应对需要绿色消费

目前全球大气层中二氧化碳当量(CO_2e)的浓度已经达到百万分之三百八十PPM,超过以往65万年的自然范围,工业时代以来,全球平均气温已经上升了0.7℃左右,而随着时间的推移,这一趋势正在加剧:全球平均温度正在以每10年0.2℃的速度增长,在21世纪的发展过程中,全球平均气温可能升高5摄氏度以上,相当于冰河时代以来的温度变化。大多数气候科学家认为,最好能将将来的气候变化限制在2℃之内,超过这一临界值将带来若干灾难性后果,包括海洋变暖、雨林减少、冰盖融化等,并将导致生物多样性受损,对生态系统带来不可逆的破坏。同时,与之有关的复合碳反馈效应将会加速气候变化的部分。从目前的趋势来看,人类所排放的温室气体正在逼近这一限度。21世纪,气候变化将是影响人类发展前景的决定性因素之一。

4. 世界生态系统的修复需要绿色消费

联合国发布的千年生态系统评估显示:人类活动已经使得地球上的生物多样性发生不可逆转的迅速改变,由于森林面积的减少、大量土地转化为耕地、水库储水量迅速增加等人类活动,使得生态系统发生了剧烈改变。气候变化的影响下,已有约20%的珊瑚礁被破坏,另有20%出现退化。目前,约12%的鸟类、23%的哺乳动物和25%的针叶树目前有灭绝的危险。由于全球人口的持续增加,以及随着经济发展和生产力的持续提高,人均消费的不断增长,使人类活动对生态系统服务的消费不断增加,为满足人类这种持续增长的消费需求,在目前的能源消费结构下,化石燃料的使用也在不断扩大,并导致生态系统和生物多样性受到的压力越来越大。

11.2 中国发展绿色消费的有利条件

中国绿色消费的发展之路机遇与挑战并存,既面临生产力水平提高等历史机遇,又要应对居民消费率偏低等风险与挑战。因此,我国需要加强前瞻性战略部署,抓住机遇,迎接挑战,将挑战转化为机遇,以绿色消费带动绿色经济,以绿色经济推动绿色发展。

11.2.1 经济转型趋势:托举绿色消费发展

1. 创新驱动不断加强

中国科技实力不断增强,将成为世界科技实力第一大国。经济全球化的最大收益者将逐渐集中到能够接触或者采用新技术的国家和集团,采用新技术政策的国家（如中国和印度）将发生跨越式发展。2015年，我国赶超日本，成为世界科技实力第二大国，未来一段时间将赶超美国成为世界科技实力第二大国，我国从事R&D活动人员将超过300万人，居世界第一位，R&D经费支出将居世界第三位，本国居民发明专利授权量将居世界第三位；国际科学论文发表数仍然保持世界第一位，SCI发表论文数将居世界第二位，高技术产业总产值和产品出口额仍居世界第一位。

创新驱动能力决定着消费者的消费需求、消费行为，以及最终消费结构的形成及更新与升级。随着我国创新驱动不断强化，新产品不断进入消费领域，产品供给结构将进一步优化，居民消费需求也将发生变化。居民彩色电视机、空调器、家用电脑、移动电话、家用汽车的拥有量不断增加，居民生活质量显著提高，消费领域不断拓宽，消费需求趋于多样化、高级化。因此，我国创新驱动的不断加强，将成为绿色消费发展的重要动力。

2. 居民收入水平快速提高

改革开放以来，中国经济保持快速增长，已经超过日本，成为仅次于美国的世界第二大经济体。中国已经成为GDP（PPP）第一大国，GDP（汇率法）第二大国。[①] 按照国际货币基金组织的预测，到2030年，GDP所反映的中国经济总量占全球比重将达到24%，高居全球第一。

收入水平是影响消费结构的最基本因素，收入水平的高低决定了消费者的购买能力大小，消费倾向变化和消费品选择。随着经济的快速增长，我国居民的收入水平将进一步提高，购买能力进一步加强。收入水平的提高将使居民进一步提高消费水平、改善生活质量，在保证基本生存消费支出的同时，不断增加发展型、享受型的消费支出，推动消费结构不断优化。从收入角度来看，我国居民消费结构也已经进入更加高级的发展阶段。根据消费经济学理论和国际经验，当人均GDP达1000美元时，居民消费结构将从生存型向享受、发展型转变，而消费结构的升级将促进经济结构和社会结构的转变。[②] 因此，我国经济快速增长所带来的居民收入水平提高，将对绿色消费

---

① 胡鞍钢.《中国：走向2015》，浙江人民出版社，2010年。
② "人均GDP突破1000美元后国外居民消费结构分析"，《经济参考报》，2004年9月1日。

发展起到基础性的支撑作用。

3. 城市化进程持续推进

人口的结构特征对居民消费结构具有重要影响。中国正在经历世界上速度最快、规模最大的城镇化过程。我国城镇化进程的不断推进，能够有效改善资源配置效率、提高居民收入水平、缩小城乡差距，是消费需求扩大的重要途径。农村人口向城镇转移后，收入、消费支出、耐用消费品拥有量等指标均会明显改善，消费能力显著提高。因此，我国的城镇化进程推进，为消费总额增长进一步加快、绿色消费市场进一步扩大、消费结构的绿色优化创造了良好条件。

4. 产业结构不断优化

中国工业化虽然还没有完成，但总体上已经向后工业化时期转型。工业化中后期表现为产业持续升级，由劳动密集型向资本密集型转移，进而再向技术密集型转移，也在不断地再向知识密集型转移；产业结构持续变迁，先是出现重工业化比重提高，接着出现工业比重下降，服务业比重提高。因此，伴随中国经济转型的推进，产业结构将进一步优化。劳动密集型、知识密集型的现代服务业将得到大力发展；制造业进一步改造、提升；新兴产业进一步培育。

产业结构影响产品结构，进而影响消费品的供给结构。消费结构受到产业结构的制约，产业结构的优化升级是消费结构优化升级的前提保障。我国居民消费支出结构升级就是产业结构升级和产品结构优化的结果。改革开放以来，我国产业结构不断优化，未来信息技术产业、房地产业、汽车制造业、旅游业、信息产业、食品加工业等产业的绿色发展将给绿色消费发展带来机遇。

11.2.2 多层面战略规划：领航绿色消费发展

1. 国家层面

"十二五"规划进一步转向绿色发展，成为中国第一个绿色发展规划。从五年规划的指标构成来看，"十二五"规划进一步增加了气候变化指标，绿色发展指标比重达到43%，"经济—自然—社会"系统全面转向绿色发展如表11-1所示。

表 11-1　　"十二五"规划纲要绿色发展主要指标

类别	指标		属性	重要性	2010年	2015年规划值	年均增长
绿色增长	服务业增加值比重（%）		预期性	优先	43	47	[4]
	单位GDP能源消耗降低（%）		约束性	优先			[16]
	单位国内生产总值二氧化硫排放总量减少（%）		约束性	优先			[17]
	研究与试验发展经费支出占GDP比重（%）		预期性	优先	1.75	2.2	[0.45]
	每万人口发明专利量（件）		预期性	优先	1.7	3.3	[1.6]
绿色财富	耕地保有量（亿亩）		约束性	优先	18.18	18.18	[0]
	单位工业增加值用水量降低（%）		约束性	优先			[30]
	农业灌溉用水有效利用系数		预期性	优先	0.5	0.53	[0.03]
	森林蓄积量（亿立方米）		约束性	优先	137	143	[6]
	森林覆盖率（%）		约束性	优先	20.36	21.66	[1.3]
	主要污染排放减少（%）	化学需氧量	约束性	优先			[8]
		二氧化硫		优先			[8]
		氨氮		优先			[10]
		氢氧化物		优先			[10]
	资源产出率提高			次优先			[15]
	地级以上城市空气质量达到二级标准以上的比例			次优先			[80%]
	高效节水灌溉面积（万亩）			次优先			[5000]
	单位国内生产总值建设用地下降（%）			次优先			[30]
	绿色能源县（个）			次优先		200	
	改良草原（亿亩）			次优先			[3]
	人工种草（亿亩）			次优先			[1.5]
绿色福利	人均预期寿命		预期性	优先	73.5	44.5	[1]
	孕产妇死亡率（个/十万）			次优先	30.0	22	
	城镇新增就业人数（万人）		预期性	优先			[4500]
	城镇保障性安居工程建设（万套）		约束性	优先			[3600]
	农村居民人均纯收入增长（%）		预期性	次优先			[7]
	婴儿死亡率（千分之）			次优先			[12]
	新增农村安全饮用水人口（亿）			次优先	[1.7]	[3]	
	农村困难家庭危房改造（万户）			次优先		[800]	
	全国保障性住房覆盖面积（%）			次优先		20左右	

注：带 [ ] 的为五年累计数。

第 11 章
发展绿色消费的意义与前景

第一,绿色发展指标的比重大幅度上升。就优先指标来看,资源环境指标由"十一五"为 7 个占 25.9%,"十二五"为 9 个,占全部 28 项主要指标的 32.1%,如果以实际指标数来看,绿色发展相关指标共 12 个,占了 42.9%。另外,还有 1 个提高服务比重,以及 4 个教育科技指标,这些指标都间接促进了绿色发展,绿色发展的直接指标和间接指标达到了 17 个(见表 11-1),占主要指标的 60.7%。这表明"十二五"对于资源环境类指标的重视程度又比"十一五"更进了一步。

第二,充分强调经济系统—自然系统—社会系统全面公平和谐可持续的发展,以绿色增长带动绿色福利和绿色财富。"十二五"规划是绿色规划,充分体现在绿色增长、绿色财富、绿色福利三大绿色都在动态增长。这在"十二五"的指标体系中得到集中体现(见表 11-2)。从三大绿色指标的比重来看,绿色财富和绿色福利均高于绿色增长指标。绿色增长正在向增加绿色财富和绿色福利转变。具体而言,在绿色增长方面,规划中包括服务业增加值、单位国内生产总值能源消耗降低等指标;在绿色福利方面,包括人均预期寿命、城镇新增就业人数、保障性安居工程建设、城镇居民可支配收入、农村居民人均纯收入等指标;在绿色财富方面,包括耕地保有量、森林增长、污染排放等指标。《纲要》在分专门章节讨论了具体的绿色发展政策:推广绿色建筑、绿色施工;拓展金融服务业,发展绿色经济;发展绿色矿业,树立绿色、低碳发展理念,绿色生活方式,推行政府绿色采购等配套政策措施。这充分体现了从黑色发展到绿色发展是"经济—自然—社会"系统的全面转型。

表 11-2　　　　"绿色北京"建设指标体系

指标名称		单位	2000年	2008年	2010年	2012年	2020年	指标性质
绿色生产指标	新能源和节能环保产业销售收入总额	亿元		958		1450	3000	引导性
	可再生能源利用量占能源消费总量的比重	%		2.5		5	9	引导性
	煤炭占能源消费总量的比重	%		34		25	13	约束性

续表

指标名称		单位	2000年	2008年	2010年	2012年	2020年	指标性质
绿色生产指标	单位GDP能耗	吨标煤/万元	1.31	0.66	0.49	按国家下达要求执行		约束性
	单位GDP水耗	立方米/万元		36.62		32	25	约束性
	单位GDP二氧化碳排放	吨/万元		—		按国家下达要求执行	居于全国前列	约束性
绿色消费指标	二级及以上能效产品市场占有率	%		30		60	80	引导性
	节能建筑占现有民用建筑的比例	%		51.82		56	65	约束性
	中心城区公共交通出行比例	%		36.8	40	42	55	引导性
	生活垃圾资源化率	%		—	35	40	65	约束性
	其中：生活垃圾分类达标率	%		—		50	60	约束性
	再生水利用率	%		—	57	70	85	约束性
生态环境指标	空气质量二级和好于二级天数占全年比例	%	48.4	74.9	78.4	基本达到国家标准	居于全国前列	约束性
	COD排放量下降率	%		5.3（2001）	4.92	7.1	按国家下达要求执行	约束性
	SO₂排放量下降率	%		10.3（2001）	18.76	3.4	按国家下达要求执行	约束性
	林木绿化率	%	42.0	52.1	53.0	54	60	约束性
	人均公共绿地面积	平方米	9.66	13.6	15	15.5	20	约束性

第三，明确了绿色发展的激励约束机制。规划首次将"深化资源型产品价格和环保收费改革"作为五年规划改革攻坚的方向。要求强化节能减排目标责任考核，合理控制能源消费总量，把绿色发展贯穿经济活动的各个环节。通过完善资源性产品价格形成机制、推进环保制度改革、建立健全资源环境产权交易机制等政策措施，激励企业发展转型，促进企业走上绿色发展

道路，推动企业成为绿色发展的主体，实现国家绿色规划和企业绿色发展的合力，最终推动市场的绿色转型。

第四，首次明确提出积极应对全球气候变化。"十二五"规划首次明确提出"积极应对全球气候变化"，作为该篇的第1章。制定了到2015年减少单位 GDP 二氧化碳排放减少量、增加非化石能源消费比重的直接相对减排的量化指标，以及增加森林覆盖率、林木蓄积量、新增森林面积的直接增强固碳能力的量化指标。充分反映了中国特色的控制温室气体排放、增强适应气候变化能力的特点。

2. 地区层面

2008年，中国北京举办了一场无与伦比的奥运会，[①] 并提出了"人文奥运""科技奥运""绿色奥运"的响亮口号，奥运之后，北京将自身城市发展的基本理念定位为"人文北京""科技北京""绿色北京"，[②] 努力将21世纪的北京建设成为具有世界示范意义和中国典型意义的"绿色现代化世界大都市"。这一定位和战略目标的提出，标志着北京迈向新的绿色发展阶段，是对科学发展观创新性的实践，是前瞻性的创新型发展模式。可以说，绿色转型创新的北京，是中国发达地区和大中型城市绿色现代化的领先者和示范者。

北京已经形成了绿色产业体系，服务业比重已经超过80%，可再生能源利用量占能源消费总量的比重不断增加，煤炭占能源消费总量的比重持续降低，单位 GDP 能耗持续下降。

北京已经初步形成绿色消费体系。消费更绿色，居住更绿色，节能建筑占现有民用建筑的比例已经达到超过50%；出行更绿色，中心城区公共交通出行比例达到持续提高；生活更绿色，生活垃圾资源化率和再生水利用率大幅度提高。

北京已经拥有绿色的生态环境。北京的主要污染物排放量持续下降，空

[①] The Beijing Olympic Games are " truly exceptional Games," said International Olympic Committee (IOC) President Jacques Rogge at the Games´ closing ceremony staged in the National Stadium in north Beijing on Sunday night.

[②] 刘淇.《建设"人文北京、科技北京、绿色北京"》,《求是》, 2008年12月1日。

气质量二级和好于二级天数占全年比例持续提高、林木绿化率和人均绿地面积持续提高。

根据《2011中国绿色发展指数年度报告——省际比较》①，北京的绿色发展指数以明显优势在全国排名第一。根据该报告的绿色发展指标体系，在经济增长绿化度、资源环境承载力、政府政策支持度（所占权重分别为30%、45%和25%）三大类共计55个基础性指标中，北京在大类指标上的得分分别列全国第1位、第12位和第1位，最终以0.7917的总得分名列榜首，紧随其后的是青海、浙江、上海和海南。

3. 企业层面

北大荒垦区所担负的历史使命就是三大安全：国家粮食安全，是国家战略储备库，抓得住，调得动，有效应对突发性事件；民生食品安全，是国家实现食品安全的最大基地，使全国人民群众吃上放心的食品；生态屏障安全，保障中国东北地区（包括内蒙古东部地区）的生态环境，特别是大小兴安岭森林生态功能区等生态系统是十分重要、关系全国或东北地区的生态安全的区域，成为人与自然和谐相处的示范区。

垦区未来的目标定位是：世界级绿色现代化农业企业集团。"北大荒"就是国内外知名品牌，"绿色农业现代化"就是核心国际竞争力。它不仅是垦区自身的目标，也是黑龙江省的发展目标，也是我们国家的发展目标。它有三个含义和标志：首先它是农业现代化企业，是世界最先进农业科技、最有效农业管理、最发达农业机械化装备的集大成的现代企业集团；其次，它是世界级企业，如上述所述，既要进入世界同行业前10名，还要进入世界500强企业；再有，它是绿色农业现代化的企业集团，它将创新绿色农业发展模式，发展绿色农产品，提供安全的绿色食品，建立绿色产业链，成为世界级绿色食品生产基地。

北大荒集团的绿色农业现代化，包括三个方面的目标，一是绿色能源和绿色资源，集约利用能源，万元GDP能耗下降；提高绿色能源比重，可再

---

① 北京师范大学科学发展观与经济可持续发展研究基地：《2011中国绿色发展指数年度报告——省际比较》，北京：北京师范大学出版集团，北京师范大学出版社，2011年10月。

生能源消费比重持续提高，集约利用水资源，万元 GDP 水耗持续下降，农业灌溉水利用系数持续提高；二是建设绿色生态环境，持续提高城镇绿化覆盖率、区域森林覆盖率。三是提高绿色产品的生产能力，提高无公害农产品生产能力和产品质量，提高绿色食品生产能力和产品质量，提高有机农产品生产能力和质量，如表 11-3 所示。

表 11-3　　　　北大荒集团绿色发展指标（2010~2047 年）

	项目	单位	2010 年	2015 年	2020 年	2047 年
绿色能源与资源	1. 万元 GDP 能耗（标准煤）	吨	0.96	0.848	0.74	0.4
	2. 万元 GDP 水耗	立方米	1015	611	348	31
	3. 农业灌溉水利用系数		0.53	0.56	0.6	0.67
	4. 可再生能源消费比重	%	10	17	20	35
绿色生态	5. 城镇绿化覆盖率	%	35	38	40	45
	6. 区域森林覆盖率	%	18.2	20	20.3	21
绿色产品	7. 绿色食品监测种植面积	万亩	2116	2560	4000	4300
	8. 绿色食品认证产品	个	257	360	500	800
	9. 无公害农产品产地认定面积	万亩	3350	4000	–	–
	10. 无公害农产品认证产品	个	501	760	–	–
	11. 有机农产品认定种植面积	万亩	216	240	300	2000
	12. 有机农产品认证产品	个	187	300	350	500

资料来源：黑龙江省农垦总局，《黑龙江垦区现代化大农业规划纲要（2011~2047）》。

实现绿色北大荒的目标，核心是建立三大体系：绿色农业体系、绿色产业体系、绿色城镇体系。

绿色农业体系。所谓绿色农业，是指以生产并加工销售绿色食品为轴心的农业生产经营方式。绿色食品是指遵循可持续发展的原则，按照特定方式进行生产，经专门机构认定的，允许使用绿色标志的无污染的安全、优质、营养类食品。包括"三品"，即无公害农产品、绿色食品和有机食品。同时，垦区大力发展低碳农业，大幅增加土壤碳汇。

绿色产业体系。绿色产业是指积极采用清洁生产技术，采用无害或低害的新工艺、新技术，大力降低原材料和能源消耗，实现少投入、高产出、低污染，尽可能把对环境污染物的排放消除在生产过程之中的产业。生产环保设备的有关产业，它们的产品称为绿色产品。

绿色城镇体系。是指采用建筑科技和节能减排措施，城乡统筹和社会发展同步，资源利用与产业发展协调，自然生态与环境得到有效保护，基础设施与社会设施配套，居住与环境协调，社区服务健全，地域文化与城市特色融合，公共政策与规划制定运用参与式方法的管理体系。建设城镇快速公交系统。加快清洁能源替代项目建设，大力推进城镇集中供暖。大力推进城镇污水达标排放。

11.3 中国发展绿色消费的主要挑战

1. 居民消费率偏低

虽然我国最终消费对经济增长率的贡献率持续提高，已经超过投资的贡献率。但是，我国需求结构仍然不够协调，投资率偏高，消费率偏低，具有较大升级空间。居民消费率是居民消费需求、消费能力的重要体现，是消费结构升级的重要保障。我国居民消费率较低，主要归因于：经济长期依赖于投资的增长方式，增强了居民的储蓄倾向，而削弱了居民的消费动力；居民对预期收入具有不确定性，谨慎消费倾向加强；产品供给结构滞后于居民消费支出结构，不能有效满足居民消费需求。我国居民消费率长期处于较低水平，可能存在一定的"路径依赖"特征，对消费规模的进一步扩大、消费的绿色发展十分不利。

2. 居民收入差距较大

我国居民的收入差距不断拉大，劳动报酬在初次分配中所占的比重不断下降，行业和不同群体之间工资收入差距拉大，垄断性行业企业工资水平过高，私营企业和劳动密集型企业工资偏低，国有企业薪酬增长过快，水平过高，一线滞后工资增长缓慢，水平低。国际经验表明，收入分布的合理结构是"橄榄型"，即中等收入居民人数相对最多，富裕和贫穷人口相对较少。随着收入水平的提高，高收入居民与中低收入居民的消费支出差距逐步将会缩小，实现消费结构的整体升级。我国居民收入差距的不断拉大，中低收入群体巨大，居民消费意愿将受到严重抑制，难以形成社会消费需求扩大的规模效应。因此，我国收入差距扩大必然会引起居民消费行为差距的扩大，对消费的整体绿色发展产生强大阻力。我国居民收入扩大是在历史、地理、经济等多种因素的长期作用下形成的，是否能够扭转这一趋势，绿色发展是关键。

3. 消费环境有待进一步改善

消费的自然环境压力巨大。中国正进行着人类历史上规模最大的城镇化与工业化过程，正以历史上最脆弱的生态环境承载着最大的环境压力。工业二氧化碳、工业烟尘排放量仍然相对较高。生态环境及污染、荒漠化土地、大江、大河的水土流失损害仍然比较严重。人与自然之间的矛盾依然巨大，资源消耗过度的生产方式难以在短期内全面改变，产品供给结构改变阻力巨大，绿色消费存在外在压力。

消费的社会环境需要进一步改善。食品安全、价格欺诈、虚假广告、行业垄断、强制交易等现象严重扰乱了市场经济秩序，抑制了消费者的消费热情。消费社会环境的净化，可以有效推动绿色消费的发展进程。消费文化需要进一步加强引导。我国的传统消费观念相对保守，趋于稳健性消费。居民边际消费倾向相对较低，发展型、享受型消费需求增长较缓慢，减缓了居民消费结构升级和生活质量提高的速度。同时，浪费性、炫耀性、迷信性等不健康的消费观念仍然存在，不但极大地浪费了经济社会资源，更会对精神文明建设产生消极影响。因此，需要进一步加强对绿色消费文化的宣传、教育和引导，进一步提高人民的消费质量、保护消费资源、促进绿色消费发展。

11.4 把握发展绿色消费的历史机遇

世界和中国都需要绿色消费。从世情角度来看，绿色消费是应对环境污染危机、能源资源危机、极端异常气候变化以及全球生态危机等多重困境的必要途径。从国情角度来看，绿色消费是科学发展观的重要体现，将促进我国建成人与自然和谐共生的生态文明型社会，并在绿色经济、绿色能源、低碳产业、生态建设等方面推动我国成为绿色发展的引领国。

中国发展绿色消费具有良好的实践基础。中央是绿色发展的决策者和规划者，地方是绿色发展的推动者和实践者、企业是绿色发展的主体和创新者、人民是绿色发展的参与者和受益者。中国必然会成功转向绿色消费模式、实现绿色发展。

发展绿色消费具有难得的历史机遇。科学技术进步将使得新产品不断进入消费领域，消费领域不断拓宽，消费需求趋于多样化、高级化，为绿色消费发展提供动力；收入水平提高增强居民消费能力，发展型、享受型消费支出不断增强，将对绿色消费发展起到基础性的支撑作用；城镇化进程推进，为消费总额增长加快、绿色消费市场扩大、消费结构绿色优化创造了良好条件；息技术产业、房地产业、汽车制造业、旅游业、信息产业、食品加工业等产业的绿色发展也将给绿色消费发展带来机遇。

同时，发展绿色消费也面临着各方面的挑战。居民消费率仍然较低，对消费规模的进一步扩大、消费的绿色发展十分不利；居民收入差距不断扩大，必然会引起居民消费行为差距的扩大，对消费的整体绿色发展产生强大阻力；消费的自然环境、社会环境和消费文化仍有待进一步完善和引导。

发展绿色消费的机遇前所未有，挑战也前所未有，但是机遇大于挑战，最重要的是我们通过前瞻性战略部署将挑战转化为机遇。我们能够把一切积极因素和和谐因素调动起来，化消极因素为积极因素，化不和谐因素为和谐因素，统筹和兼顾重大关系，化解突出矛盾，控制发展风险，降低发展成本，减少发展代价，不断加快绿色消费、绿色经济、绿色发展的推进速度，最终实现中国的绿色现代化目标。

第 12 章

发展绿色消费的路径选择

节约资源、保护环境、生态安全、减灾防灾既是中国的核心国家利益之一，又是中国长期发展的基本国策。如果说科学发展观是中国发展模式的第一次重大创新，那么，绿色发展就是中国发展模式的第二次重大创新，是对科学发展理念的延展和深化。

绿色发展就是要从黑色工业化、城市化和现代化到绿色工业化、城市化和现代化：从黑色制造到绿色制造、从黑色能源到绿色能源、从黑色贸易到绿色贸易、从黑色城市到绿色城市、从黑色消费到绿色消费。

中国应对全球气候变化，发展绿色经济，发展绿色产业，投资绿色能源，促进绿色消费，将大大提高了经济增长质量和社会福利，实现经济发展与环境保护、生态安全、适应气候变化的"多赢"。与此同时，中国作为世界人口最多、经济总量最大、发明专利最多的国家，一定会通过和平发展与绿色发展、国际合作与绿色合作，为世界应对气候变化作出重大贡献。

1. 坚持绿色发展战略，推行绿色消费理念

中国的自然国情是人均资源少，耕地、原煤储量、水能资源储量、石油储量和天然气储量的人均占有量分别相当于世界平均水平的33%、55%、80%、10%和4%。生态环境极度脆弱，自然灾害频繁，与此同时中国正处在工业化、城镇化、国际化的加速时期，有限的自然资源和脆弱的生态环境承受了空前、持久、巨大的人口压力和发展压力，这是中国从传统的农业社会向现代的工业社会转变过程中难以避免的重大挑战。

我们一直对人与自然之间的关系以及对中国自然国情缺乏全面认识与深刻理解，更大规模地加剧了人与自然之间的差距，进一步拉大了长期以来的生态赤字。资源、能源供需矛盾不断尖锐；生态破坏趋势不断恶化；全球气候变化大大地改变了中国发展的自然环境，我国是世界上自然灾害最为严重的国家之一，[①]异常气候频繁大面积发生，不断地冲击正常的经济发展和人民生命财产安全。直到90年代中期领导人才将人口、资源、环境与发展关系视为中国社会主义现代化建设的重大关系，中国开始进入生态建设和自然恢复期。

实现人与自然和谐相处，需要全社会共同呵护我们的生存家园，共同推行绿色消费理念。经济增长和社会消费水平提高不能超越资源环境承载力，不能以浪费资源、破坏环境和威胁生态安全（尤其是气候安全）为代价，在发展过程中不但要尊重经济规律，更要尊重自然规律。需要实行绿色发展战略，建设绿色中国，实现绿色现代化。绿色消费是实现人与自然的良性循环，实现代际公平和永续发展的重要途径。

2. 加快经济发展方式转变，逐步实现绿色经济增长

我国已经保持了三十年的经济高速增长，创造了世界经济增长史上空前的"发展奇迹"。但另一方面，我们可能会锁定在"低质量高增长模式"之中，即片面追求GDP增长规模扩张、数量驱动，盲目攀比高指标、高速度，而忽视了提高增长质量和减少发展成本，陷入路径依赖和路径锁定，成为各级政府乃至整个社会的"强迫症"，导致经济结构调整滞后、投资消费比例失衡、资源消耗和环境污染压力加大、宏观经济大起大落。

面对绿色发展的时代背景，我国需要进一步加快经济发展方式，建立以绿色消费为主导的经济增长模式，提高经济增长质量，实现经济绿色增长。转变经济发展方式的基本思路是实现三个"结构性转变"。

一是需求结构转变，即坚持扩大国内需求（特别是消费需求）的方针，促进经济增长由主要依靠投资、出口拉动向依靠消费、投资、出口协调拉动

---

① 我国灾害种类多、分布地域广、发生频率高、造成损失重。70%以上的城市、50%以上的人口分布在气象、地震和海洋等自然灾害严重的地区。有关研究表明：全球气候变暖与自然灾害加剧的关系已对我国产生严重影响。（《国家综合减灾"十一五"规划》，2009年1月14日）

转变，要以提高居民收入水平和扩大最终消费需求为重点，调整国民收入分配格局，提高居民收入（尤其是从业人员工资收入）在国民总收入中的比重，不断增强最终消费能力。以发展绿色消费为方向，通过逐步调整消费结构、消费理念、消费倾向等，持续增强消费过程的绿色化。

二是产业结构转变，即由主要依靠工业特别是重工业带动向依靠第一、第二、第三产业协同带动转变。把发展现代服务业放在更为优先的位置，以逐步取代重化工业优先战略模式，同时提高占经济总量、就业总量和服务贸易总量的比重。坚持走中国特色新型工业化道路，一方面，大力减少重化工业特别是能源消耗量大、污染排放高的产业部门比重；另一方面，大力推进信息化与工业化融合。通过产业结构绿色化，带动产品供给结构绿色化，从而实现消费结构的绿色化。

三是要素结构转变，即由主要依靠增加物质资源消耗向主要依靠科技进步、劳动者素质提高、管理创新转变。重点突破环保、清洁等方面的技术创新，为绿色经济、绿色消费提供技术支持。

3. 不断缩小城乡差距，全面提高绿色消费能力

要全面推进绿色消费进程的重要前提，就是必须不断缩小城乡差距，使得城乡居民消费能力、消费观念、消费倾向、消费结构不断趋同，进而实现绿色消费的一体化、规模化、全面化，使绿色消费成为我国的主导性消费方式。因此，未来发展的基本方向就是城乡一体化发展和城市内部的一体化发展，对农民的基本方针是"富（农）民为本"，基本政策是"解放农民、服务农民、投资农民、转移农民、减少农民、善待农民"。

把农村人口和农业劳动力从土地中解放出来，鼓励他们从事非农产业，也鼓励他们迁入城镇；在农村建立公共财政体系、公共服务体系，为农民提供均等化的基本公共服务；投资农村人口和农业劳动力的人力资本，包括教育、医疗、卫生等，提高他们的发展能力；通过产业转移，提高农民在非农产业的就业能力，帮助他们从农业中转移出去，创造良好的人口流动、迁移、就业、居住的政策环境，赋予他们自由选择工作、选择居住地点的权利；赋予城市农民工及家庭平等的公民权利，为他们提供当地市民同等待遇，使他们既能安居乐业，也能享有城市居民的基本社会保障；把减少农业

劳动力、农村人口作为各地区重要的发展目标和发展政策，加快城市化进程；通过提高农业劳动生产率，增加非农收入比例，特别是工资性收入比例，增加政府对农民的直接转移支付和其他补助，减免税费，进而提高农民总收入。

4. 大力统筹区域协调发展，充分实现资源合理配置

中国国情的基本特点之一就是地区发展不平衡性，是世界上自然地理、人口资源、经济发展和社会发展差距最大的国家。如何处理和协调不同地区之间的关系，是民族团结、政治统一、国家治理的核心问题之一。因此，国家全面统筹区域的协调发展，根据各地区自然条件、经济条件、社会条件，对全国资源进行战略性优化配置，是建立绿色消费系统、完善绿色消费机制、扩大绿色消费规模的重要保障。

我们更要遵循自然规律，根据资源环境承载能力、现有开发密度和发展潜力，统筹考虑未来我国人口分布、经济布局、国土利用和城镇化格局，将国土空间划分为优化开发、重点开发、限制开发和禁止开发四类主体功能区，按照主体功能区功能定位调整完善区域政策和绩效评价，规范空间开发秩序，形成合理的空间开发结构。在我国960万平方公里的国土上逐步形成"两横三纵"为主体的城市化格局、形成"七区二十三带"为主体的农业安全格局、形成"两屏三带"为主体的生态屏障格局。[①] 高效率的使用建设用地，增加单位土地的总人口承载能力、总产出增长；保障农业安全和粮食安全、足够的可耕地；对一些生态极度脆弱和敏感地区限制和禁止大规模的经济开发，为子孙后代留下更大的绿色生态空间。[②]

5. 充分发挥政府调控职能，加强引导市场绿色转变

绿色消费离不开绿色市场，绿色市场促进绿色消费。市场经济是迄今为止人类发现的较有效的资源配置方式。国际、国内的经验表明，市场机制是

---

① "两横三纵"，指以欧亚大陆桥、沿长江通道为两处横轴，以沿海、京哈京广、包昆通道为三条纵轴；"七区"指东北平原、黄淮海平原、长江流域、汾渭平原、河套灌区、华南和甘肃新疆的农业主产区；两屏三带，指青藏高原生态屏障、黄土高原－云贵高原生态屏障、东北森林带，北方防沙带和南方丘陵山地带。《国家主体功能区规划纲要（2009~2020年）》。

② 绿色生态空间是指森林、草地、湿地和水面面积。

经济活力的源泉,是提高企业效率的最佳途径。但是,市场经济不是万能的,市场本身会失灵,市场也存在着自发性、盲目性、甚至贪婪性的一面,不受监管的市场也会给社会带来巨大的灾难。政府正当干预与政府监管,是经济社会持续发展的必要条件,能够对市场经济和个人活动起催化、促进和补充作用。因此,政府需要充分发挥其调控职能,强化对市场的引导作用,逐步建立发展绿色经济、绿色消费的市场机制,以市场为绿色创新平台,以企业为绿色创新主体,实现经济系统的健康、绿色发展。

当然,政府干预也存在失灵问题。政府要转变职能,减少对微观经济活动的直接干预,转向宏观经济调节、市场监管、社会管理、公共服务,加快推进政企分开、政资分开、政事分开、政府与市场中介组织分开。其次要建设有效精干政府。提高政府的决策能力、执行能力、财政汲取能力、再分配能力、维护社会和谐稳定能力。建设公共服务型政府,推进以公共服务为主要内容的政府绩效评估和行政考核制度,为社会提供公平、可及、优质、高效的公共服务。

6. 大力宣传绿色消费文化,积极建设健康消费环境

宣传绿色消费文化,建设健康消费环境是发展绿色消费的重要方面。文化建设的根本目的是要不断满足十几亿人口日益增长的精神文化需求,充分体现中华文化在世界多样文化中的软实力。物质建设是硬任务、文化建设是软任务,我们往往重视前者,而忽视甚至无视后者。实际上,文化文明是国家核心竞争力的重要因素,文化建设是中国特色社会主义事业总体布局的重要组成部分,文化建设水平是衡量物质建设水平、衡量社会文明程度的显著标志,文化发展推动着人的全面发展。因此,宣传绿色消费文化对将我国是建设绿色消费文明国家、绿色经济国家具有重要的推动作用。

建立覆盖所有人口的绿色公共文化服务体系。文化产品具有意识形态和公共产品的社会属性。不断提高绿色公共文化产品的供给和服务能力,实现社会效益和经济效益的统一,最大限度地发挥文化引导社会、教育人民、推动发展的功能。大力振兴绿色文化产业,创造、培育绿色文化形态的无形资产。文化产品具有社会商品和私人产品的经济属性。绿色文化发展不仅可以满足人民群众多样化、多层次、多方面精神文化需求,而且对于扩大内需特

别是居民消费、推动经济结构调整、提高持续创造财富的能力具有重要意义。

7. 充分利用国际市场，加快创新绿色发展

扩大内需是我国长期发展的基本方针，对外开放是我国的长期基本国策。使两者相结合是中国最成功的经验，也是今后绿色发展的重要内容之一。这就要求中国的经济增长主要立足于扩大国内需求，特别是居民消费需求对经济增长拉动的作用，使中国成为世界最大的国内消费市场，使十几亿中国消费者福利最大化。不断地开拓对外开放的广度和深度，提高对外开放质量，大力发展知识密集、就业密集的服务贸易，成为世界重要的服务贸易商，加快转变单纯依靠出口贸易的增长方式，进一步降低进口关税税率，增加国内短缺的资源、技术、知识进口，促进国际收支基本平衡，使中国成为世界最大的进口市场，使世界各国分享中国绿色发展的成果。

绿色发展需要从战略高度统筹国内、国际两个大局。充分利用国际国内有利条件，将国际的有利条件转化为国内的有利条件，将国内的有利条件还可以转化为国际的有利条件；充分利用国际国内两种资源，利用国内具有比较优势的资源（人力资源、充裕的自然资源），获取更多的我国所紧缺的国际战略性自然资源和知识资源；不断开拓国际国内两个市场，继续积极实行"引进来"的投资自由化战略，保持发展中国家吸引外国直接投资最大的纪录；利用我国巨大的国内市场来吸引更多的国际资本和国际技术，利用我国的优势，鼓励国内企业"走出去"，进行海外投资，进一步扩大的海外市场和海外收益。

参考文献

[1] Aghion Philippe & Howitt, Peter, Endogenous Growth Theory, the MIT Press 1998.

[2] Angus Maddision, Chinese Economic Performance in the Long Run 960 – 2030AD, Second Edition, Paris, OECD.

[3] Angus Maddision, Historical Statistics for the World Economy: 1 – 2006 AD.

[4] Angus Maddison, Historical Statistics of the World Economy: 1 – 2008 AD.

[5] Aoki, M. and H. Yoshikawa, Demand Creation and Economic Growth, Discussion Paper CIRJE, 1999.

[6] Assenmacher – Wesche K and Gerlach S. Money growth, output gaps and inflation at low and high frequency: Spectral estimates for Switzerland [R]. Swiss National Bank Working Paper, 2006.

[7] Barro R J, Sala – i – Martin X. Convergence [J]. Journal of Political Economy, 1992, 100 (2), 223 – 251.

[8] Bekaert G, Cho S and Moreno A. New – Keynesian Macroeconomics and the Term Structure [R]. NBER Working Paper, 2005, No. W11340.

[9] Biljana R, Petar V. Household age Structure and Consumption in Serbia [J]. Economic Annals 2012, 57. 195: 79 – 101.

[10] Bjørnland H C, Leitemo K and Maih J. Estimating the Watural Rates in a Simple New Keynesian Framework [R]. Norges Bank, Working Paper, 2007.

[11] Blank, S. C. Insiders' Views on Business Models used by Small Agricultural Biotechnology Firms: Economic Implications for the Emerging Global Industry. AgBioForum, 2008, 11 (2), 71 – 81.

[12] BP, World Energy Statastics, 2008.

[13] CIA, The World Factbook, 2009.

[14] Claude – Gaudillat, V. Dynamic Competition and Development of New Competencies. In Anthony F. Buono (Eds.). Enhancing Inter – firm Networks and Interorganizational Strategies (Research in Management Consulting, 2003, 3: 175 – 186), Information Age Publishing.

[15] Constantino L. The Extended Linear Expenditure System [J]. European Economies Review, 1973, 4: 21 – 32.

[16] DING A J, HUANG X, NIE W, et al. Enhanced Haze pollution by Black Carbon in Megacities in China [J]. Geophysical Research Letters, 2016, 43 (6): 2873 – 2879.

[17] Ding C, He X. K – means clustering via principal component analysis [C] // International Conference on Machine Learning. 2004.

[18] Doyle T and Mceachern D. Environment and Politics [D]. London and New York: Routledge.

[19] Elsner K, Hartmann M. Convergence of food consumption patterns between Eastern and Western Europe [J]. IAMO Discussion Papers, 1998, No. 13.

[20] Erqian CUI, Lijun REN, Haoyu SUN. Evaluations of variations and affecting factors of eco – environmental quality during urbanization [J]. Environmental Science and Pollution Research International, 2015, 22 (5): 3958 – 3968.

[21] FAO, World Agricultural Towards 2015/2030.

[22] Foellmi, R. Consumption structure and macroeconomics: structural change and the relationship between inequality and growth [J]. Lecture Notes in Economics & Mathematical Systems, 2005, 554 (7): 4266 – 4282.

[23] Grossman G M, Krueger AB. Environmental Impacts of a North American Free Trade Agreement [J]. Social Science Electronic Publishing, 1991, 8 (2): 223 -250.

[24] Grossman, G. and A. Krueger, Economic Growth and the Environment [J]. Quarterly Journal of Economics, 1995, 110 (2): 353 -377.

[25] Hamilton, J. D. A New Approach to the Economic Analysis of Nonstationary Time Series and the Business Cycle. Econometrica, 1989, 57 (2), 357 -384.

[26] Hamilton, J. D. . Time Series Analysis. Princeton University Press, 1994.

[27] Harvey, A. C. , Forecasting Structural Time Series Models and the Kalman Filter, Cambridge University Press, 1989.

[28] Heikki Kauppi and Pentti Saikkonen, Predicting U. S. Recession with Dynamic Binary Response Models. HECER. Discussion Paper, 2005, No 79.

[29] Holmes A J, Anderson K. Convergence in National Alcohol Consumption Patterns: New Global Indicators [J]. journal of wine economics, 2017, 12 (2): 1 -32.

[30] HSBC: "The world in 2050: Quantifying the shift in the global economy".

[31] Hume M. Compassion without action: Examining the young consumers consumption and attitude to sustainable consumption [J]. Journal of World Business, 2010, 45 (4): 385 -394.

[32] IEA, Medium - Term Oil Market Report 2008 July 2008.

[33] IEA, World Energy Outlook, IEA.

[34] Inga Uždanavičiūtė, & Renata Dagiliūtė. Convergence of the main sustainable consumption and production indicators in new eu member states 2000 – 2010. region formation & development studies, 2014, 3 (11), 225 -235.

[35] International Energy Agency, World Energy Outlook 2008.

[36] International Energy Agency, World Energy Outlook 2009, 2011, pp. 172.

[37] ones, Charels I. R&D - Based Models of Economic Growth. J. Econ. Growth 3, 1998: 111 -130.

[38] Kamada K. Real – time estimation of the output gap in Japan and its usefulness for inflation forecasting and policymaking [J]. North American Journal of Economics and Finance, 2005, 16: 309 – 332.

[39] Krolzig H M. Markov – Switching Vector Autoregressions [M]. Berlin: Springer, 1997: 137 – 142.

[40] Kuznets S. Economic Growth and Income Inequality [J]. A – merican Economic Review. 1955. 45 (1).

[41] Lanzieri G. Is There a Fertility Convergence across the Member States of the European Union? [C] // Joint Eurostat – UNECE Work Session on Demographic Projections. 28 – 30, 2010, 1 – 15.

[42] Leamer, E., and S. Potter. A Nonlinear Model of the Business Cycle [R]. Manuscript, Federal Reserve Bank of New York, 2003.

[43] Liobikiene G, Juknys R. The Convergence of Household Consumption Expenditure Structure: Implications on Environmental Impact in Lithuania [J]. Environmental Research Engineering & Management, 2012, 60 (2): 48 – 57.

[44] Liobikiene G, Mandravickaite J. Convergence of new members of the EU: changes in household consumption expenditure structure regarding environmental impact during the prosperous period [J]. Environment, Development and Sustainability, 2013, 15 (2): 407 – 427.

[45] Liuehand Constantino. The Extended Linear ExPenditure System. EuroPean Eeonomies Review, 1973, 4: 21 – 32.

[46] Llop M. Economic Structure and Pollution Intensity within the Environmental Input – output Framework [J]. Energy Policy, 2007, 35: 3410 – 3417.

[47] Louis Kuijs. CHINA THROUGH 2020—A MACROECONOMIC SCENARIO.

[48] Lucas R. E. On the Mechanics of Economic Development [J]. Journal of Political Economy, 1991, 99: 460 – 482.

[49] Lyons S, Mayor K. Convergence of consumption patterns during macroeconomic transition: A model of demand in Ireland and the OECD [J]. Economic

modelling, 2009, 26 (3): 702 - 714.

[50] Morgan Stanley. Chinese Economy Through 2020, 2010, 8.

[51] Michael K., Prettner K. Population age structure and consumption growth: evidence from National Transfer Accounts [J]. Journal of Population Economics, 2015, 1 - 19.

[52] Mikael Apel, Per Jansson, A theory - consistent system approach for estimating potential output and the NAIRU, Economics letters 2009, 64, 271 - 275.

[53] Mikuła A. Changes in the structure of households' consumption expenditures in selected countries of the European Union. Proceedings of the 2017 International Conference Economic Science for Rural Development, 2017, No. 46, p. 205 - 212.

[54] Miller RE, Blair PD. Input - output Analysis: Foundations and Extensions [M]. Englewood Cliffs, 1985. 200 - 227.

[55] Mills, T. C., The Econometric Modeling of Financial Time Series, Second edition, Cambridge: Cambridge University Press, 1999.

[56] Milton DK, Glencross PM, Walters MD. Risk of sick leave associate with outdoor air supply rate, humidification, and occupant complaints [J]. IndoorAir, 2001, 10 (4): 212 - 221.

[57] National Intelligence Council, Global Trends 2025: A Transformed World, 2008, pp. 41.

[58] NIC, Global Trends 2025: A Transformed World, 2008.

[59] NIC, Mapping the Global Future, 2004.

[60] NIC: Global Trends 2020.

[61] Oda N and Suzuki T. A macro - finance analysis of the term structure and monetary policy in Japan [R]. Bank of Japan Working Paper, 2007, No. 07 - E - 17.

[62] P Aghion and P Howitt. A model of growth through creative destruction [J]. Econometrica, 1992, (2): 323 - 351.

[63] Panayotou T. Empirical tests and policy analysis of environmental degra-

dation at different stages of economic development, WP238 [R]. ILO Technology and Employment Programmer Working Paper, 1993.

[64] Pikhart H, Bobak M, Kriz B, et al. Outdoor air concentrations of nitrogen dioxide and sulfur dioxide and prevalence of wheezing in school children [J]. Epidemiology, 2000, 2 (11): 153 – 156.

[65] Population Division of the Department of Economic and Social Affairs of the United Nations Secretariat, World Population Prospects: The 2008 Revision.

[66] Qing Wang, Steven Zhang and Emest Ho, Chinese Economy through 2020, 2010.

[67] Ray Hammond, The World in 2030, 2007.

[68] Lucas R E. On the Mechanics of Economic Development: W. A. Mackintosh Lecture 1985 [J]. Working Paper, 1986.

[69] Roland Berger, Trends 2007 – 2030, 2011.

[70] Romer P M. Endogenous Technological Change [J]. Journal of Political Economy, 1990, 98.

[71] Segerstrom, Paul S. Endogenous Growth without Scale Effects, A. E. R. 88 (December 1998): 1290 – 1310.

[72] Smarzynska BK, Wei SJ. Pollution Havens and foreign direct investment: dirty secret or popular myth? [R]. National Bureau of Economic Research, 2001.

[73] Solow. Growth Theory, Oxford University Press, 2000.

[74] Solow R. M. A Contribution to the Theory of Economic Growth [J]. Quarterly Journal of Economics, 1956, 70: 65 – 94.

[75] Solow R. M. Technical Change and the Aggregate Production Function [J]. Review of Economics and Statistics, 1957, 39: 312 – 320.

[76] Stone R., Linear Expenditure Systems and Demand Analysis: An Application to the Pattem of British Demand. The Economic Journal, 1954, 64 (255): 511 – 527.

[77] Suwanwaiphatthana W, Ruangdej K, Turner – Henson A. Outdoor air

pollution and children's health [J]. Pediatric Nursing, 2010, 1 (36): 25 - 32.

[78] Teece D. J. Support policies for strategic industries: impact on home economies. Strategic industries in a global economy. OECD, 1991.

[79] Terasvirta S T. Another Look at Swedish Business Cycles, 1861 - 1988 [J]. Journal of Applied Econometrics, 1999, 14 (4): 359 - 378.

[80] Thompson. Environmental Kuznets Curve for Water Pollution: The Case of Border Countries [J]. Modern Economy, 2014, 5 (1): 56 - 69.

[81] Tiao G C, Tsay R S. Some advances in non - linear and adaptive modelling in time - series [J]. Journal of Forecasting, 1994, 13 (2): 109 - 131.

[82] Tomáš Cahlík, Tomáš Honzák, Jana Honzáková, et al. Convergence of Consumption Structure [J]. working papers ies, 2005.

[83] UN Population Division, World Population Prospects: The 2008 Reversion, Population Database.

[84] Utzig M. Urban and Rural Consumption Pattern – Convergence or Divergence? Deliberations Against Sustainable Development [J]. Ekonomia i Środowisko, 2017, 4 (63): 218 - 227.

[85] Uzawa H. Optimum Technical Change in an Aggregate Model of Economic Growth [J]. 1962, 29: 155 - 173.

[86] WANG G, ZHANG R, GOMEZ M E, et al. Persistent sulfate formation from London fog to Chinese haze [J]. Proceedings of the National Academy of Sciences of the United States of America, 2016, 113 (48): 13630.

[87] Welsch H, Bonn U. Economic convergence and life satisfaction in the European Union [J]. The Journal of Socioeconomics, 2008, 37 (3).

[88] World Bank, World Development Indicators 2007, CD - ROM.

[89] World Bank, World Development Indicators 2008, The World Bank.

[90] World Trade Report 2009, Trade Policy Commitments and Contigency Measures.

[91] Mozner Z V. Sustainability and consumption structure: environmental impacts of food consumption clusters. A case study for Hungary [J]. International

Journal of Consumer Studies,2014,38(5):529-539.

[92] 鲍莫尔. 资本主义的增长奇迹[M]. 北京:中信出版社,2004年.

[93] 北京师范大学科学发展观与经济可持续发展研究基地. 2011中国绿色发展指数年度报告——省际比较[M]. 北京师范大学出版社,2011.

[94] 常纪文. 大气污染区域联防控应实行共同但有区别责任原则[J]. 环境保护,2014(3).

[95] 陈建东等. 1995-2007年我国城镇居民消费需求的实证研究[J]. 华东经济管理,2009(12).

[96] 陈立梅. 基于扩展线性支出系统模型的我国农村居民信息消费结构分析[J]. 管理世界,2013(9).

[97] 陈宗胜,吴志强. 我国城乡平均消费倾向与消费差别变动趋势——基于城乡平均消费倾向差异视角的研究[J]. 经济学动态,2017(008):18-30.

[98] 丛子斌. 创新创业教育[M]. 北京:高等教育出版社,2016年.

[99] 戴维·罗默. 高级宏观经济学[M]. 北京:商务印书馆,1999.

[100] 邓俊英,曹淑艳. 北京市能源发展存在的问题及可持续发展模式[J]. 华北电力大学学报(社会科学版). 2008,5(5):17.

[101] 邓小平会见香港特别行政区基本法起草委员会委员时的讲话. 1987年4月16日.

[102] 丁辉关. "十一五"时期我国产业结构的发展状况及存在问题分析[J]. 特区经济,2010(3).

[103] 董文泉等. 经济周期波动的分析与预测方法[M]. 长春:吉林大学出版社,1998年.

[104] 董孝斌,高旺盛. 关于系统耦合理论的探讨[J]. 中国农学通报,2005(1):290-292,339.

[105] 多恩布什,费希尔,斯塔兹. 范家骧等译. 宏观经济学[M]. 北京:中国人民大学出版社,2000年.

[106] 高惠璇. 应用多元统计分析[M]. 北京:北京大学出版社,2005.

[107] 格里·斯托克. 作为理论的治理:五个论点[J]. 华夏风,译. 国

际社会科学杂志,1999（1）.

[108] 龚宏志.合肥市经济增长与环境质量的关系研究[R].安徽大学,2018.

[109] 龚新蜀,达月霞.新疆产业结构转型的环境效应分析[J].改革与战略,2015（6）.

[110] 谷国锋,王雪辉.东北地区经济发展与生态环境耦合关系时空分析[J].东北师大学报（哲学社会科学版）,2018,4：154-160.

[111] 郭红兵,陈平.基于SVAR模型的中国产出缺口估计及评价[J].数量经济技术经济研究,2010,（5）：116-128.

[112] 郭庆旺,贾俊雪.中国潜在产出与产出缺口的估算[J].经济研究,2004a第5期.

[113] 郭晓旺,成凤明.农村垃圾污染防治的法律思考[J].中南林业科技大学学报（社会科学版）,2013,7（2）：67-70.

[114] 郭勇涛,辛金元,李旭等.沙尘对兰州市大气环境质量的影响[J].中国沙漠,2015,35（4）：977-982.

[115] 国家环境保护部.2005年中国环境状况公报[R].2006年6月5日,2011年国家环保部网站.

[116] 国务院关于加快培育和发展战略性新兴产业的决定（国发〔2010〕3号）.中央政府门户网站www.gov.cn.2010年10月18日.

[117] 国务院印发《国家主体功能区规划纲要（2010-2020）》,2010年.

[118] 韩立岩,杜春越.收入差距、借贷水平与居民消费的地区及城乡差异[J].经济研究,2012（S1）：15-27.

[119] 杭斌.城镇居民的平均消费倾向为何持续下降——基于消费习惯形成的实证分析[J].数量经济技术经济研究,2010（06）：127-139.

[120] 何晓群.现代统计分析方法与应用.第3版[M].北京：中国人民大学出版社,2012.

[121] 贺菊煌.中国人口与经济长期预测模型[J].数量经济技术经济研究,2001（9）.

[122] 侯佳儒,王倩.美国加州大气污染防治经历[J].环境教育,

2015（94）．

［123］胡鞍钢，王绍光，康晓光著．中国地区差距报告［J］．辽宁人民出版社，1995（1）．

［124］胡鞍钢，王亚华．国情与发展——中国五大资本动态变化与长远发展战略［M］．北京：清华大学出版社，2005．

［125］胡鞍钢，周绍杰．"十三五"：经济结构调整升级与远景目标．国家行政学院学报［J］．2015（2）．

［126］胡鞍钢．中国：走向2015［M］．浙江：浙江人民出版社，2010年．

［127］胡鞍钢．2020中国全面建设小康社会［M］．北京：清华大学出版社，2007年．

［128］胡鞍钢．中国经济实力的定量评估与前瞻［J］．文史哲，2008（1）．

［129］胡鞍钢等．2030中国：迈向共同富裕社会［M］．北京：中国人民大学出版社，2011．

［130］胡鞍钢主编．地区与发展：西部开发新战略［M］．北京：中国计划出版社，2001．

［131］胡鞍钢著．中国：创新绿色发展［M］．北京：中国人民大学出版社，2012（4）．

［132］胡锦涛．高举中国特色社会主义伟大旗帜，为夺取全面建设小康社会新胜利而奋斗——在中国共产党第十七次全国代表大会上的报告［R］．2007年10月15日．

［133］华文．集思广益：战略性新兴产业能科学内涵与领域［J］．新湘评论，2010（11）：12-15．

［134］黄良浩．人均GDP突破1000美元后国外居民消费结构分析［J］．经济参考报，2004年9月1日．

［135］吉川洋，松本和幸．产业结构的变化和经济增长［J］．［日］金融评论，2001（7）．

［136］贾庆林．坚持和平发展，实现合作共赢——在"21世纪论坛"2010年会议开幕式上的讲话，2010年9月7日．

［137］江泽民．正确处理社会主义现代化建设中的若干重大关系，

1995年9月28日.

[138] 姜杰,袁雪,贾琰等.环境空气质量新标准分步实施期的空气质量综合分析[J].环保科技,2015(3):1674-2254.

[139] 蒋震,梁军.促进战略性新兴产业发展的税收政策[J].税务研究,2010:8-12.

[140] 杰弗里-萨克斯.贫国的终结:我们时代的经济可能(中文版)[M].上海:世纪出版集团、上海人民出版社,2007年.

[141] 金璐.主流媒体推动环保发展之路径新探[J].报刊观察,2016(4).

[142] 金三林.我国投资消费的变动特点及发展趋势[J].发展研究,2009(10).

[143] 金晓彤,闫超.我国不同区域城镇居民消费与收入收敛性的实证研究[J].经济科学,2011(2):7-20.

[144] 金晓彤,闫超.我国不同区域农村居民消费:收敛还是发散?[J].管理世界,2010(3):83-90.

[145] 金晓彤,闫超.我国消费需求增速动态过程的区制状态划分与转移分析[J].中国工业经济,2010(7):36-44.

[146] 劳伦·勃兰特、托马斯·罗斯基.伟大的中国经济转型[M].上海:格致出版社,上海人民出版社,2009年.

[147] 李飞,董锁成,李泽红.中国经济增长与环境污染关系的再检验:基于全国省级数据的面板协整分析[J].自然资源学报,2009(11):1912-1920.

[148] 李国正,艾小青."共享"视角下城乡收入与消费的差距度量、演化趋势与影响因素[J].中国软科学,2017(11):178-188.

[149] 李建粮,陈宏义.雾霾现象及其定义的探讨[C].北京:第31届中国气象学会年会,2014.

[150] 李江一,李涵.城乡收入差距与居民消费结构:基于相对收入理论的视角[J].数量经济技术经济研究,2016,33(8):98-113.

[151] 李京文.21世纪中国经济长期预测[J].冶金经济与管理,2000(3).

[152] 李静. 浅谈雾霾对环境的影响[J]. 城市建设理论研究, 2013 (9): 2095-2104.

[153] 李鹏. 产业结构调整与环境污染之间存在倒 U 型曲线关系吗?[J]. 经济问题探索, 2015 (12): 56-67.

[154] 李琪, 乔统帅. 北京市经济增长与环境污染关系的实证研究[J]. 中国市场, 2018, 33: 9-13.

[155] 李善同. 十二五时期至 2030 年我国经济增长前景展望[J]. 经济研究参考, 2010 (43).

[156] 李文彦. 持续发展与地理学[J]. 地理学, 1994, 49 (2): 97-106.

[157] 李霞文琦, 杨瑞兰. 能源开发区产业结构演变的环境效应分析——以榆林市为例[J]. 经济地理, 2016 (8): 127-133, 141.

[158] 李雅萍. 生态文明法制建设——2014 年全国环境资源法学研讨会论文集, 2014.

[159] 李阳等. 黑龙江垦区绿色食品二十年发展历程及成就与展望[J]. 农场经济管理, 2010 (5).

[160] 李一鸣, 袁中华. 西部大开发十年以来四川城镇居民消费结构的变迁[J]. 消费经济, 2010 (5): 3-6.

[161] 李仪, 徐斌. 收入来源与农村居民消费结构——基于 ELES 模型的实证研究[J]. 河南社会科学, 2014 (7).

[162] 李子奈. 计量经济学——方法和应用[M]. 北京: 清华大学出版社, 1992 (3).

[163] 联合国计划开发署. 2002 年中国人类发展报告: 让绿色发展成为一种选择[R]. UNDP, 2002.

[164] 联合国计划开发署. 2010 人类发展报告[R]. 2010.

[165] 林翊, 刘倩. 福建省产业结构调整对生态环境影响的实证分析[J]. 福建师范大学学报 (哲学社会科学版), 2014 (1).

[166] 蔺雪芹, 方创琳. 城市群工业发展的生态环境效应——以武汉城市群为例[J]. 地理研究, 2010 (12).

[167] 刘承俊. 京津冀地区产业结构与生态环境耦合协调研究[D]. 天

津财经大学，2017.

[168] 刘德光，屈小爽. 中国旅游经济与生态环境协调发展度测算及区域差异分析[J]. 广东财经大学学报，2016（4）.

[169] 刘鹤. 提高中等收入者比重和扩大国内市场——"十二五"规划〈建议〉的基本逻辑[J]. 中国经济50人论坛，第86期，2011年4月11日.

[170] 刘金全，金春雨，郑挺国. 中国菲利普斯曲线的动态性与通货膨胀率预期的轨迹：基于状态空间区制转移模型的研究[J]. 世界经济，2006（6）.

[171] 刘烈宏，陈治亚. 基于产业生态理论的产业链竞争力演进与机理研究[J]. 现代经济探讨，2015（12）.

[172] 刘淇. 建设"人文北京、科技北京、绿色北京"[J]. 求是，2008（12）.

[173] 刘睿. 潜在产出估计的文献综述[J]. 世界经济统计研究，2004（1）.

[174] 刘嬉，文彦君. 陕西省产业结构变动及其生态环境效益研究[J]. 宝鸡文理学院学报（自然科学版），2016（1）.

[175] 刘湘溶. 生态文明论[M]. 湖南：湖南教育出版社，1999.

[176] 刘志才. 自然的真实记录[M]. 安徽：安徽人民出版社，2012.

[177] 鲁万波，李竹渝. 中国"九五"期间城乡居民消费结构及变化趋势的比较分析[J]. 数理统计与管理，2002（6）.

[178] 绿色工作室. 绿色消费[M]. 北京：北京民族出版社，1998.

[179] 马克思恩格斯全集[M]. 北京：人民出版社，1995.

[180] 毛泽东选集[M]. 北京：人民出版社，1991.

[181] 马建堂. 全面认识中国在世界经济中的地位. 人民日报，2011年3月17日.

[182] 马世骏，王如松. 社会—经济—自然复合生态系统[J]. 生态学报，1984（4）.

[183] 梅雪芹. 工业革命以来英国城市大气污染及防治措施研究[J]. 北

京师范大学学报（人文社会科学版），2001（2）：118-125.

[184] 潘本锋，汪巍，李亮等. 我国大中型城市秋冬季节雾霾天气污染特征与成因分析[J]. 环境与可持续发展，2013（1）.

[185] 潘文卿，李子奈，张伟. 21世纪前20年中国经济增长前景展望[J]. 预测，2001（3）.

[186] 齐喆. 资源环境约束下的城市经济可持续发展研究[R]. 首都经贸大学，2016.

[187] 丘晓华等. 中国经济增长动力及前景分析[J]. 经济研究，2006（5）.

[188] 人力资源和社会保障部."十一五"规划〈纲要〉人力资源和社会保障领域实施情况中期评估报告. 载朱之鑫主编."十一五"规划实施中期评估报告[M]. 中国人口出版社，2009.

[189] 任继周. 系统耦合在大农业中的战略意义[J]. 科学，1999，51（6）：12-14，2.

[190] 石柱鲜等. 我国2005-2006年第三产业发展态势的分析与预测[M]. 经济蓝皮书，2005（12）.

[191] 世界银行. 增长的质量[M]. 北京：中国财政经济出版社，2001.

[192] 宋河发，万劲波，任中保. 我国战略性新兴产业内涵特征，产业选择与发展政策研究[J]. 科技促进发展，2010（9）.

[193] 隋建利，张亿萍. 中国区域旅游经济周期的动态路径演化识别[J]. 旅游学刊，2020，35（1）：63-77.

[194] 孙亮. 灰霾天气成因危害及控制治理[J]. 环境科学与管理，2012（10）.

[195] 谭玉如. 城市雾霾及其治理分析[J]. 环境与生活，2014（4）.

[196] 汤世生. 我国中长期经济增长与结构变动趋势研究[J]. 资本市场，2010（1）.

[197] 唐锡阳. 环球绿色行[M]. 广西：漓江出版社，1993.

[198] 童思聪. 西部地区经济发展与生态环境耦合协调度分析[J]. 上海节能，2019（7）：595-600.

[199] 屠建学，黄梅兰，马玉成. 分类施策成效显著，科学依法持续推

进——兰州市大气污染防治工作实践与探索［J］．甘肃行政学院学报，2015（2）：103-111.

［200］万永坤，董锁成．产业结构与环境质量交互耦合机理研究——以甘肃省为例［J］．地域研究与开发，2012（5）．

［201］汪铭芳．绿色消费的哲学思考［R］．福建师范大学硕士学位论文，2006.

［202］王菲，毛琦梁．工业结构与环境质量耦合优化情景模拟与策略——以宁蒙沿黄地带为例［J］．生态经济，2016（1）．

［203］王静，吕腾龙．习近平主持召开中央全面深化改革委员会第十一次会议，强调落实党的十九届四中全会重要举措，继续全面深化改革，实现有机衔接融会贯通［N］．新华网．2019年11月26日.

［204］王润清．雾霾天气气象学定义及预防措施［J］．农业基础科学（现代农业科技），2012（7）．

［205］王守强．雾霾的成因危害及防护研究［J］．农业与技术，2012，32（10）．

［206］王小华，温涛．城乡居民消费行为及结构演化的差异研究［J］．数量经济技术经济研究，2015（10）：90-107.

［207］王小鲁，樊纲，刘鹏．中国经济增长方式转换和增长可持续性［J］．经济研究，2009（1）．

［208］王彦．河北省产业结构与生态环境的协调发展研究［D］．河北大学，2018.

［209］王一鸣．我国中长期经济增长趋势与加快经济增长方式［J］．宏观经济研究，2010（12）．

［210］魏晓敏，王林杉．中国居民网络消费的区域差异测度及收敛性研究［J］．数量经济技术经济研究，2018，35（7）．

［211］吴红岩．我国绿色消费问题研究［M］．吉林：东北师范大学，2008.

［212］习近平．决胜全面建成小康社会 夺取新时代中国特色社会主义伟大胜利——在中国共产党第十九次全国代表大会上的报告.

[213] 谢勒,F.M.(Scherer,F.M.)著,姚贤涛,王倩译.技术创新:经济增长的原动力[M].北京:新华出版社,2001.

[214] 谢子远,王合军,杨义群.农村居民消费倾向的变参数估计及其演化机理分析[J].数量经济技术经济研究,2007,024(005).

[215] 邢麟,王巍,余洋等.雾霾天气对老年呼吸系统及心血管疾病的影响[J].职业与健康,2014,30(16).

[216] 徐君.呼包银榆经济区产业结构对生态环境的影响研究[D].内蒙古科技大学,2015.

[217] 许建飞.20世纪英国大气环境保护立法研究——以治理伦敦烟雾污染为例[J].财经政法资讯,2014(1).

[218] 杨朝慧,文晓巍.我国食品消费结构变迁及其对农业产业转型发展的启示[J].消费经济,2017(4).

[219] 杨圣明,李学曾.有关于消费结构的几个问题[J].中国社会科学,1984(5).

[220] 杨天宇,黄淑芬.基于小波降噪方法和季度数据的中国产出缺口估计[J].经济研究,2010(1).

[221] 叶飞霞,亓灿新.大学生思想教育多层次耦合模式构建[J].福建农林大学学报(哲学社会科学版),2010,13(3).

[222] 易丹辉.数据分析与 Eviews 应用[M].北京:中国统计出版社,2002(10).

[223] 易纲,樊纲,李岩.关于中国经济增长与全要素生产率的理论思考[J].经济研究,2003(8).

[224] 尹世杰.中国消费结构研究[M].上海:上海人民出版社,1988.

[225] 雍赟.兰州市大气污染现状、成因及治理法律对策[D].兰州大学,2010.

[226] 张海鹏,牟俊霖,尹航.林区农村家庭生活能源消费需求实证分析——基于双扩展的线性支出系统模型[J].中国农村经济,2010(7).

[227] 张军,章元.对中国资本存量K的再估计[J].经济研究,2003(7).

[228] 张楠.雾霾天气背景下清洁能源发展的财税政策选择与优[J].

中南财经政法大学研究生学报，2013（12）.

[229] 张平. 民族振兴的壮丽诗篇 举世瞩目的辉煌成就. 人民日报，2009年9月16日.

[230] 张平主编. 中华人民共和国国家第十二个五年规划辅导读本[M]. 人民出版社，2011（4）.

[231] 张文杰. 江苏省经济增长与环境质量关系研究[M]. 江苏：南京大学出版社，2018.

[232] 张延群，娄峰. 中国经济中长期增长潜力分析与预测：2008~2020年[J]. 数量经济技术经济研究，2009（12）.

[233] 赵婉男，李晓峰，尹金辉. 北京市农民工消费结构及变化趋势分析[J]. 农业经济问题，2016（12）.

[234] 郑新立. 释放城乡一体化发展新动能，人民网，2017年1月19日.

[235] 中共中央文献研究室. 习近平关于社会主义生态文明建设论述摘编[M]. 北京：中央文献出版社，2017.

[236] 中共中央宣传部. 习近平新时代中国特色社会主义思想三十讲[M]. 北京：学习出版社，2018.

[237] 中国（海南）改革发展研究院课题组. 我国消费结构升级：生存型消费转向服务性消费[J]. 上海证券报，2015年4月4日.

[238] 中国消费者一协会. 中国消费者协会"绿色消费"年主题宣传提纲[M]. 北京：中国工商出版社，2001.

[239] 周建，杨秀祯. 我国农村消费行为变迁及城乡联动机制研究[J]. 经济研究，2009（1）.

[240] 周峤. 雾霾天气的成因[J]. 中国人口·资源与环境，2015，25（5）.

[241] 周英章，蒋振声. 我国产业结构与实际经济增长关系实证研究[J]. 浙江大学学报（人文社会科学版），2002（3）.

[242] 朱勇，吴易风. 技术进步与经济的内生增长[J]. 中国社会科学，1999（1）.

[243] 邹伟进，李旭洋，王向东. 基于耦合理论的产业结构与生态环境协调性研究[J]. 中国地质大学学报（社会科学版），2016（2）.